新中国蓬莱劳动模范风采录

烟台市蓬莱区档案馆
烟台市蓬莱区总工会

山东大学出版社
SHANDONG UNIVERSITY PRESS
·济南·

图书在版编目(CIP)数据

新中国蓬莱劳动模范风采录 / 王秀红编著 .—济南：山东大学出版社，2023.4
ISBN 978-7-5607-7821-1

Ⅰ.①新…　Ⅱ.①王…　Ⅲ.①劳动模范—先进事迹—蓬莱—现代　Ⅳ.①K820.852.4

中国国家版本馆 CIP 数据核字(2023)第 058382 号

策划编辑　张晓林
责任编辑　张晓林
封面设计　泽坤广告

新中国蓬莱劳动模范风采录
XINZHONGGUO PENGLAI LAODONG MOFAN FENGCAILU

出版发行　山东大学出版社
社　　址　山东省济南市山大南路 20 号
邮政编码　250100
发行热线　(0531)88363008
经　　销　新华书店
印　　刷　山东和平商务有限公司
规　　格　720 毫米×1000 毫米　1/16
　　　　　20 印张　349 千字
版　　次　2023 年 4 月第 1 版
印　　次　2023 年 4 月第 1 次印刷
定　　价　58.00 元

《新中国蓬莱劳动模范风采录》编委会

主　任　于风格　刘来广

副主任　王启玉　郭增林　李金令

委　员　尤宗超　王云平　王秀红　陈　莹

编　著　王秀红　陈　莹

前　言

习近平总书记指出："榜样的力量是无穷的。劳动模范是民族的精英、人民的楷模。"一位劳动模范就是一盏明灯，指引前行的方向。从新中国成立到中国特色社会主义新时代，不同的时期，不同的岗位，同样的情怀，同样的精神，一大批劳动模范以创造、创新、创业的激情，谱写着"换了人间"的动人篇章。

新中国成立以来，在党和政府的领导下，蓬莱人民以坚定的信念和勤劳的双手，团结奋斗，拼搏实干，开拓创新，在建设社会主义的伟大征程中不断创造辉煌的成就，其中涌现出了一大批先进模范人物。他们中有勤勤恳恳，带领全村摆脱贫困、共同致富的农民带头人；有奋力拼搏、任劳任怨，常年战斗在生产一线的工人；有呕心沥血、教书育人，为国家培养人才的优秀教师；有文明经营、全心全意为顾客服务的财贸工作者；有救死扶伤、妙手回春的白衣天使；有刻苦攻关、勇于创新的科技工作者；有致力改革、善经营、会管理的企业领导者；有廉洁奉公、服务群众的人民公仆。他们不仅创造了巨大的物质财富，而且创造了巨大的精神财富。他们忠于党，忠于人民，在各自平凡的岗位上做出了不平凡的业绩，以自己的实际行动诠释了爱岗敬业、争创一流、艰苦奋斗、勇于创新、淡泊名利、甘于奉献的劳模精神，体现了蓬莱人民与时俱进、开拓进取、干事创业的时代风貌。

伟大的事业需要伟大的精神力量。学习模范人物，是社会主义精神文明建设的重要组成部分。《新中国蓬莱劳动模范风采录》汇集了蓬莱自新中国成立以来，由国务院命名表彰的各行各业的全国劳动模范12人，由山东省人民政府或国家部委命名表彰的各行各业的省（部）级劳动模范54人，共计66位劳模的主要事迹。旨在宣传劳模先进事迹，弘扬劳模精神，激励全区广大干部群众以模范为榜样，积极维护改革发展稳定大局，努力用先进思想道德和现代科学文化知识丰富自己，坚定信念、提振精神，立足本职、勤奋工作，切实发挥自己的聪明才智，信心百倍地投身于建设“新时代的人间仙境”，为实现中华民族伟大复兴做出新的贡献。

值《新中国蓬莱劳动模范风采录》出版之际，希望广大干部群众以习近平新时代中国特色社会主义思想为指引，在全社会倡导学习模范、争当先进的良好风尚，让先进模范人物的崇高精神发扬光大、世代相传。密切结合自身工作，本着干一行爱一行精一行的原则，学习书中劳模的无私奉献、开拓创新和全心全意为人民服务的精神。

目　录

第一部分　史述编

第二部分　人物编

附　录

第一部分　史述编

新中国劳动模范发展史概述

一、新中国劳模事业的发展历程

“劳模”一词是“劳动模范”的简称。劳动模范是一个特殊群体，是党和国家授予为中国发展进步做出重大贡献或成绩卓越的先进人物的荣誉称号，是具有鲜明中国特色的称谓。劳动模范作为时代领跑者，在不同时期、不同岗位上，用辛勤的劳动和汗水谱写了共和国历史上的绚丽篇章。正如毛泽东所说，劳动模范“是全中华民族的模范人物，是推动各方面人民事业胜利前进的骨干，是人民政府的可靠支柱和人民政府联系广大群众的桥梁”[①]。一个时代有一个时代的劳模，一个劳模就是一面旗帜。评选和表彰劳动模范，继而宣传和弘扬劳模精神，是中国共产党创立和运用的一种社会动员方法。

（一）中国劳动模范的诞生

中国劳动模范的产生，最早可追溯至土地革命战争时期。劳动模范的出现与中央苏区的劳动竞赛密切相关，当时的劳动竞赛被称为“革命竞赛”“生产竞赛”，劳动模范被称为“劳动英雄”。1932 年 3 月 23 日，中共中央组织局发出《关于革命竞赛与模范队的问题》的通知，号召全党要“发动群众积极性，用组织模范队和革命竞赛的新方式……转变全部工作”。中华苏维埃共和国临时中央政府土地部也发布训令，要求各级苏维埃政府“组织生产竞赛，乡与乡赛，村与村赛，家与家赛，团体与团体赛”，并制定了有关竞赛的评

① 《毛泽东文集》第 6 卷，人民出版社 1999 年版，第 95 页。

比标准和奖励办法。[1] 9～11月，中央兵工厂和中央印刷局之间开展以“增加生产、节省材料和参战工作、文化教育工作”为主要内容的为期三个月的劳动竞赛，这是迄今中央苏区最早见诸文字记载的国营企业之间的劳动竞赛。1933年，中央苏区全面开展春耕生产运动，广大人民群众踊跃参加。5月18～22日，春耕生产运动代表大会在瑞金武阳区邹家祠召开，中华苏维埃政府主席毛泽东出席会议，亲手向瑞金县武阳区、石水乡代表赠送“春耕模范”锦旗。值得一提的是，毛泽东给苏区妇女劳动模范颁发的奖品竹笠上印有“劳动模范妇女”六个大字，这当是中国首次使用“劳动模范”称谓来褒扬生产成绩显著的劳动者。“劳动模范”一词的出现，在中国劳模史上具有重要意义。中央苏区开展的革命竞赛仅有两年左右，虽然时间不长，但苏区广大群众参加竞赛的热情十分高涨，竞赛活动开展得热火朝天，形成了学先进、促后进，你追我赶的生动局面。在中央苏区那块红色土地上，产生了中国第一批劳动模范。通过竞赛评选劳动模范和先进模范单位、树立劳动榜样、推动经济发展，揭开了中国劳模运动的序幕。

抗日战争时期，在中共中央和陕甘宁边区政府领导下，1939年初边区大生产运动拉开帷幕。4月1日，陕甘宁边区政府发布政府令，公布《陕甘宁边区人民生产奖励条例》，这是中国共产党在建立地方人民政权后，第一个以政府名义出台的奖励劳动模范的条例，首次规范了评选劳模的条件和办法。随着大生产运动的开展，以工厂中的赵占魁、农村中的吴满有、军队中的李位、机关中的黄立德、合作社中的刘建章等先进工作者为代表的劳动英雄和模范工作者不断涌现。1943年11月，陕甘宁边区隆重召开第一届劳动英雄代表大会，来自农村、工厂、合作社、部队、机关学校等各单位200多名代表出席会议，毛泽东等党政军负责人到会并接见代表。这是中国历史上召开的第一次大规模的劳动英雄和模范工作者代表大会。

新中国成立之前开展的劳动竞赛、树立劳模活动，经历了三个历史阶段，即土地革命战争时期通过劳动竞赛开始树立劳模，全民族抗战时期劳模运动逐步展开，解放战争时期评选劳模活动继续发展。新中国成立之前这一时期，劳模队伍不断扩大，劳模评选表彰制度化得到加强，其影响贯穿了整个新中国发展建设史。

（二）新中国成立后劳动模范的发展变迁

新中国成立70余年来，结合不同时期的历史背景、经济社会发展水平、

---

① 参见姚荣启：《中国劳模史》，中国工人出版社2020版。

政治文化导向等，中国劳动模范的发展轨迹大致分为三个阶段：新中国成立初期、改革开放和社会主义现代化建设时期、中国特色社会主义新时代。

1.新中国成立初期（1949～1960年）

新中国成立后，“爱劳动”被写进《中国人民政治协商会议共同纲领》，成为新中国倡导的公德之一。广大工人、农民实现了政治和经济上的“翻身”，迸发出了对新中国的无限热爱和报效国家的劳动热情，以主人翁的姿态、以百倍的干劲投入了新中国建设之中。为恢复发展国民经济，党和政府坚持沿用革命战争年代的经验做法，以劳动竞赛和生产运动为依托，通过开展形式多样的劳模运动，进行社会主义建设，这期间表现突出、成绩优异的模范人物竞相涌现。这一时期成为劳模运动的第一个发展高峰，无数劳动模范在各自工作岗位上为新中国建设事业做出了突出贡献。

1950年9月25日至10月2日，新中国首届工农兵劳动模范代表会议在北京召开，出席会议的代表有464人，其中工业代表208人，农业代表198人，部队代表58人，他们是革命功臣、护厂英雄、生产能手。很多人在根据地时期就是先进典型，曾多次受到表彰，为创建新中国立下了功绩，在群众中享有很高威望，他们皆被授予了全国劳动模范的荣誉称号。54名劳模代表介绍了自己的事迹和工作经验。1956年4月30日至5月10日，全国先进生产者代表会议在北京召开，出席会议的代表有5556人，853个先进集体、4703位先进生产者获奖，是1950年的10倍多。76名劳模代表做了发言。此次会议表彰的是国民经济恢复和过渡时期的先进典型，以及来自企业生产一线的优秀工人和来自文化教育界的优秀知识分子，充分展示了新中国成立后各行各业取得的伟大成就和全国人民的大团结。

党和国家主要领导人均出席了两次劳模表彰大会，毛泽东接见并宴请了劳模代表。如首届全国劳模表彰大会，毛泽东、朱德、刘少奇、李济深、张澜、周恩来等出席，朱德主持会议，陈云致开幕词。毛泽东代表中共中央致贺词，他赞誉劳动模范是中华民族的模范和骨干，发挥着新中国建设的支柱和桥梁的重要作用，号召向劳动模范学习。在党和国家的高度重视和大力倡导下，生产竞赛活动开展得如火如荼，造就了一个劳模辈出、崇尚英模、尊重劳动的崭新社会。正是在新的道德观念和价值取向的引领下，我国快速完成了社会主义三大改造，进入了全面建设社会主义时期。全国上下洋溢着大干快上的社会主义建设热情，人们埋头苦干、忘我工作、比学赶帮、争先创优，为社会主义建设贡献光和热。

1959年、1960年连续召开了两次全国劳模表彰大会。一次是全国工业、交通运输、基本建设、财贸方面社会主义建设先进集体和先进生产者代表大会，即“全国群英会”；另一次是全国教育和文化、卫生、体育、新闻方面社会主义建设先进单位和先进工作者代表大会，即全国“文教群英会”。两届群英会，共有来自各条战线上的5657个先进集体、5953个先进个人受到表彰，他们都是在“大跃进”运动中涌现出的革新能手和创造佳绩的实干家。代表们不仅受到了刘少奇、周恩来、朱德等党和国家领导人的亲切接见，而且周恩来总理亲设国宴，为他们庆功。

1950～1960年，是中国劳动模范快速发展时期，党和政府先后召开了4次大规模的全国劳动模范和先进生产者代表大会，评选表彰了11120名劳模和先进工作者。他们广泛分布在工业、农业、部队、交通运输、基本建设、财贸、教育、文化、卫生、体育、新闻等国民经济和社会建设的多个领域，既有生产能手、岗位标兵、技术人员、科学工作者，又有先进工作者、优秀组织者和管理者，其中典型代表人物有吴运铎、李顺达、孟泰、王进喜、时传祥、王崇伦、马永顺、李四光、钱学森、华罗庚、张光斗、焦裕禄、赵梦桃、郝建秀、倪志福、郭凤莲、张秉贵等。在他们身上体现的是对社会主义和爱国主义理想的价值追求。劳模主要来源于基层，一线产业工人是主流，“一不怕苦，二不怕死”的硬骨头精神和“老黄牛”形象是他们的真实写照。劳模们展现了那个时期劳模群体的思想高度，成为中国人学习的精神楷模，在新中国历史上留下了浓墨重彩的一笔。在他们的感召下，我们才在一穷二白的基础上，建立了独立的比较完整的工业体系和国民经济体系，进而为改革开放后经济腾飞和各项事业进步奠定了坚实基础。

1960年全国“文教群英会”以后，特别是“文化大革命”开始后，除偶有部分地区、单位、企业评出少量劳模外，全国性的劳模评选活动停止了16年，直至1977年才得以恢复。

2.改革开放和社会主义现代化建设时期（1978～2010年）

随着“文革”的结束和经济社会领域拨乱反正的推进，中国社会渐渐进入建设正轨。在党和政府的关心下，劳模工作迅速恢复发展，劳模队伍迎来新中国成立后的第二次发展高潮。1977年5月9日，全国工业学大庆会议在北京举行。此后，每年分领域分行业进行两次全国劳模表彰。至1979年12月，连续召开了5次全国劳模表彰大会，共有4157个先进集体、2541位劳动模范和先进工作者先后受到表彰，体现了特定历史阶段国家对特定领域建设任务的迫切需要，有着很强的时代烙印。频率如此密集的劳模表彰，在新中国历史上实属罕见。对他们的表彰带有明显的拨乱反正性质。应该说，是告别过去、拨乱反正的时代潮流催生了劳模表彰大会的再度召开。同时，劳模表彰大会的召开又唤醒了积蓄在劳动者内心的爱国、爱党情怀，为新时代的到来酝酿了情绪、积蓄了力量。[1] 通过劳模的榜样引领作用，动员引导社会各界继续艰苦奋斗、努力发展经济，把精力集中转移到社会主义现代化建设上来。

这5次全国劳模大会是在党的十一届三中全会前后召开的，呈现出承前启后的时代特点。1977年至1978年表彰的多是20世纪五六十年代就已崭露头角的老模范，他们常年如一日，在生产一线挥洒汗水，其先进事迹极其丰富却被积压多年，可以说是告别过去、拨乱反正的时代潮流带来了本该早就属于他们的荣誉。1979年表彰的是1978～1979年的先进典型，上报的都是新材料，凭借的都是新成绩。在新的历史起点上，老劳模不骄不躁、再立新功，新劳模奋力拼搏、开拓进取，共同肩负起转折年代开路先锋的艰巨使命。就在这一浪高过一浪的劳模评选表彰和生产竞赛活动中，迎来了只争朝夕、勇于拼搏、蒸蒸日上的20世纪80年代。

1983～1988年，共举行了6次全国劳模年度授奖活动，这在以往的全国劳模表彰中从未有过。尽管没有召开表彰大会，但授奖仪式仍庄严隆重。虽然每次表彰人数1～10人不等，地点也因获奖者情况而各异，但获奖者都是成绩突出、贡献巨大、在群众中威信很高的先进人物。随着改革开放步伐的加快，劳模队伍结构悄然发生变化，在继续提倡吃苦耐劳、苦干实干的“老黄牛”型劳模的同时，开始重视树立经营管理、科技、文化和体育等各方面的榜样人物，用他们的高尚情操和聪明才智为大变革的时代蓄力赋能，“使过去久遭极左迫害的一些知识分子及难登此大雅之堂的经营管理人才，成了受人尊重的劳动模范”[2]。罗健夫、蒋筑英、邓稼先、于敏、王永民、魏书生等人是其中的佼佼者，他们成为新中国优秀知识分子的杰出代表，产生了持久深远的社会影响。

1989年9月28日，为庆祝中华人民共和国成立40周年，全国劳动模范和先进工作者表彰大会在北京召开。1987名先进分子被授予全国劳动模范称号，803名优秀代表被授予全国先进工作者称号。他们分别来自工业、农业、交通、财贸、基建、科研、教育等51个系统或行业。“新一代的劳模是现代化意识和现代化建设的优秀代表，是一支集生产、科技、指挥、经营于一身的‘全能型’的队伍。”[3]“杂交水稻之父”袁隆平、“当代愚公”李双良、“抓斗大王”包起帆等位列其中。本次表彰大会在我国劳模表彰史上具有里程碑意

① 参见姚力：《1977～1979年的全国劳动模范表彰》，《当代中国史研究》2015年第5期。

② 吴锦才：《工会在现代化建设中日益发挥作用》，《人民日报》1985年4月30日。

③ 任重：《新时代的群英谱——电视片〈在共和国的史册上〉观感》，《人民日报》1989年11月28日。

义，从此劳模表彰进一步走向制度化、程序化、规范化。

进入 21 世纪，劳模工作继续发展完善，劳模队伍进一步壮大。2000～2010 年，先后召开了 3 次大规模的全国劳动模范和先进生产者代表大会，共表彰了劳动模范和先进工作者 8900 名。典型代表有徐虎、李素丽、吴登云、许振超、孔祥瑞、宋鱼水、王顺友、窦铁成、李瑞英、姚明等，深刻体现了与时俱进、勇于创新、无私奉献，为社会主义现代化事业不懈奋斗的时代精神。

3.中国特色社会主义新时代（2012 年至今）

经过改革开放的深入发展，中国特色社会主义迎来新时代，人民生活富足、社会和谐稳定、综合国力跃上新台阶。党的十八大以来，尊崇劳动模范、提倡诚实劳动、弘扬劳模精神的声音越来越响亮。习近平总书记在很多重要的会议和场合中，高度赞扬“劳动模范是劳动群众的杰出代表，是最美的劳动者”，大力倡导“劳动最光荣、劳动最崇高、劳动最伟大、劳动最美丽”，号召全国人民“向劳模学习，以劳模为榜样”。这是对党的劳模工作的继承和发展，对于新时代发展各项事业具有重要指导意义。

2015 年 4 月 28 日，中共中央、国务院在北京召开全国劳动模范和先进工作者表彰大会。中央政治局常委习近平、李克强、张德江、俞正声、刘云山、王岐山、张高丽全部出席。李克强总理主持大会，习近平总书记发表重要讲话，2968 名模范先进人物被授予全国劳动模范、全国先进工作者荣誉称号。如此高规格的劳模表彰大会，在中国改革开放以来是首次，足见新一届党中央对劳模表彰的重视，一定程度上展示了新时代的新气象。党中央的赞誉和激励，以及不同凡响的表彰大会给广大人民群众以极大鼓舞，在社会上引起广泛反响，一股清流在中国特色社会主义新时代孕育生长。2019 年，在庆祝中华人民共和国成立 70 周年之际，党和国家向为国家建设和发展建立了卓越功勋的杰出人士授予了“共和国勋章”，于敏、申纪兰、李延年、孙家栋、袁隆平、张富清、黄旭华、屠呦呦等 8 人荣获这一至高荣誉，他们中除了两位战斗英雄之外，其他人全部获得过省部级以上劳动模范称号。

2020 年 11 月 24 日，全国劳动模范和先进工作者表彰大会在北京举行，习近平、李克强、栗战书、汪洋、王沪宁、赵乐际、韩正出席大会，1689 人获得全国劳动模范称号，804 人获得全国先进工作者称号。在这 2493 名获得荣誉称号的模范人物中，有 200 多名是扎根乡村、带领群众脱贫致富的带头人，有 300 多名是奋战在抗击新冠肺炎一线的先进个人，他们为国分忧、敢于担当、爱岗敬业、无私奉献，是新时代劳动者的典范。习近平总书记在大会开幕式上做了讲话，高度评价了劳动模范和先进工作者做出的重大贡献，勉励广大劳动群众要“坚定不移听党话、矢志不渝跟党走，当好主人翁，建功新时代”[①]。为庆祝中国共产党成立100周年，党中央授予了29位功勋党员“七一勋章”，他们中有8人曾荣获全国劳动模范称号，他们的名字将永远被铭记在中国劳动模范的光荣簿上。

二、新中国劳模评选制度的嬗变

回顾新中国成立以来的历史，劳动模范评选表彰作为中国特有的一项制度，起源于陕甘宁边区时期的劳动英雄和模范工作者运动。新中国成立后，该制度被沿袭下来，直至改革开放以后逐渐成为固定制度。纵观1950～2020年召开的16次全国劳动模范表彰大会，不同历史时期革命和建设的任务不同，劳动模范评选制度随之发生变化，评选标准（条件）、范围、程序等也相应地存在差异，这与当时的生产力发展水平、社会经济现状以及劳动价值导向紧密相连。

（一）新中国成立初期（1949～1960年）

刚刚建立的新中国，百废待兴，巩固新生政权、恢复国民经济、提高人民生活水平刻不容缓。为此，党和政府针对不同的目标，动用一切力量，依托社会主义劳动竞赛开展形式多样的活动，开始开展具有新中国特色的劳模评选工作，受到了广大劳动人民的拥护和支持。此时的劳模评选，既要对革命战争时期涌现出来的模范人物进行褒奖，又要顺应新中国成立初期的政治经济形势，团结号召全国人民努力发展生产、改善生活条件，稳步迈入社会主义社会。

1950年全国工农兵劳动模范代表会议正式确定了“劳动模范”的称谓，评选出了新中国第一代劳动模范，提出了“把评选劳模形成固定的制度”的要求，宣传荣誉面前男女平等、民族平等的观念。此后，自上而下，全国各地不同类型的表彰大会接连不断。模范人物的称呼不再是延安时期的“劳动英雄”和“模范工作者”，而是“劳动模范”和“先进工作者”。1956年全国先进生产者代表会议，促进了劳模表彰进一步制度化、规范化。这两次大会的召开，揭开了新中国劳模史的崭新一页。从此，劳模评选制度得到推广，逐步形成了劳模表彰体系。10年间，各行各业均涌现出了一批令人振奋的劳动事迹和劳动模范，中共中央、国务院共举行了4次劳动模范和先进生产者代

---

① 习近平：《在全国劳动模范和先进工作者表彰大会上的讲话》，《人民日报》2020年11月25日。

表会议。

从这4次大会的情况看,不同时期侧重点有所不同。评选标准主要结合劳动竞赛而定,不仅要求认识到个人利益和集体利益的统一,树立正确的劳动态度、养成勤劳的习惯,而且要求在劳动竞赛中凭借劳动本领和聪明才智为国家生产建设、国民经济恢复做出贡献。其主要内容是忠于职守、努力工作、踏实肯干等。1950年的劳动模范主要来自工业、农业和军队等行业,鉴于新中国成立之初我国以农业为主的国情,在劳模评选标准中专门规定了农业劳模评选标准,把"带领组织群众实行生产互助或精耕细作勤劳增产,发家致富获有显著成绩者"①作为首要条件。而到了1956年,劳动模范评定标准规定:"(1)提前完成第一个五年计划规定指标的先进生产者;(2)达到优等质量指标的先进生产者;(3)在学习与推广先进经验或在掌握先进技术试制新产品方面有成就的先进生产者;(4)在节约方面有优良成绩的先进生产者;(5)优秀的合理化建议者和合理化建议工作的组织者;(6)能够经常帮助达不到定额的工人提高到先进生产水平的先进工作者;(7)先进的工程技术人员和职员;(8)在工作中有优秀成绩的先进工作者(如优秀的教育工作者、科学工作者、商业工作者等);(9)先进小组、车间、企业的代表。"加班加点、努力工作,"提前完成第一个五年计划规定指标"是劳模评选的首位标准。强调"推广先进经验"和"帮助达不到定额的工人提高到先进水平",体现了开展劳动竞赛、奖励模范先进的主要目的是奖励一个带动一片。受表彰范围几乎包括除农业以外的所有生产战线,但大多数来自工业系统。"先进"内涵既可以是生产数量上的先进,也可以是生产质量上的先进。1956年是受表彰人数最多的一次。

1959年10～11月,全国工业、交通运输、基本建设、财贸方面社会主义建设先进集体和先进生产者大会(又称"全国群英会")在北京召开。劳模评选标准规定:在大搞群众运动、大闹技术革命和技术革新,在生产上有突出成绩,在企业管理上有重大改进,在钻研先进科学技术和创造发明方面有贡献的先进集体和先进生产者。受表彰者被誉为"这些战线上创造1958年和1959年的大跃进的代表人"。1960年6月,全国教育、文化、卫生、体育、新闻方面社会主义建设先进单位和先进工作者代表大会(又称全国"文教群英会")在北京举行。显然,这次会议是1959年全国群英会的继续,不同的是代表们来自"文教"战线,表明劳模先进评选范围和20世纪50年代相比进一步

① 《全国工农兵劳动模范代表会议筹委会　关于召开全国工农兵劳模代表会议的计划》,《人民日报》1950年7月31日。

扩大，已由生产和经济战线扩大到教育和文化等其他战线，对全国文化、教育、卫生事业起到了振奋、激励和引导作用。这两次劳模评选中来自农业战线的劳模大幅度减少，“先进”的内涵更加丰富，受表彰人数众多，开始强调对先进集体的表彰，1960 年先进集体数量多于先进个人数量。

新中国成立后的 10 年间，国民经济迅速恢复、发展，受表彰的先进对象来自工业、农业、教育、文化、卫生、体育各条战线，既有生产能手、岗位标兵，又有科学技术人员、教育工作者。10 年间的 4 次表彰大会在会议名称、评选条件及受表彰对象等方面均呈现明显差异，表彰的重点从工农兵转移到工业战线的先进人物，再转移到文教战线的先进人物，这与国家恢复生产、发展工业，提高劳动生产力水平的发展需要紧密呼应。劳动模范和先进生产者身上有着强烈的主人翁意识，主动献身社会主义建设之中，勇于承担国家和民族赋予的历史责任与使命，体现出了对社会主义理想的追求和对“劳动最伟大”的信仰，以“不怕苦、不怕死”的老黄牛形象，在中国人民的心中打下了深深的烙印，影响了广大人民的道德风范和实践品格。通过对先进人物有目的、有组织的评选宣传，既凸显了工人阶级作为领导阶级的政治地位，又将“人民是国家的主人”这一政治理念转化为全民族的劳动实践，实现了“艰苦奋斗、无私奉献”劳动价值观的广泛传播，并使其在潜移默化中成为民众所认同的价值观念，对国家经济社会发展起到了重要的促进作用。

第二个五年计划前期，由于严重脱离实际、人为加快发展速度，经济发展很快因难以维系而回落，1960 年发展速度下降至 47%，1961 年和 1962 年出现大幅度的负增长，党和政府不得不在“二五”计划时期的后两年（1961～1962 年）对国民经济进行调整；然后再用三年时间继续调整（1963～1965 年），作为第二个五年计划到第三个五年计划（1966 年开始）之间的过渡阶段。这一时期，劳模评选活动因政策调整而相应暂停。1966 年以后，受“文化大革命”的影响，我国的经济发展遭受严重损失，社会主义建设的许多正确原则，一概被当作修正主义和资本主义加以批判，这导致人民生产热情低落，科技进步缓慢，经济效益普遍大幅度下降。至 1977 年 3 月，全国范围内的劳模评选活动暂时停止。

（二）改革开放时期（1978～1988 年）

“文化大革命”结束后，劳模评选工作得到恢复，逐步走上正轨。从 1977 年 4 月至 1979 年 12 月，短短两年多时间，中共中央、国务院先后举办了 5 次全国性劳动模范表彰大会，掀起了劳模评选表彰活动的第二次高潮。之所以进行如此密集的劳模表彰，主要原因是“文化大革命”期间，国家经济社会发展遭受极大破坏，百废待兴，此时正需要通过劳模的榜样引领作用，动员引导社会各界继续艰苦奋斗，努力发展经济，把精力集中转移到社会主义现代化建设上来，进一步激发人民的生产热情。

20 世纪 70 年代末至 80 年代中期，劳模评选的根本标准是"是不是先进生产力的优秀代表"。"判断一个职工是不是模范，一个集体是不是先进，归根到底，要看其在推动生产力发展方面是不是起了显著作用，对社会主义建设事业是不是做出了较大的贡献。"①落实到具体评选上，主要包括四类人员：对超额完成全国先进定额和计划指标有重大贡献者；在完成生产建设任务，实现增产节约方面有重大贡献者；在生产技术上有重大改革或者有重大合理化建议者；在创造发明、科学研究方面有重大贡献者。就当时社会状况而言，劳动价值导向的时代性特征十分明显，就是培养对社会主义现代化建设有突出作用的建设者，加速实现四个现代化步伐。

这一时期劳动模范评选表彰具有频率密集、名称繁多、名额稀少、标准单一等特点。3 年内进行了 5 次表彰，相比以前平均 4～5 年表彰一次的密度，其表彰频率之高，可见一斑。表彰大会名称各不相同，分别面向不同的行业群体，说明积压时间过长，一时难以全面统筹安排。表彰对象主要是在生产一线勤勤恳恳、埋头苦干的"老黄牛"式的人物。

1979 年，中共中央、国务院第一次对"模范"和"先进"做了理论概括，认为"各条战线的劳动模范和先进集体，必须是先进生产力的优秀代表，能够体现社会发展的方向"②。显然，生产力标准成为劳模评选的主要标准。由于"推动生产力发展"的成绩不易直接测量，所以在实际评选过程中，依据的是"贡献"大小，看重的是超额完成"计划指标"。与后来的情况相比，这些标准带有鲜明的时代特点，同时也更单纯、更简洁，规定"劳动模范"称号授予的是企业职工、农民和社会主义事业建设者，"先进工作者"称号授予的是机关和事业单位的职工和管理者。1980 年，中华全国总工会发布《劳动模范工作暂行条例(试行)》。1982 年，"奖励劳模和先进工作者"被写入国家宪法，一直沿用至今。

随着中共中央关于"知识分子是工人阶级的一部分"科学论断的明确，知识分子被纳入劳模评选范围。一批知识分子和科研工作者成为劳模队伍的新成员，在工业、农业、科技、教育、文化等行业崭露头角，为中国社会主义经济建设和精神文明建设发挥了重要作用。

---

① 《中华全国总工会文件选编(1981 年)》，工人出版社 1983 年版，第 420 页。

② 中共中央、国务院：《关于召开全国职工劳模代表大会的通知》，1997 年 8 月 30 日。

在全国工作重心向经济建设转移的背景下，5 次表彰中前 3 次表彰以中共中央、国务院的名义进行，表彰对象多为 1960～1978 年的劳动模范，带有拨乱反正、落实政策的性质；后两次表彰仅以国务院的名义进行，表彰对象为 1978～1979 年的先进典型，逐步转移到了社会主义现代化的建设者方面。这种变化体现了十一届三中全会前后党的路线方针政策的重大转变。

（三）社会主义现代化建设新时期（1989 年至今）

1950～1979 年的 9 次劳动模范评选表彰，名称各不相同，频率高低不一；对象各不相同，人数变化大，既有集体又有个人，受经济社会发展的影响，评选表彰具有较强的不确定性。1980～1988 年，受各种因素的影响，没有进行全国性劳动模范评选表彰。1989 年 9 月，全国劳动模范和先进工作者表彰大会在北京召开，会议革除了过去一些不统一、不明确、不完善的做法，规定“表彰大会定名为‘全国劳动模范和先进工作者表彰大会’，受表彰人数固定在 3000 人左右，每 5 年表彰一次，逢‘五’逢‘十’举行，如 1995 年、2000 年、2005 年等”。从 1995 年开始，真正每 5 年召开一次全国劳动模范和先进工作者表彰大会。表彰对象范围实现扩展并统一，包括各行各业、各条战线；只表彰个人，不再表彰集体等。

1989 年以来，共举行 7 次全国劳动模范和先进工作者评选表彰，从表彰名称、表彰频率，到表彰人数、表彰对象逐步趋于稳定一致，标志着劳动模范评选表彰进入常态化、制度化阶段。这一系列变化，既是历史的延续，也标志着新阶段的开启。按照现代社会动员的四个特征即“广泛参与性、一定程度的兴奋性、目的性和秩序性”衡量，劳模评选表彰制度基本定型，成为国家治理中不可或缺的制度安排。

20 世纪 80 年代中期城市经济体制改革开始之后，劳动模范评选标准发生较大变化。比如 1989 年全国劳动模范和全国先进工作者表彰大会要求：“全国劳动模范和先进工作者必须是热爱祖国，坚持四项基本原则，拥护改革开放总方针，并具有下列条件之一者：（一）在企业发展生产，深化改革，改善经营管理，提高经济效益、社会效益方面做出重大贡献的；（二）在发展农业生产和农村经济方面做出重大贡献的；（三）在科研、教育、文化、卫生、体育等事业中做出重大贡献的……（九）在其他方面做出重大贡献的。”第一项强调了对生产力发展的贡献，响应了改革开放经济发展的时代大潮，激发了无数企事业单位人员的工作热情。这个评选标准基本延续到今天。1995 年全国劳模和先进工作者大会的“评选条件”与此基本相同。

与以往劳模评选标准相比，这个评选条件具有明显不同之处。一是强调政治表现，即必须坚持四项基本原则，拥护改革开放总方针，言明政治表现在劳模评选中的重要性，突出爱党爱国的必要性，呈现出中国劳模独有的政治属性。这可能是劳模中中共党员占绝大多数的一个重要原因。如 1989 年 2970 名全国劳模和先进工作者中，中共党员约占 90%。二是企事业单位的领导更容易被评为劳模。因为“发展生产，深化改革，改善经营管理，提高经济效益、社会效益”的“贡献”很容易归功于企事业单位的主要领导。1989 年 2970 名全国劳模和先进工作者中，行政企事业单位管理人员占 23.4%，其中厂长、经理就有 344 名。1995 年 2877 名全国劳模和先进工作者中，企业单位领导 409 名，事业单位领导 57 名，机关处级干部 69 名，机关科级干部 59 名。在部分中央部委评选的劳模中，厂长、经理所占比例更大，如 1995 年化工部和建设部系统表彰的劳模中，厂长、经理所占比例达 45%左右。三是评选范围几乎无所不包，甚至一些地方的个体私营老板也被评为劳模，这使得不同领域的劳动人民都可以参选劳模。

伴随改革开放的深入推进，在“科学技术是第一生产力”的倡导下，劳动模范评选主要以经济贡献和创新创造为标准。劳模分布的职业日渐多元，劳模形象不断扩展和丰富，从最初的“不怕苦、不怕死”老黄牛形象衍生为科技创新、精益求精的先进工作者。进入 21 世纪，中国经济实力得到极大提高，劳动者的生活工作方式、劳动工具都有了明显的科技化趋向，中国迎来新的历史发展机遇期，知识、科技与创新成为时代的主旋律。不拘一格选劳模，成为劳模评选表彰的鲜明特色。劳模结构相应发生了改变，从普通劳动者到高级知识分子，从体力劳动者到脑力劳动者，从技术工人到企业家、科学家，国家对劳动者的创新品质培育日益重视。劳模形象也相应地转为“知识型、技能型、创新型”的复合型人才，劳模们以自己的智慧和汗水铸就了新时期的劳动丰碑。

社会主义现代化建设新时期劳动模范评选制度臻于完善，呈现出五个特点：第一，评选方式更加科学民主。评选工作坚持公平、公正、公开原则，推荐人选需自下而上产生，并接受公众监督。第二，评选标准更加合理。在倡导“无私奉献”的同时，将“对社会有突出贡献”作为劳模评选的重要条件，并且在评价指标中增加了敬业精神、创新精神和职业道德等要素，更加重视人文精神考察。不仅要求技术过关，更要求道德修养高尚，辩证看待大德、公德、私德，重视个人利益与集体利益的统一。第三，评选范围更加广泛，劳模构成更加多样。随着人们对劳模认识的深化，评选对象不仅包括工人、农民、知识分子，而且个体经营者、私营企业主、体育明星均可参加全国劳模的评选。第四，注重持续提高一线职工和农民的劳模比例。2000 年，劳模评选分配原则规定企业一线职工不得低于总数的35%，农民应占总数的20%；企业负责人不得超过总数的8%。2010年劳模推荐评选要求坚持面向基层和工作一线，其中企业职工不低于45%，农民不低于20%。第五，表彰规模日趋稳定。每次表彰人数均在3000人左右，且只对个人进行表彰，不再对集体进行表彰。值得关注的是，1979年9月以来，全国劳模的表彰单位由中共中央、国务院变更为国务院；从2015年开始，全国劳模的表彰单位再次回归为中共中央、国务院，这一回归充分体现出在迈向中华民族伟大复兴的征程中党和国家对劳模评选表彰工作的高度重视。2015年4月28日，中共中央、国务院在北京召开全国劳动模范和先进工作者表彰大会，这是中国继1979年后再次对“劳动模范”这一群体进行最高规格表彰。2020年11月24日，在北京召开同样规格的全国劳动模范和先进工作者表彰大会，掀起了劳模评选表彰活动的又一次高潮，具有重要现实意义。

总而言之，新中国成立以来，随着社会的发展和时代的变迁，劳动模范在不同时期被赋予不同的内涵特征，但劳动模范作为时代前进的导向标，其价值本质和精神实质并没有改变。

三、新中国劳模精神内涵的演进

新中国成立70余年波澜壮阔的历史，孕育出了共和国伟大的劳模精神。劳模精神是中国劳动人民形成的一种精神，是中国共产党充分肯定并大力弘扬的精神，是中国精神不可缺少的组成部分，体现出来的是浓浓的民族特色与时代特色，同时更是中华民族发展之魂，是社会主义现代化文明建设的重要基石。伴随社会主义革命、建设和改革的不断推进，劳模精神内涵不断地被注入特有的时代新元素，不同时期的劳模精神内涵有所差异，大致经历了以无私奉献、集体至上，拼搏实干、发展至上，开拓创新、人民至上为主要特征的三个历史时期。同时，劳模精神作为时代精神的集中体现，引领社会大众投身社会主义建设事业的价值导向作用不会改变，不同时期劳模精神的时代特色存在共性。劳模精神的精髓是奉献精神，也就是为民服务和甘于奉献的孺子牛精神，这是劳动模范备受劳动人民尊敬的重要原因之一。

劳模精神内涵的演进过程，既生动展现了社会主义革命、建设和改革开放时期劳动模范的实践情况，充分凸显了中国特色社会主义意识形态的活力，又凝练升华了以爱国主义为核心的民族精神和以改革开放为核心的时代精神。

(一)新中国成立初期

新中国诞生之初,面对积贫积弱、百废待兴的局面,恢复和发展国民经济的任务被摆在了十分突出的位置。为凝结力量、团结民心,党和政府号召广大人民学习为革命与生产建设做出了重要贡献的先进模范,积极投身社会主义经济建设之中。在此背景下,1950 年 9 月,新中国首次召开全国工农兵劳动模范代表会议,评选表彰了 464 名全国劳动模范。毛泽东在会议贺词中称赞劳动模范是“全中华民族的模范人物,是推动各方面人民事业胜利前进的骨干,是人民政府的可靠支柱和人民政府联系广大群众的桥梁”①。他指出:“中国必须建立强大的国防军,必须建立强大的经济力量,这是两件大事。这两件事都有赖于同志们和全体人民解放军的指挥员、战斗员一道,和全国工人、农民及其他人民一道,团结一致,协同努力,方能达到目的。”②此次会议具有继往开来的历史意义,进一步激发了广大人民群众心系新中国伟大建设、热爱新生活,奋不顾身地投入建设新中国、开拓新世界伟业之中的激情,展示了新中国经济社会发展的祥和气象。

随着社会主义三大改造的完成,社会主义基本制度在中国初步建立,但是中国的生产力发展水平仍很落后。发挥人力资源的独特优势成为推动全面建设社会主义进程的重要手段,发挥劳动者主观能动性的重要性显得尤为突出。伴随这一形势,1956 年 4 月全国先进生产者代表会议在北京举行,刘少奇在会议上指出,“目前我国各个生产战线上的先进生产者,各个工作部门中的先进工作者,正是我国社会主义建设事业中的一种最积极的因素。这种因素应当受到我们最大的重视”,“先进生产者是人类经济生活向前发展的先驱,也是人类社会历史向前发展的先驱”。③ 一时间,通过提高技术水平和工作熟练程度增加产品数量和提高产品质量的先进分子,成为国家鼓励和宣传的劳动模范,这无疑要求广大劳动者以积极肯干的态度和大无畏的精神投入到国家经济建设之中。作为优秀民众代表的劳动英模们,在全面建设社会主义十年中,最大限度地发挥了不可替代的社会动员政治效应。

这一时期劳动模范大致分为两种类型。一是,不畏艰难、敢于奋斗的生产标兵。既有爱国主义劳动竞赛中的孟泰等劳动模范,又有农业互助合作运动中成长起来的耿长锁、李顺达,还有资本主义工商业改造英雄“红色资

① 《毛泽东文集》第 6 卷,人民出版社 1999 年版,第 95 页。

② 《毛泽东文集》第 6 卷,人民出版社 1999 年版,第 95~96 页。

③ 《刘少奇代表中共中央在全国先进生产者代表会议上的祝词》,《人民日报》1956 年 5 月 1 日。

本家”荣毅仁。进入全面建设社会主义时期以后，更是涌现出了一批批“铁人”王进喜式建设新中国、献身现代化的劳动英雄。二是，毫不利己、专门利人的道德楷模。既有亲民爱民、无私奉献的县委书记好榜样焦裕禄，又有甘当人民勤务员的掏粪工人时传祥，还有发扬螺丝钉精神的奉献英雄雷锋。这些劳动模范为社会主义建设时期坚持独立自主的发展道路提供了不竭精神动力和劳动后备军。

“无私奉献、集体至上”是社会主义革命和建设时期劳动模范的显著特征，“团结苦干、无私奉献”则是这一时期劳动群体焕发出的劳模精神。在毛泽东等党和国家领导人的大力倡导下，学雷锋、学铁人逐渐成为一种社会风气和文化现象，推动工业、商业、服务业、农林牧副等行业涌现出了大批优秀人物。老黄牛精神和硬骨头精神的高尚品德在全国人民心中留下了深深烙印。

“文化大革命”时期，在极“左”思潮的支配下，先进模范在生产领域的贡献被忽略，阶级斗争成了劳模的唯一任务，极“左”政治成了选树劳模的唯一标准。因此，“政治性”是“文革”时期劳模的典型特征。

（二）改革开放至党的十八大之前

这一历史时期，分为前后两个阶段。

第一阶段：党的十一届三中全会至 20 世纪末

1978 年党的十一届三中全会的召开，揭开了中国改革开放的序幕。党和国家的工作重心转移到社会主义现代化建设上来，国家初步出现安定团结、生动活泼的局面。在社会主义建设加快发展的形势下，“生产力”标准被提出来。1979 年 8 月，《中共中央、国务院关于召开全国劳模大会的通知》提出：“各条战线的劳动模范和先进集体，必须是先进生产力的优秀代表，能够体现社会发展的方向。判断一个职工是不是模范，一个集体是不是先进，归根到底，要看其在推动生产力发展方面是不是起了显著的作用，对社会主义建设事业是不是做出了较大的贡献。这是我们选举劳动模范和先进集体的根本标准。”该通知强调了生产力标准在劳模评选中的核心地位。党和国家迫切需要宣传弘扬各行各业埋头苦干的生产典型来带动生产力的加速发展，激发人民群众的积极性、主动性与创造性，掀起经济建设的高潮。

这一阶段，党和国家以及理论界对于精神劳动和非生产性劳动的承认直接促使开拓创新、巧干实干的劳模精神深入人心。1978 年 3 月，邓小平同志在全国科学大会上指出，我国知识分子中的绝大多数已经是工人阶级的一部分。这无疑强调了精神劳动的重要性。进入 20 世纪 80 年代后，知识经济的到来使得精神劳动逐步成为主导体力劳动的内生驱动力。1988年9月，邓小平提出了“科学技术是第一生产力”的论断，促使科技创新在社会发展中的重要性深入人心。与此同时，非生产性劳动对国家建设的重要作用也日益被理论界挖掘，“认为在社会主义制度下只有生产物质资料的劳动才是生产劳动，其他就不是，而且把生产物质资料的劳动又狭窄地理解为直接处理劳动对象的劳动……在实践上给我国经济建设带来了很大的损失”①。对非生产劳动创造价值的承认促使劳动的主体扩展至小生产者和商人，这样，劳模不仅仅是政治劳模，劳模精神也不再局限于老黄牛精神，普通群众通过开拓创新、巧干实干迎接美好生活的信心大大增强。

从党的十一届三中全会召开至1992年邓小平南方谈话和党的十四大召开，中国经济体制改革经历了由“计划经济为主，市场调节为辅”到“有计划的商品经济”，再到中共十四大明确提出建立社会主义市场经济体制的发展过程，市场机制的引入和逐步发展使得生产力迅速提升。经济体制改革和非公有制经济的快速发展要求劳动主体不仅要具备吃苦耐劳的精神，更要具备开拓创新的勇气和巧干实干的智慧。人们认识到，劳模不仅会带来政治效益，更会产生强大的社会效益和高效率的经济效益。开拓创新、巧干实干的劳模精神逐渐为群众认同。时代的变迁及党和政府新政策的实施，促使人民群众的认识和社会心理发生变化。1987年6月6日，《人民日报》提出这样一个疑问：我们今天需要什么样的英雄？文章指出：“从五位全国劳动模范和千余名先进个人的情况来看，他们的高尚精神和先进事迹值得我们学习的地方很多，但是最重要的一条，就是把理想化为实干的献身精神，这是他们的先进事迹的精华。”②在这样的舆论导向下，精湛的业务能力、卓越的技术革新能力以及开拓创新、敢闯敢干的劳模形象被塑造了出来，开拓创新、巧干实干的劳模精神深入人心。

随着社会主义市场经济逐步发展，与之伴随的直接结果就是科学技术的力量不容小觑。邓小平提出并强调“科学技术是第一生产力”的重要论断，极大地提升了科学技术在经济社会发展中的重要地位，对于大力发展教育和科学技术、重新审视知识分子与科技人员发挥了关键作用。同时，社会主义主流意识形态亟须在改革开放多元化价值观洪流中不断完善，始终保持其主导地位，弘扬时代正能量。改革大潮激流涌动，“敢干与实干”劳模精神应运而生。“弄潮儿”时代劳模犹如一种精神符号和一面旗帜，上升为广

① 于光远：《社会主义制度下的生产劳动与非生产劳动》，《中国经济问题》1981年第1期。

② 《我们今天需要什么样的英雄》，《人民日报》1987年6月6日。

大劳动群众的伟大品格与力量化身，引领改革开放时代主流文化价值取向。

这一阶段劳模精神的弘扬，使“知识与价值”成为全社会共同关注的话题。忠诚于党和国家事业的老一辈开国劳动英模以“弄潮儿”劳模精神响应国家号召再度起航；肩负社会期望和时代责任，生于红旗下、长在改革春风新长征中的后起之秀代代延续，以“敢干实干”劳模精神践行“以经济建设为中心”，激发各行各业劳动者的劳动热情，发挥工作干劲。敢闯敢干、与时俱进的劳模形象，“敢为人先”的“弄潮儿”劳模精神，引导“有为有位”的社会氛围，勾勒出“弄潮儿”引领改革开放时期中国经济社会发展的新轨迹。在“知识与价值”成为全社会共同关注话题支配下，知识分子劳动模范在经济生产领域和社会动员中的贡献被进一步宣传与推崇。劳模精神所蕴含的文化基因代代传承，成为改革开放时期社会文明进步的精神丰碑。“爱岗敬业、为国为民、勇于改革”的报国理想是劳模的主要任务，“实干巧干、争创一流、开拓创新”是评选劳模的主要标准，“艰苦奋斗、甘于奉献、淡泊名利”的老黄牛精神是劳模精神的主要特征。作为改革开放时代领跑者引领各行各业的劳模的工作积极性空前高涨。

第二阶段：21 世纪初至党的十八大之前

进入 21 世纪，市场经济体制的发展进一步释放了社会发展活力，科学技术促进社会生产力、社会经济和社会生活结构发生了巨大变化。公有制经济为主体、多种所有制经济共同发展的基本经济制度促进了非公有制经济的崛起，我国经济结构及由此导致的社会分工模式发生了巨大变化。

2002～2012 年 10 年间，中国非公有制经济 GDP 占全国比重超过 60%，税收占全国比重约 50%，就业占全国比重约 80%，不仅数量、规模上持续扩大，而且对经济社会的贡献也不断提升。非公有制经济如火如荼的发展，进一步推动了生产劳动向物质生产领域外扩展。与此同时，社会分配制度也进行了相应调整，确立了在按劳分配的基础上，劳动、资本、技术和管理等生产要素按贡献参与分配的原则，完善了按劳分配为主体、多种分配方式并存的分配制度。在党和国家政策的全面引领下，人们逐渐摆脱了旧的劳动形式的桎梏，劳动形式多元化日益加强，劳动观念也随着中国市场经济的发轫和完善逐步成熟。脑力劳动和非劳动生产要素在价值创造中的作用被进一步认可，管理劳动、服务劳动、科技劳动等劳动形式均被承认为创造价值的劳动，创造价值的劳动范围和劳动形式扩大了，劳动的内涵和外延也随之发生了变化。江泽民在党的十六大报告中指出：“不论是体力劳动还是脑力劳动，不论是简单劳动还是复杂劳动，一切为我国社会主义现代化建设作出贡献的劳动，都是光荣的，都应该得到承认和尊重。”[①]劳动者的主体构成日益丰富。随着“开拓创新、巧干实干”的劳模精神深入人心，21世纪劳模群体中不仅包含物质劳动生产者，还涌现出一批经营管理者、科技工作者和知识型劳动者，出现了私营企业主、体育明星。在身份认同上，他们都具有了社会主义性质。一时间，凡通过合法劳动创造社会财富，推动社会主义生产力发展者都被纳入劳动者范畴，他们均享有平等的劳动权利和政治地位。党的十六大报告提出：“一切合法的劳动收入和合法的非劳动收入，都应该得到保护。”[②]在此影响下，2005年私营企业和外来务工人员首次被纳入全国劳模评选表彰范围，在实践层面弘扬了社会新价值。2005年全国总工会颁布的《关于推荐全国劳动模范和先进工作者的通知》，对劳动模范的评选标准做了适当修订，衡量劳动模范的关键指标由“无私奉献”演变为“对事业有突出贡献”，这无疑强调了劳动者的创新精神和职业技能。此外，在市场经济效率意识彰显社会新价值，劳动模式由行政化向契约化深度转变的同时，也不可否认，市场经济的发育需要广大群众以个人利益导向的劳动加以驱动，这无疑使得个人本位与社会本位之间产生了一定的冲突，“理性经济人”现象产生，与之伴随的是集体意识式微、职业道德淡化以及好逸恶劳的不良社会风气滋生。

为进一步引领积极向上的社会风气，弘扬社会主义核心价值观，胡锦涛提出“以辛勤劳动为荣，以好逸恶劳为耻”作为社会主义荣辱观的组成部分。于是，“艰苦奋斗、自力更生、甘于奉献”的传统社会价值与“开拓创新、与时俱进”的时代价值同时被强调，党和国家在强调创新拼搏的同时，兼顾艰苦奋斗、甘于奉献的价值取向。根据社会发展的新形势，党和国家第一次对劳模精神的内涵进行了明确阐释。2005年，胡锦涛在全国劳动模范和先进工作者表彰大会上首次将劳模精神的科学内涵以24个字表述出来，即“爱岗敬业、争创一流，艰苦奋斗、勇于创新，淡泊名利、甘于奉献”，这是对劳模精神内涵的全面阐释。

这一阶段劳模精神涵盖了爱岗敬业、为国为民的主人翁精神，争创一流、与时俱进的进取精神，艰苦奋斗、克难攻坚的拼搏精神，勇于改革、创新创业的开拓精神，淡泊名利、默默耕耘的老黄牛精神，甘于奉献、乐于服务的忘我精神以及紧密协作、相互关爱的团队精神等，集建设性与发展性于一体。

---

① 《江泽民文选》第3卷，人民出版社2006年版，第540页。

② 《江泽民文选》第3卷，人民出版社2006年版，第540页。

"创先争优、实干至上"是这一历史时期劳动模范的显著特征。劳模精神的弘扬，使"发展是第一要务、科学技术是第一生产力"成为全社会共识。该时期劳模大致分为三种类型："蓝领专家"孔祥瑞、"金牌工人"窦铁成、"新时期铁人"王启明式的生产楷模；"两弹元勋"邓稼先、"知识工人"邓建军、"杂交水稻之父"袁隆平式的知识分子和科技人员；"人民公仆"孔繁森、"新时代雷锋"徐虎式的为民爱民、廉洁勤政的党员先进工作者。

(三)党的十八大召开至今

随着中国特色社会主义进入新时代，经济发展进入新常态，新常态的"新"主要体现在三个方面。一是经济增长速度方面，经济从高速增长调整为中高速增长，更加重视经济发展质量。人们的消费观念不断升级，精神消费品市场逐渐扩大。人们更加关注消费品的品质，表现为对产品的高品质追求。二是经济结构方面，经济产业结构由中低端向中高端水平转移，第三产业成为经济社会可持续发展的重要推动力。三是经济增长动力方面，经济增长由依靠要素驱动转向依靠创新驱动。随着土地、资源、劳动力等生产要素价格不断上涨，通过压低要素价格实现经济增长的方式难以为继。

党的十八大以来，一方面，大互联时代和人工智能时代的到来，改变着人们生产方式、思维方式和交往方式；另一方面，面临世界新一轮科技革命重要机遇期。2014 年 9 月，中共中央提出通过"大众创业、万众创新"培育经济发展的新动力，推动"大众创业、万众创新"深入发展，鼓励人们在全社会范围内创新创造。在国家"大众创业、万众创新"理念的号召下，新的创新创业浪潮席卷而来，各种新概念、新模式、新技术被投入试点并推广应用。

新时代党和国家高度重视劳模精神与经济发展新常态、现代化经济体系相适应。一方面，创新创造的地位更加突出。党中央提出："创新是引领发展的第一动力。必须把创新摆在国家发展全局的核心位置，不断推进理论创新、制度创新、科技创新、文化创新等各方面创新，让创新贯穿党和国家一切工作，让创新在全社会蔚然成风。"[①]李克强提出："坚持把科技创新摆在国家发展全局的核心位置，既发挥好科技创新的引领作用和科技人员的骨干中坚作用，又最大限度地激发群众的无穷智慧和力量，形成大众创业、万众创

① 《中共中央关于制定国民经济和社会发展第十三个五年规划的建议》，《人民日报》2015 年 11 月 4 日。

新的新局面。”[①]另一方面，精益求精的工匠精神成为新时代劳模精神的核心体现。习近平指出：“无论从事什么劳动，都要干一行、爱一行、钻一行。在工厂车间，就要弘扬‘工匠精神’，精心打磨每一个零部件，生产优质的产品。”[②]李克强在2016年政府工作报告中要求：“鼓励企业开展个性化定制、柔性化生产，培育精益求精的工匠精神，增品种、提品质、创品牌。”[③]2016～2019年，“弘扬工匠精神”4次被写入政府工作报告。

该历史时期劳动模范大致分为三种类型：“中国舰载机之父”罗阳、“九天揽星人”孙泽洲式的科技型劳模；“金牌焊工”高凤林、“深海钳工第一人”管延安、“铁路小巨人”巨晓林式的工匠型劳模；“活着的孔繁森”杨善洲、“贫困群众的亲闺女”刘双燕、“当代愚公”黄大发式的服务型劳模。他们在平凡的岗位上创造了不平凡的业绩，以实际行动诠释了中国人民的伟大创造精神、奋斗精神、团结精神和梦想精神。

“开拓创新、人民至上”是新时代劳模的显著特征，新时代劳模精神在继承“爱岗敬业、争创一流，艰苦奋斗、勇于创新，淡泊名利、甘于奉献”内涵的基础上，更加强调精益求精、创新创造。在十九大报告中，习近平指出：“激发和保护企业家精神，鼓励更多社会主体投身创新创业。建设知识型、技能型、创新型劳动者大军，弘扬劳模精神和工匠精神，营造劳动光荣的社会风尚和精益求精的敬业风气。”[④]劳模精神被赋予新的时代要义和新的实践指向，成为服务以国内大循环为主体、国内国际双循环相互促进的新发展格局的“工匠精神”。这既是建设文化强国的必然选择和必然要求，又是激励和鼓舞新时代劳动者实现中华民族伟大复兴中国梦的强大精神力量，为激发社会主义主人翁意识提供了精神动力和价值旨向。

2020年11月，在全国劳动模范和先进工作者表彰大会上，习近平第一次全面系统深入阐述了劳模精神、劳动精神、工匠精神的科学内涵，即“爱岗敬业、争创一流，艰苦奋斗、勇于创新，淡泊名利、甘于奉献”的劳模精神，崇尚劳动、热爱劳动、辛勤劳动、诚实劳动的劳动精神，执着专注、精益求精、一丝不苟、追求卓越的工匠精神。其中，劳模精神既传承了以往时代的共同点，又展现出了新的内涵和实践指向。就其内在逻辑而言，“爱岗敬业、争创一流”是劳模的奋斗目标，“艰苦奋斗、勇于创新”展现劳模的精神风貌，“淡

---

① 李克强：《促进科技与大众创业万众创新深度融合　以改革创新培育我国经济社会发展新动能》，《人民日报》2015年7月29日。

② 习近平：《在知识分子、劳动模范、青年代表座谈会上的讲话》，《人民日报》2016年4月30日。

③ 《李克强作的政府工作报告(摘登)》，《人民日报》2016年3月6日。

④ 《习近平谈治国理政》第3卷，外文出版社2020年版，第24页。

泊名利、甘于奉献”体现劳模的思想境界，三方面相辅相成、互为补充。“艰苦奋斗、勇于创新”的精神风貌是实现“爱岗敬业、争创一流”奋斗目标的基础，“淡泊名利、甘于奉献”思想境界又是展现“艰苦奋斗、勇于创新”精神风貌的必要条件。这就要求，新时期劳模精神应具有敬业、创新和奉献三方面的特质。敬业是劳模精神的核心，所有劳模应具备脚踏实地、求真务实的敬业精神。创新是时代赋予劳模精神的新内涵，新时期劳模不仅是敬业奉献“老黄牛”，而且是知识型、技能型、创新型人才的典范。奉献是劳模精神的主旋律，任何时代的劳模都需具有默默奉献、勇于付出、不计回报的精神特质。

劳模精神与劳动精神、工匠精神是以爱国主义为核心的民族精神和以改革创新为核心的时代精神的生动体现，诠释了社会主义核心价值观，丰富了中国特色社会主义劳模精神的新时代内涵，是鼓舞全党全国各族人民风雨无阻、勇敢前进、全面建设社会主义现代化国家必不可少的强大精神力量。

四、党和国家领导人对劳模的关心关怀

新中国成立以来一批又一批劳模人物不断涌现，从社会主义建设时期的探索者，到改革开放的实干家，再到新时代的引路人，虽然每个时期各具特点，但都有一个共同之处，即他们的成长进步都伴随着党和国家领导人的关心呵护，沐浴着党的阳光雨露。正是党和国家领导人的谆谆教导意、殷殷关切情，才使“劳模”队伍不断发展壮大；正是党和国家领导人的极力倡导和肯定，才使“劳模”这一光荣称号深入人心，才使劳模这一群体在社会上享有崇高荣誉，使学习先进、争当劳模成为永不过时的社会风尚。

截至 2021 年底，全国劳动模范和先进工作者表彰大会已召开 16 次，3 万余名全国劳动模范和先进工作者受到奖励。岁月的流逝可以冲淡人们的记忆，但党和国家领导人毛泽东、邓小平、江泽民、胡锦涛、习近平对劳动模范的重视、关怀和鼓舞却永远镌刻在人民群众的脑海里。

（一）党和国家领导人关于劳动模范问题的重要论述

1.关于劳动模范作用的评价

党和政府历来十分重视劳动模范，重视发挥劳动模范的作用。

1945 年 1 月 10 日，毛泽东同志在陕甘宁边区劳动英雄和模范工作者大会上发表的《必须学会做经济工作》的讲话中又提出，劳动模范有三种作用，

即带头作用、骨干作用和桥梁作用。①

新中国成立初期，1950 年 9 月 25 日，毛泽东同志代表中共中央在全国战斗英雄代表会议和全国工农兵劳动模范代表会议上致的祝词中，高度评价全国战斗英雄和工农兵劳动模范“是全中华民族的模范人物，是推动各方面人民事业胜利前进的骨干，是人民政府的可靠支柱和人民政府联系广大群众的桥梁”②。

1993 年 4 月 29 日，江泽民同志在会见全国劳模和“五一”劳动奖章、奖状获得者代表时指出：“劳动模范和先进工作者是我国工人阶级的优秀代表，是改革和建设的排头兵。”③

2000 年 4 月 29 日，江泽民同志在全国劳动模范和先进工作者表彰大会上的讲话中进一步指出：“全国劳动模范和先进工作者，是亿万劳动群众的杰出代表。他们对祖国和人民无限忠诚，爱岗敬业，勇于创新，无私奉献，严于律己，弘扬正气，在平凡的岗位上作出了不平凡的业绩，是建设社会主义物质文明和精神文明的先锋。他们的思想和行动，体现了中国工人阶级的高贵品格。他们不愧为我们民族的精英、国家的脊梁、社会的中坚和人民的楷模。”④

2004 年 4 月 30 日，胡锦涛同志在与全国劳动模范座谈时强调：“劳动模范是工人阶级的优秀代表，你们以强烈的主人翁责任感，立足本职，忘我劳动，积极进取，争创一流，集中展示了当代中国工人阶级的时代风貌和崇高品格，不愧为民族的精英、国家的栋梁、社会的楷模。”⑤

2005 年 4 月 30 日，胡锦涛同志在全国劳模表彰大会上做重要讲话指出：“广大先进模范人物不愧为民族的精英、国家的栋梁、社会的中坚、人民的楷模”，“全党同志和全国人民都要以劳动模范和先进工作者为榜样，学习他们忠于党和人民的伟大情怀，学习他们坚信中国特色社会主义事业必胜的坚定信念，学习他们脚踏实地、埋头苦干的优良作风。”⑥

2013 年 4 月 28 日，习近平同志在同全国劳动模范代表座谈时指出：“劳

---

① 参见《毛泽东选集》第 3 卷，人民出版社 1991 年版，第 1014 页。

② 《毛泽东文集》第 6 卷，人民出版社 1999 年版，第 95 页。

③ 《江泽民乔石李瑞环胡锦涛等同志会见劳模、五一劳动奖获得者代表》，《人民日报》1993 年 4 月 30 日。

④ 《毛泽东 邓小平 江泽民论工人阶级和工会工作》，中央文献出版社 2002 年版，第 217 页。

⑤ 《胡锦涛在江苏看望劳动模范时强调：在全社会大力弘扬伟大的劳模精神》，《人民日报》2004 年 5 月 1 日。

⑥ 胡锦涛：《在二〇〇五年全国劳动模范和先进工作者表彰大会上的讲话》，《人民日报》2005 年 5 月 1 日。

动模范是民族的精英、人民的楷模。长期以来，广大劳模以平凡的劳动创造了不平凡的业绩，铸就了'爱岗敬业、争创一流，艰苦奋斗、勇于创新，淡泊名利、甘于奉献'的劳模精神，丰富了民族精神和时代精神的内涵，是我们极为宝贵的精神财富。"①

2014年4月30日，习近平同志在新疆乌鲁木齐接见劳动模范和先进工作者、先进人物代表并同他们座谈时指出："一代又一代的劳动模范和先进工作者、先进人物，是我国劳动人民的杰出代表，是祖国和人民的骄傲。你们大家以强烈的主人翁责任感，立足本职，争创一流，集中体现了伟大的时代精神、创业精神、奉献精神，为国家和民族增添了绚丽光彩。"②

2016年4月26日，习近平同志在同知识分子、劳动模范、青年代表座谈时指出："劳动模范是劳动群众的杰出代表，是最美的劳动者。劳动模范身上体现的'爱岗敬业、争创一流，艰苦奋斗、勇于创新，淡泊名利、甘于奉献'的劳模精神，是伟大时代精神的生动体现。"③

2020年11月24日，习近平同志在全国劳动模范和先进工作者表彰大会上发表重要讲话指出："劳动模范是民族的精英、人民的楷模，是共和国的功臣。我国是人民当家作主的社会主义国家，党和国家始终坚持全心全意依靠工人阶级方针，始终高度重视工人阶级和广大劳动群众在党和国家事业发展中的重要地位，始终高度重视发挥劳动模范和先进工作者的重要作用。"④

2.关于劳模精神的阐述

劳模精神是中华民族精神的重要组成部分，是中国宝贵的精神财富。

1995年4月29日，江泽民同志在庆祝"五一"国际劳动节暨表彰全国劳动模范和先进生产者大会上的讲话中提出，劳动模范身上表现出"主人翁责任感和艰苦创业精神，忘我的劳动热情和无私奉献精神，强烈的开拓进取意识和创新求实精神，良好的职业道德和爱岗敬业精神"⑤。

2001年4月28日，江泽民同志在庆祝"五一"国际劳动节劳模座谈会上的讲话中，要求全国人民都要学习劳动模范"胸怀全局、目标远大，爱岗敬

① 习近平：《在同全国劳动模范代表座谈时的讲话》，《人民日报》2013年4月29日。

② 《习近平在乌鲁木齐接见劳动模范和先进工作者、先进人物代表　向全国广大劳动者致以"五一"节问候》，《人民日报》2014年5月1日。

③ 习近平：《在知识分子、劳动模范、青年代表座谈会上的讲话》，《人民日报》2016年4月30日。

④ 习近平：《在全国劳动模范和先进工作者表彰大会上的讲话》，《人民日报》2020年11月25日。

⑤ 《在庆祝"五一"国际劳动节暨表彰全国劳动模范和先进工作者大会上江泽民同志的讲话（一九九五年四月二十九日）》，《人民日报》1995年4月30日。

业、艰苦奋斗，刻苦学习、勇于创新，严于律己、弘扬正气的先进思想和优良作风"①。

2005年4月30日，胡锦涛同志在全国劳模表彰大会上的讲话中指出，"一代又一代先进模范人物，以自己的实际行动铸就了爱岗敬业、争创一流，艰苦奋斗、勇于创新，淡泊名利、甘于奉献的伟大劳模精神"，"全党同志和全国人民都要以劳动模范和先进工作者为榜样，学习他们忠于党和人民的伟大情怀，学习他们坚信中国特色社会主义事业必胜的坚定信念，学习他们脚踏实地、埋头苦干的优良作风"，"推动全社会进一步尊重劳模、关心劳模、学习劳模，使劳模精神不断发扬光大"。②

2013年4月28日，习近平同志在同全国劳动模范代表座谈时指出："广大劳模以平凡的劳动创造了不平凡的业绩，铸就了'爱岗敬业、争创一流，艰苦奋斗、勇于创新，淡泊名利、甘于奉献'的劳模精神，丰富了民族精神和时代精神的内涵，是我们极为宝贵的精神财富。"③

2020年11月24日，习近平同志在全国劳动模范和先进工作者表彰大会上作重要讲话时指出："在长期实践中，我们培育形成了爱岗敬业、争创一流、艰苦奋斗、勇于创新、淡泊名利、甘于奉献的劳模精神，崇尚劳动、热爱劳动、辛勤劳动、诚实劳动的劳动精神，执着专注、精益求精、一丝不苟、追求卓越的工匠精神。劳模精神、劳动精神、工匠精神是以爱国主义为核心的民族精神和以改革创新为核心的时代精神的生动体现，是鼓舞全党全国各族人民风雨无阻、勇敢前进的强大精神动力。"④

3.关于学习和宣传劳模精神

表彰劳动模范和先进工作者，开展学习和赶超他们的活动，是建设社会主义物质文明、政治文明和精神文明的一项重要内容，也是我们党推进各项工作的有效方法之一。

1950年9月25日，毛泽东同志就号召全党和全国人民向劳动模范学习。

2000年4月29日，江泽民同志在全国劳动模范和先进工作者表彰大会上的讲话中说："伟大的事业需要伟大的精神力量。全社会都要努力学习和

---

① 《庆祝"五一"国际劳动节全国劳动模范座谈会举行　江泽民发表重要讲话》，《人民日报》2001年4月29日。

② 胡锦涛：《在二〇〇五年全国劳动模范和先进工作者表彰大会上的讲话》，《人民日报》2005年5月1日。

③ 习近平：《在同全国劳动模范代表座谈时的讲话》，《人民日报》2013年4月29日。

④ 习近平：《在全国劳动模范和先进工作者表彰大会上的讲话》，《人民日报》2020年11月25日。

弘扬革命和建设先辈们的崇高精神，学习和弘扬不断涌现的先进模范人物的崇高精神，以坚定的信心和旺盛的热情投身到建设有中国特色社会主义事业中去。”“学习先进模范人物的活动，是社会主义精神文明建设的重要组成部分，要贯穿于我国现代化建设的全部进程。”①

2004年4月30日，胡锦涛同志在同全国劳动模范座谈时，号召：“全国各条战线的广大职工及各族人民群众，都要自觉地向劳模学习，认真实践‘三个代表’重要思想，积极投身改革开放和现代化建设，真正做到爱岗敬业、勤奋学习、艰苦奋斗、开拓创新，为实现我国新世纪新阶段改革发展的宏伟目标贡献更多的智慧和力量。”②

2010年4月27日，胡锦涛同志在全国劳动模范表彰大会上发表讲话，强调：“我们一定要在全社会大力弘扬劳模精神，用劳模的先进事迹感召人民群众，用劳模的优秀品质引领社会风尚，充分发挥劳模的骨干和带头作用，在全社会进一步形成崇尚劳模、学习劳模、争当劳模、关爱劳模的良好氛围。”③

2013年4月28日，习近平同志同全国劳动模范代表座谈时，号召：“各级领导干部要带头发扬劳模精神，出实策、鼓实劲、办实事，不图虚名，不务虚功，坚决反对干部群众反映强烈的形式主义、官僚主义、享乐主义和奢靡之风‘四风’，以身作则带领群众把各项工作落到实处。”④

2015年4月28日，习近平同志在全国劳动模范表彰大会上作重要讲话，强调：“我们一定要在全社会大力弘扬劳模精神、劳动精神，大力宣传劳动模范和其他典型的先进事迹，引导广大人民群众树立辛勤劳动、诚实劳动、创造性劳动的理念，让劳动光荣、创造伟大成为铿锵的时代强音，让劳动最光荣、劳动最崇高、劳动最伟大、劳动最美丽蔚然成风。”⑤

2018年4月30日，习近平同志回信勉励中国劳动关系学院劳模本科班学员时强调指出：“全社会都应该尊敬劳动模范、弘扬劳模精神，让诚实劳动、勤勉工作蔚然成风。”⑥

---

① 江泽民：《在全国劳动模范和先进工作者表彰大会上的讲话》，《人民日报》2000年4月30日。

② 《胡锦涛在江苏看望劳动模范时强调　在全社会大力弘扬伟大的劳模精神》，《人民日报》2004年5月1日。

③ 胡锦涛：《在2010年全国劳动模范和先进工作者表彰大会上的讲话》，《人民日报》2010年4月28日。

④ 习近平：《在同全国劳动模范代表座谈时的讲话》，《人民日报》2013年4月29日。

⑤ 习近平：《在庆祝“五一”国际劳动节暨表彰全国劳动模范和先进工作者大会上的讲话》，《人民日报》2015年4月29日。

⑥ 《习近平给中国劳动关系学院劳模本科班学员的回信》，《人民日报》2018年5月1日。

4.关于关心和爱护劳动模范

党和政府把关爱劳动模范摆在重要位置。

早在1975年,邓小平同志在钢铁工业座谈会上谈到为冤假错案受牵连的人落实政策时,特别强调指出:“在落实政策时,还要特别注意那些老工人、技术骨干、老劳模,要把这一部分人的积极性调动起来。有些该回领导岗位的要调回来,摆到适当位置上。”①1978年10月11日,邓小平同志在中国工会第九次全国代表大会上的致词中提出:“任何人对四个现代化贡献得越多,国家和社会给他的荣誉和奖励就越多,这是理所当然的。”②

1995年4月29日,江泽民同志在全国劳动模范表彰大会上讲话强调:“全社会都要尊重、爱护劳动模范和先进工作者,虚心向他们学习,关心他们的工作和生活。”③

2001年4月28日,江泽民同志在同全国劳动模范代表座谈会上指出:“切实加强同广大职工群众的联系,关心他们的疾苦,倾听他们的呼声,实实在在地为他们说话办事,尤其要千方百计地为遇到困难的职工排忧解难,努力把工人阶级和广大劳动群众的物质文化利益实现好、维护好、发展好,把他们的积极性和创造性引导好、保护好、发挥好。”④

2004年4月30日,胡锦涛同志在同全国劳动模范座谈时强调,各级党和政府要始终坚持全心全意依靠工人阶级的方针,“热情关心劳动模范的工作、学习和生活,细致入微地为劳动模范排忧解难,推动全社会进一步形成尊重劳模、爱护劳模、学习劳模、争当劳模的良好风尚”⑤。

2016年4月26日,习近平同志在知识分子、劳动模范、青年代表座谈会上强调:“要为劳动模范更好施展才华、展现精神品格提供全方位支持,使他们的劳动技能、创新方法、管理经验能广泛传播,充分发挥示范带动作用。”⑥

5.关于对劳动模范的殷切期望

党和政府十分关心劳动模范的健康成长,对劳动模范保持荣誉、多做贡献寄予厚望。

---

① 《邓小平文选》第2卷,人民出版社1994年版,第11页。

② 《邓小平文选》第2卷,人民出版社1994年版,第136页。

③ 《在庆祝“五一”国际劳动节暨表彰全国劳动模范和先进工作者大会上江泽民同志的讲话(一九九五年四月二十九日)》,《人民日报》1995年4月30日。

④ 《庆祝“五一”国际劳动节全国劳动模范座谈会举行　江泽民发表重要讲话》,《人民日报》2001年4月29日。

⑤ 《胡锦涛在江苏看望劳动模范时强调　在全社会大力弘扬伟大的劳模精神》,《人民日报》2004年5月1日。

⑥ 习近平:《在知识分子、劳动模范、青年代表座谈会上的讲话》,《人民日报》2016年4月30日。

1950 年 9 月 25 日，毛泽东同志在全国战斗英雄和劳动模范代表会议上号召战斗英雄和劳动模范，“继续在战斗中学习，向广大人民群众学习”①。谆谆告诫“只有决不骄傲自满并且继续不疲倦地学习，才能够对于伟大的中华人民共和国继续作出优异的贡献，并从而继续保持你们的光荣称号”②。

1993 年 4 月 29 日，江泽民同志在会见全国劳模和“五一”劳动奖获得者代表时说：“希望各条战线的劳动模范和先进工作者团结和带动广大职工群众，再接再厉，继续奋斗，为夺取有中国特色的社会主义事业的更大胜利，为民族振兴、国家富强、人民幸福，再立新功。”③

2004 年 4 月 30 日，胡锦涛同志在同全国劳动模范座谈时，“希望广大劳模珍惜荣誉，发扬成绩，在新的征途上再创新业绩、再建新功勋”④。

2019 年 9 月 29 日，习近平同志在国家勋章和国家荣誉称号获得者颁授仪式上，希望“劳动模范要珍惜荣誉、谦虚谨慎、再接再厉，不断在新的起点上为党和人民创造更大业绩”⑤。

(二)党和国家领导人对劳动模范亲切深情的关怀鼓舞

党和国家领导人高度重视劳模工作，祖国各地留下了一串串他们看望劳模、关怀劳模的印记，给中国劳动模范群体送去了最深切的温暖。

1.毛泽东

中华人民共和国成立不足两年的时间里，山西省全国劳动模范李顺达(1915～1983)就受到毛泽东三次接见，这在共和国历史上极为罕见。

1949 年 11 月，国家在天津举办工农业博览会。李顺达作为山西农民参观团的一员，赴天津参观。之后又到北京参观。毛泽东等在中南海丰泽园会见了李顺达等。毛泽东把手伸向李顺达说：“你好！李顺达同志，互助合作生产英雄，在延安时我就晓得你了哟。”毛泽东和大家握手后，请大家坐下。听到毛主席问到庄稼，气氛活跃了起来。最后毛泽东说：“你们很快就要回去了，回去后代我问候男女老少、娃娃们好。”这是李顺达首次受到毛泽东的接见，李顺达等成为中华人民共和国成立后毛泽东首次接见的农民。

① 《毛泽东文集》第 6 卷，人民出版社 1999 年版，第 95 页。

② 《毛泽东文集》第 6 卷，人民出版社 1999 年版，第 95 页。

③ 《江泽民乔石李瑞环胡锦涛等领导同志会见劳模、五一劳动奖获得者代表》，《人民日报》1993 年 4 月 30 日。

④ 《胡锦涛在江苏看望劳动模范时强调 在全社会大力弘扬伟大的劳模精神》，《人民日报》2004 年 5 月 1 日。

⑤ 习近平：《在知识分子、劳动模范、青年代表座谈会上的讲话》，《人民日报》2016 年 4 月 30 日。

1950年9月25日，全国工农兵劳动模范代表会议在北京召开。李顺达被选为主席团成员，同毛泽东等党和国家领导人坐在一起，并获得毛泽东题写的“生产战线上的模范”奖状。9月26日中秋佳节，毛泽东和党中央宴请与会的劳动模范。毛泽东坐在李顺达和马恒昌中间的座位上，高兴地说：“李顺达同志，欢迎你来！……你们都是中国革命和建设中的英雄模范，在以后的社会主义建设中，你们这些人要起带头、骨干、桥梁作用。”李顺达谨记毛泽东的教诲，坚定在山区艰苦创业信念，坚持走在时代前列，引领中国农民走社会主义集体化道路的发展方向。

1951年9月，李顺达应邀赴北京参加国庆观礼并列席中国人民政治协商会议，第三次受到毛主席接见。会议结束后，毛主席特邀各界代表一起吃饭。就餐刚开始，毛泽东端起酒杯对李顺达说：“你住在太行山上，那个地方石厚土薄，你做出了成绩，我敬你一杯！”又说：“全国人民团结起来，什么事也干得成，什么人间奇迹我们也能创造出来。”接着依次和桌上每人碰杯。落座后，毛泽东对李顺达说：“你们住在山区要好好建设山区，把山区建设成社会主义新农村。”李顺达表示：“我一定牢记您老人家的教导，好好建设山区，把山区建设好。”李顺达牢记毛泽东的教导，坚持自力更生、艰苦奋斗，开展山区建设持久战，坚持农林牧副全面发展，创造了历史最好水平。

时传祥(1915～1975)，是北京环卫战线的普通掏粪工人，是中国新旧社会交替时代涌现出来的全国劳动模范。

新中国成立后，广大人民当家作主，淘粪工和其他劳动者一起受到了社会的尊重。时传祥把掏粪当成十分光荣的劳动，以身作则，以苦为乐，任劳任怨，怀着满腔热情，全心全意为人民服务。带领全班由过去每人每班背50桶增加到80桶，他自己则每班背90桶，最多每班淘粪背粪达5吨。管区内居民享受到了清洁优美的环境，他背粪的右肩却被磨出了一层厚厚的老茧。他“宁肯一人臭，换来万户香”的毫不利己、专门利人的崇高精神，受到党和人民高度赞扬，赢得很多荣誉。历史记住了这一具有特殊意义的时刻：1966年国庆节前，毛泽东特意把时传祥接进中南海小住。国庆节当天，时传祥作为贵宾被请上了天安门，参加国庆观礼活动，这是他有生以来第一次登上天安门。在城楼上，毛泽东握着他的手，向他表示亲切的问候。

一个掏粪工人，成了人民的楷模，成了共和国主席的贵宾。这一切昭示着劳动光荣、劳动者伟大成了共和国的崇尚。

1964年12月26日，毛泽东71岁生日。毛泽东破天荒地要在生日这一天请客。这是他平生第一次，也是最后一次公开的生日宴会。生日宴会的主题是招待劳动模范，这无疑饱含着毛泽东对劳动人民的深厚情谊。

宴会上，几位劳动模范和科学家与毛泽东同坐主桌。董加耕坐在毛泽东左边，再左边是王进喜，毛泽东右边是邢燕子，再右边是陈永贵，同桌就座的还有钱学森等，他们都是正在参加第三届全国人民代表大会的代表。这几位代表平生第一次走进中南海。毛泽东高兴地说："今天既不是做生日，也不是祝寿，而是实行'三同'，我用我的稿费请大家吃顿饭。我的孩子没让来，他们不够资格。这里有工人、农民、解放军在一起，不光吃饭，还要谈谈话嘛！"当谈到大庆时，他对王进喜说："石油工人们一起奋斗搞出一个大庆来，很不错嘛！石油工人干得很凶，打得好。要工业学大庆。"吃饭间，毛泽东不断给董加耕、邢燕子夹菜，口中念叨着："你们年轻，从农村来的，多吃一点。"

这顿饭吃了大约两个小时，散席前毛泽东分给在座的几位一人一个苹果，并一一握手告别。

2.邓小平

(1)肯定知识分子的作用，扩大劳模队伍的外延

1977年5月24日，邓小平同志在一次讲话中强调了尊重知识、尊重人才的思想。他说："一定要在党内造成一种空气：尊重知识，尊重人才。要反对不尊重知识分子的错误思想。不论脑力劳动，体力劳动，都是劳动……要重视知识，重视从事脑力劳动的人，要承认这些人是劳动者。"①1978年3月18日，在全国科学大会开幕式上，邓小平同志重申知识分子是工人阶级的一部分的思想。他说："总的说来，他们的绝大多数已经是无产阶级自己的一部分。他们与体力劳动者的区别，只是社会分工的不同。从事体力劳动的，从事脑力劳动的，都是社会主义社会的劳动者。""正确认识科学技术是生产力，正确认识为社会主义服务的脑力劳动者是劳动人民的一部分，这对于迅速发展我们的科学事业有极其密切的关系。"②

邓小平的重要讲话，扩大了劳模队伍的外延，丰富了劳模队伍的内涵，为劳模工作的发展明确了新的方向。

(2)提升劳模工作的社会影响

1978年10月，邓小平在中国工会第九次全国代表大会的致词中指出："党中央和国务院已经决定，为了表彰先进，庆祝中华人民共和国三十周年，准备在明年召开工交、基建、农林、财贸、文教、科技战线的全国劳模大会。

---

① 《邓小平文选》第2卷，人民出版社1994年版，第41页。

② 邓小平：《在全国科学大会开幕式上的讲话(一九七八年三月十八日)》，《人民日报》1978年3月22日。

希望全国职工群众用丰硕的成果来迎接新长征中第一次盛大的群英会。"①在此,邓小平把召开全国劳动模范代表大会作为庆祝中华人民共和国成立三十周年的节日"礼物",足见邓小平对劳模工作的重视程度。

邓小平在致词中对劳动模范给予这样的评价:"在党的领导和工会的帮助下,全国各民族各地区各工业部门都涌现了一批劳动模范和工人阶级的革命骨干,他们至今还是我们学习的榜样和团结的核心。"②

邓小平提出"劳动模范是我们学习的榜样和团结的核心"的重要思想,深刻揭示了劳动模范在社会主义建设事业中的历史地位与作用。

3.江泽民

(1)与劳动模范有着深厚的感情

1990 年 5 月 8 日,在全国劳动模范报告团首场报告会上,江泽民高兴地为北棉一厂女工杨晓惠、北京虎坊桥浴池修脚技师杜德顺签名留念。杨晓惠当时坐在江泽民左边,不少代表用方言作报告,杨晓惠听不懂,江泽民同志还为她翻译。1997 年,江泽民到北棉一厂,杨晓惠陪同参观,江泽民亲切地询问了杨晓惠的学习生活情况。

马恒昌 1950 年被授予全国劳动模范称号。马恒昌小组的组长换了十多任,组员换了十几茬,他们始终继承和发扬小组的光荣传统,"马恒昌小组"成为一面永不褪色的红旗。1990 年,江泽民到工厂视察时,亲笔为小组题词"马恒昌小组精神代代相传"。

1991 年初,江泽民冒着寒风,登上了"当代愚公"李双良带领治渣大军堆成的渣城防尘护坡,对李双良和大家说出了这样一段感人肺腑的话:"这个体现了中国工人阶级的壮志凌云,体现了我们这种为国家,为人民,为人民服务的精神。"

(2)强调全社会都要学习关心劳动模范

江泽民先后三次出席全国劳模表彰大会,并在 1995 年全国劳动模范和先进工作者代表大会上发表讲话指出:"各条战线的劳动模范和先进工作者,为全社会树立了光辉的榜样。党和国家感谢你们,各族人民尊敬你们。"③强调"全社会都要尊重、爱护劳动模范","虚心向他们学习,关心他们

---

① 邓小平:《在中国工会第九次全国代表大会上的致词(一九七八年十月十一日)》,《人民日报》1978 年 10 月 12 日。

② 邓小平:《在中国工会第九次全国代表大会上的致词(一九七八年十月十一日)》,《人民日报》1978 年 10 月 12 日。

③ 《在庆祝"五一"国际劳动节暨表彰全国劳动模范和先进工作者大会上江泽民同志的讲话(一九九五年四月二十九日)》,《人民日报》1995 年 4 月 30 日。

的工作和生活”。

2001 年 4 月 28 日，江泽民在全国劳模座谈会上发表重要讲话，他说：“我国工人阶级和广大劳动群众以自己的巨大贡献，充分展示了改革开放和社会主义现代化建设的主力军作用。工人阶级和广大劳动群众中涌现出来的先进模范人物，为全社会树立了光辉的榜样。全国人民都要学习他们胸怀全局、目标远大，爱岗敬业、艰苦奋斗，刻苦学习、勇于创新，严于律己、弘扬正气的先进思想和优良作风。”①

4.胡锦涛

(1)对劳动模范怀有殷殷之情

2004 年“五一”前夕，正在江苏省考察工作的胡锦涛到南京熊猫集团看望职工群众，并同江苏部分全国劳动模范进行座谈。在听取劳模代表发言后，胡锦涛说：“我国工人阶级作为改革开放和现代化建设的主力军，为经济发展和社会进步作出了巨大贡献。劳动模范是工人阶级的优秀代表，你们以强烈的主人翁责任感，立足本职，忘我劳动，积极进取，争创一流，集中展示了当代中国工人阶级的时代风貌和崇高品格，不愧为民族的精英、国家的栋梁、社会的楷模。党和人民感谢你们。希望广大劳模珍惜荣誉，发扬成绩，在新的征途上再创新业绩、再建新功勋。”②胡锦涛强调，劳动模范是党和国家的宝贵财富，各级党委和政府要始终坚持全心全意依靠工人阶级的方针，重视发挥劳动模范的作用，热情关心劳动模范的工作、学习和生活，细致入微地为劳动模范排忧解难，推动全社会进一步形成尊重劳模、爱护劳模、学习劳模、争当劳模的良好风尚。

2005 年 4 月 30 日，胡锦涛在全国劳动模范表彰大会上发表讲话，号召学习劳模脚踏实地、埋头苦干的优良作风，推动全社会进一步尊重劳模、关心劳模、学习劳模，使劳模精神不断发扬光大。

胡锦涛的讲话，充分体现了党中央对劳动模范的高度重视和关心，给广大劳动模范带来了极大喜悦和振奋。

(2)深刻阐述劳模精神的科学内涵

胡锦涛顺应中国发展状况，提出以辛勤劳动为荣、以好逸恶劳为耻的劳动观和实现体面劳动、和谐劳动关系的思想。2005 年，胡锦涛在全国劳动模

---

① 《庆祝“五一”国际劳动节全国劳动模范座谈会举行　江泽民发表重要讲话》，《人民日报》2001 年 4 月 29 日。

② 《胡锦涛在江苏看望劳动模范时强调　在全社会大力弘扬伟大的劳模精神》，《人民日报》2004 年 5 月 1 日。

范和先进工作者表彰大会上首次将劳模精神的科学内涵用24个字加以表述,即“爱岗敬业、争创一流,艰苦奋斗、勇于创新,淡泊名利、甘于奉献”,这是对劳模精神内涵的全面阐释。劳模精神涵盖了爱岗敬业、为国为民的主人翁精神,争创一流、与时俱进的进取精神,艰苦奋斗、克难攻坚的拼搏精神,勇于改革、创新创业的开拓精神,淡泊名利、默默耕耘的老黄牛精神,甘于奉献、乐于服务的忘我精神,以及紧密协作、相互关爱的团队精神等,集建设性与发展性于一体。

胡锦涛在2010年全国劳模表彰大会上的讲话中指出:“进一步弘扬劳模精神,为激励全国各族人民团结奋斗凝聚强大精神力量……我们一定要在全社会大力弘扬劳模精神,用劳模的先进事迹感召人民群众,用劳模的优秀品质引领社会风尚,充分发挥劳模的骨干和带头作用,在全社会进一步形成崇尚劳模、学习劳模、争当劳模、关爱劳模的良好氛围。”①胡锦涛的重要讲话,在社会各界群众中引起强烈反响,体现了党和国家对劳模工作者的高度重视和充分尊重。

胡锦涛有关劳模精神的重要讲话,在思想上和理论上为新时期劳模工作奠定了基础。

5.习近平

(1)崇尚劳动,礼赞创造

党的十八大以来,习近平始终关心劳模工作,全心全意依靠工人阶级,多次发表重要讲话,礼赞劳动创造,讴歌劳动精神,勉励劳动模范和广大劳动者,崇尚劳动、热爱劳动,充分发挥劳模示范引领作用。

2013年4月28日,习近平赴全国总工会机关同全国劳模代表座谈,语重心长地说:“幸福不会从天而降,梦想不会自动成真。实现我们的奋斗目标,开创我们的美好未来,必须紧紧依靠人民、始终为了人民,必须依靠辛勤劳动、诚实劳动、创造性劳动。”②

2015年4月28日,在庆祝“五一”国际劳动节暨表彰全国劳动模范和先进工作者大会上,习近平强调:“中国特色社会主义事业大厦是靠一砖一瓦砌成的,人民的幸福是靠一点一滴创造得来的。劳动模范和先进工作者是坚持中国道路、弘扬中国精神、凝聚中国力量的楷模,他们以高度的主人翁责任感、卓越的劳动创造、忘我的拼搏奉献,为全国各族人民树立了学习的

① 胡锦涛:《在2010年全国劳动模范和先进工作者表彰大会上的讲话》,《人民日报》2010年4月28日。

② 习近平:《在同全国劳动模范代表座谈时的讲话》,《人民日报》2013年4月29日。

榜样。‘爱岗敬业、争创一流，艰苦奋斗、勇于创新，淡泊名利、甘于奉献’的劳模精神，生动诠释了社会主义核心价值观，是我们的宝贵精神财富和强大精神力量。”①

“劳动最光荣、劳动最崇高、劳动最伟大、劳动最美丽。”2018 年 4 月 30 日，习近平总书记回信勉励中国劳动关系学院劳模本科班学员时强调指出：“全社会都应该尊敬劳动模范、弘扬劳模精神，让诚实劳动、勤勉工作蔚然成风。”②谆谆话语，殷殷嘱托，焕发奋斗激情，指明前进方向，激发起亿万中华儿女为“两个一百年”奋斗目标贡献更大力量。

(2)引领劳模精神、劳动精神、工匠精神成为时代主旋律

习近平站在实现中华民族伟大复兴中国梦的高度，对大力弘扬劳模精神、劳动精神、工匠精神作出一系列重要指示，内涵丰富，意义重大。

2018 年 9 月，习近平在辽宁忠旺集团轨道车体制造车间向职工仔细询问生产流程和技术要求，强调要弘扬工匠精神，抓住主业，心无旁骛，力争做出更多的一流产品，发展一流的产业。

2018 年 10 月 29 日，习近平在同全国总工会新一届领导班子成员集体谈话时指出：“要加强产业工人队伍建设，加快建设一支宏大的知识型、技能型、创新型产业工人大军。劳动模范是民族的精英、人民的楷模。大国工匠是职工队伍中的高技能人才。工会要协同各个方面为劳动模范、大国工匠发挥作用搭建平台、提供舞台，培养造就更多劳动模范、大国工匠。”③

2019 年 9 月，习近平在河南考察时指出：“制造业是实体经济的基础，实体经济是我国发展的本钱，是构筑未来发展战略优势的重要支撑。要坚定推进产业转型升级，加强自主创新，发展高端制造、智能制造，把我国制造业和实体经济搞上去，推动我国经济由量大转向质强，扎扎实实实现‘两个一百年’奋斗目标。”④

2020 年 8 月，习近平在中国宝武马钢集团亲切地同企业劳动模范、工人代表交流，指出：“要抓住深化国有企业改革和推动长三角一体化发展的重大机遇，加强新材料新技术研发，开发生产更多技术含量高、附加值高的新

① 习近平：《在庆祝“五一”国际劳动节暨表彰全国劳动模范和先进工作者大会上的讲话》，《人民日报》2015 年 4 月 29 日。

② 《习近平给中国劳动关系学院劳模本科班学员的回信》，《人民日报》2018 年 5 月 1 日。

③ 《习近平在同中华全国总工会新一届领导班子成员集体谈话时强调　团结动员亿万职工积极建功新时代　开创我国工运事业和工会工作新局面》，《人民日报》2018 年 10 月 30 日。

④ 《习近平在河南考察时强调　坚定信心埋头苦干奋勇争先　谱写新时代中原更加出彩的绚丽篇章》，《人民日报》2019 年 9 月 19 日。

产品，增强市场竞争力。劳动模范是共和国的功臣，要大力弘扬劳模精神。”①

(3)在全社会营造尊重劳模、爱护劳模的良好氛围

党中央始终高度重视劳模工作，出台一系列实打实、心贴心的政策措施，让劳动模范从心底里感受到鼓舞和温暖。

2013 年 4 月 28 日，习近平来到全国总工会机关，同全国劳动模范代表座谈并发表重要讲话。

2014 年 4 月 30 日，习近平在乌鲁木齐接见劳动模范和先进工作者代表，并同他们座谈。

2017 年 2 月 6 日，习近平主持召开中央全面深化改革领导小组第三十二次会议，审议通过《新时期产业工人队伍建设改革方案》，这是习近平亲自点题、亲自部署、亲自指导的一项重大改革。方案强调，“增加产业工人在各级各类劳动模范和先进代表等评选中的名额比例”，“推动具备条件的行业企业建立职工创新工作室、劳模创新工作室和技能大师工作室”，“组织劳模、工匠进学校、进课堂，进企业、进班组，奏响‘工人伟大、劳动光荣’的时代主旋律”。

2019 年 9 月 29 日，北京人民大会堂隆重举行颁授仪式，习近平向国家勋章和国家荣誉称号获得者颁授勋章奖章。他强调指出：“只要有坚定的理想信念、不懈的奋斗精神，脚踏实地把每件平凡的事做好，一切平凡的人都可以获得不平凡的人生，一切平凡的工作都可以创造不平凡的成就。”②

2020 年 11 月 24 日，全国劳动模范和先进工作者表彰大会在北京人民大会堂隆重举行。

---

① 《习近平在安徽考察时强调　坚持改革开放坚持高质量发展　在加快建设美好安徽上取得新的更大进展》，《人民日报》2020 年 8 月 22 日。

② 习近平：《在国家勋章和国家荣誉称号颁授仪式上的讲话》，《人民日报》2019 年 9 月 30 日。

第二部分　人物编

全国劳动模范

崔德立

崔德立(1912～1984)，男，汉族，蓬莱新港街道湾子口村人。10岁上学，14岁辍学，在东北安东、皮口、城子疃等地当店员8年，22岁回家务农。1940年曾任村丁3年，1942年参加渔业生产，1947年入党，当年支前8个月，复员后回村任团长，后到区武装部任干事，1948年回家到花石圈领导渔业互助组生产。1954年，成立渔业合作社任社长；1956年，转高级社时继任社长兼支部副书记；1958年，公社化时任渔业大队队长、总支副书记、公社党委委员。1961年，回本队领导生产，任湾子口村渔业党支部书记。1957年，出席全国农业积极分子大会，被国务院授予农业劳动模范称号。

模范事迹

崔德立自从参加渔业生产以来，积极领导生产，认真负责，与群众同甘共苦，认真执行党的方针政策，积极领导置办多种工具，开展常年作业，并连年保持高产。他这种认真负责，积极领导生产队的工作作风，受到上级多次表扬和群众拥护。特别是在领导勤俭办社方面，取得了显著的成绩。由于在生产中积极采用代替品，广泛利用旧料等代替新料，在确保增产增收的前提下，节省了很多资金。具体经验如下：

善计划巧安排　处处克勤克俭

崔德立领导的渔业队主要以坛子网作业为主，而坛子网是一种成本较高、工具较笨重、用料种类较多的渔业用具。针对这种情况，崔德立向社员们提出了“生产勤在先，治家俭为本”的口号，亲自带领社员修船补网、纺织。撑杆子等也充分利用旧料。仅 1958 年即节省资金 24339 元。当社内进行分配时，在社党支部的领导下，崔德立一边组织排队摸底，对社员进行细水长流勤俭持家的教育，一边与农业社、信贷社联系，发动社员存款投资。1958 年社员共计向社内投资达 19138 元，解决海市前社内资金不足的困难。另外社员存到信贷社的余款累计有 30800 元，社员崔成康反映说：“有钱要节约，增产要储蓄，不受资金挤，利国又利己。”1959 年春汛海市前，由于资金和原料的不足，在修补准备工具时，物资发生了困难。有的社员反映“要什么，什么没有，今年的虾汛一定是耽误了”。根据这种情况，在崔德立同志的提议下，全队进行了清仓点库工作。结果查出各种线缆 2000 余斤，撑杆 120 支，坛子 260 个，并动员社员将清出的旧线缆（废品）代替大缆用，解决了春汛海市前缺物资、缺工具的困难，适时投入了生产，共计可节省资金 54000 元。因此社员说：“没清仓时样样难，心中无数打转转，清出库来件件全，生产必须加劲干。”坛子网大缆一般是采用白棕绳和红麻绳，该队根据花石圈历年来的经验，充分利用 15 万斤苇柴代替 6 万斤红麻，纺成了 150 个“湖”，总计可节省 18125 元。自办社以来，该队共利用苇缆 54 万斤代替棕、麻 21.6 万斤，可节省资金 129600 元。初步统计共培养了木匠、捻工及纺缆工人 130 余名。为了进一步降低坛网生产成本，1959 年秋在崔德立的亲自掌握下，试用葛纺织成缆来代替苇缆，获得成功。“湖”用葛子价值 35 元，比用苇子的价值90 元降低了 61％。

树标兵领导一马当先　夺丰产社员干劲冲天

深入生产劳动，加强具体领导。与社员同甘共苦打成一片，这已成为崔德立同志一贯的工作作风了。在 1958 年生产中，以崔德立为首的党支部书记领导分工包干，亲自率领试验船出海作战。他所在的第三小队连续不断地抛出了“卫星”，比其他生产小队多产 2 万余斤，成为全社的高产队。正由于领导干部动手搞了试验船，亲临战场进行指挥，所以社员们愉快地反映

“搞了试验船，什么也不难，说一千道一万，生产必须大胆干”。社员们始终都团结在党支部的周围，以饱满的情绪、冲天的干劲，开展了比先进、学先进、赶先进、超先进的生产竞赛运动。截至1958年11月下旬，共产各种水产品1615417斤，比1957年同期增产21%。按出海的81名社员计算，平均每人产鱼19943斤，超额完成了县委提出的每个渔民产鱼10000～13000斤的指标，成为全县最高产量单位。

1959年，广大社员以高度的劳动热忱，掀起了生产高潮。渔业大队党总支决定在公社党委的具体领导下，崔德立等同志负责包干生产落后的白石渔业队(原白石渔业社)。崔德立通过深入生产过程，参加劳动，带领船员将每只船由6人管理12吊网改为4～5人管理15吊网。在不影响坛网作业情况下，抽取劳力，进行拉网和散腿流网作业。该队总计比其他队增产11.4%，比1958年同期增长53%，扭转了生产长期落后的局面，成为全社的标兵队。秋汛花石圈渔业队在崔德立的具体组织领导下，展开了昼夜奋战，一潮出海2～3趟，并且每船普遍由5～6人减少到4～5人，由管理8吊网增加到10～11吊网。他以身作则，大搞海蜇，不放走一个。在他的带动下，该队焦术海船长，一船3人出海作业，完成“行网”任务后，又兼做下底绳，一潮钓鱼约143斤。船长史如仁高兴地说:“明确方向干劲强，夜晚月亮当太阳，掀起生产‘大跃进’，海洋生产日夜忙。”全体社员在“反眼高手低，要七抓八拿”的口号下，共产海蜇43746斤、藻贝类98650斤。在花石圈生产队的推动下，秋汛全队立即掀起了“学花石圈，比花石圈，赶花石圈”的超标兵运动，有力地促进了劳动竞赛。截至11月15日，共生产各种水产品6063355斤，其中海藻类253100斤。

大干结合巧干　猛抓技术改良

崔德立同志在领导社员大干苦干的同时，也注意加强了技术革新工作。1959年春，在1958年花石圈渔业化试验坛网同扩大网的基础上，全大队推行加高网夹，网口由1560扣增加到1712～1800扣，使网口由3.5托高增加到4托多。扩大了捕捞水层，平均比老网增产150%。试验坛网单快连环挂网成功。过去一吊网采用2支扶子，现在80顶网仅用了82支扶子，不仅节约树木且节省资金300多元。该队计划520顶坛网全部采用，实际可节约木扶子507支(507棵树)，折合人民币2028元，同时可节约修扶子劳动日250个。春汛在崔德立的具体组织下，白石渔业队进行了多层流网生产试验。15条网作业15潮，可产鱼4560斤，比在同一渔坊作业的老式流网增产2倍以上。秋汛推行旧网抻网夹的经验，共对124顶坛网进行了改进，平均比老网增产25%～30%。此外，试验的免浮杆打扶机也获得了成功。1959年冬，该队为了进一步加强对技术革新的领导，组成了技术队，进行了大袖子网生产试验，在无流和少流的鱼群通路上，铺设袖子网，捕获了多种经济鱼类，取得了良好的效果。他们还试验了虾板网、小坛子网及虾网等，为来年掀起更大的生产高潮积累经验。

（本文根据1959年档案《蓬莱县刘沟人民公社渔业大队队长崔德立掌握勤俭办社的经验介绍》整理）

李华田

李华田(1912～1980),男,汉族,蓬莱南王街道团结村人。11岁上学,13岁辍学后在本村务农。1940年7月,加入中国共产党,历任村指导员、农业社社长、生产大队大队长、党总支副书记和书记等职。多次出席华东区、山东省、烟台地区劳模大会,当选为蓬莱县第四届、第五届、第八届人民代表大会代表。1957年,被评为全国农业劳动模范,并出席大会,受到毛主席和周总理等国家领导人接见。

模范事迹

李华田出生于贫苦农民家庭,读过两年小学。他1945年任村指导员,积极带领群众开展减租减息和土地改革运动。1947年带领民夫支援莱阳战役。1948年回村,领导群众开展大生产运动。新中国成立后,李华田带领群众坚定不移地走互助合作道路。1951年,他率先组织互助组,1953年带头办起团结农业生产合作社,被推举为社长。他带领群众整地改土,兴修水利,把全村9160余亩山耩薄地中的2000余亩整成高标准水平梯田,农作物产量逐年增长。在花生生产中,他带领群众率先采用轮作换茬、冬季深翻、压沙换土、增施肥料、选用良种和起垄栽培等新技术,1957年创造了3035亩花生平均亩产481斤的大面积花生丰产纪录和4.17亩花生丰产试验田平均亩产1015斤的高产纪录。

为进一步提高农作物产量,1958年开始,李华田带领群众先后修建了4座水库,总蓄水量达到80多万立方米,可浇地2000多亩,其中500多亩粮田实现旱涝保收。到20世纪70年代初期,团结大队粮食平均亩产由新中国成立初期的300多斤增加至1000多斤,花生平均亩产由200斤左右增加至500多斤。粮食和食用油不仅能自给,而且每年都超额完成国家征购任务。

李华田任职期间,清正廉洁,从不以权谋私。他的子女都在农村务农,每次招工,他都叫别人的子女去。"文化大革命"期间,他受到很大冲击,但毫无怨言,一直为党工作到生命最后一刻。1980年病逝,终年68岁。

(本文根据《蓬莱县志》人物介绍相关材料整理)

陈连海

陈连海(1908～1991),男,汉族,蓬莱大柳行镇上陈家村人。1944年2月,加入中国共产党,历任村农民抗日救国会会长、村主任、联村社党支部副书记、村党支部书记等职。他担任农村基层干部40年,多次被评为省、地、县劳动模范。1958年,出席全国农业社会主义建设先进单位代表会议,同年被国务院授予农业劳动模范称号。受到毛主席的接见,周恩来总理亲自为他颁发过奖状和奖章。1977年4月14日,中共蓬莱县委作出《关于向陈连海学习的决定》,号召全县人民学习他坚定不移走社会主义道路的立场,全心全意为人民服务的高贵品质,拼命干社会主义的革命精神。1991年病逝,终年83岁。

模范事迹

干社会主义　坚定不移

陈连海同志,1908年出生在一个贫苦农民的家庭里。14岁为生活所迫下了关东,19岁又回到了家乡,以扛活、打短工来维持家人的生活。自1944年2月加入中国共产党,到1983年退休,担任农村基层干部40年来,他怀着对毛主席、共产党的深厚感情,干社会主义勇往直前,办大农业敢想敢干,一心一意奔社会主义。人们说,陈连海是社会主义入了骨,干起来不要命的人。1951年,他带头办起了全村第一个互助组。1953年,他组织23户农民,办起了全区(磁石区)第一个农业初级合作社。1956年办高级社,1958年办人民公社,他都跑在前头。陈连海同志走社会主义道路坚定不移,从不动摇。三年自然灾害时期,有人对社会主义产生了怀疑和动摇,陈连海同志坚定地相信毛主席"只有社会主义能够救中国"的教导,认为困难是暂时的,前途是光明的。他和党支部同志一起,发动群众开展回忆对比,忆苦思甜,大讲社会主义的优越性和远大前景。干部群众异口同声地说,社会主义是我们的命根子,谁想改变社会主义的性质,我们坚决不答应。"文化大革命"期间,陈连海被罢了官,村里一度生产瘫痪,集体经济遭到破坏。陈连海同志挺身而出说:"我不当党支部书记,可我还是共产党员,谁敢破坏集体家业,我就和他拼!”群众都说:“老书记管得对,管得好!”

艰苦奋斗　拼命创业

陈连海同志常说:“真想实现社会主义,就得豁上命干!”他说到做到,自合作化以来,他就不分白天黑夜地带领群众战天斗地,经过多年的拼搏,终于把全村500多亩山耩骨头地,整成了保水保肥的高产田。土,是作物的根基;水,是农业的命脉。陈连海同志在想,光整好了土地还不行,要想稳产高产,就要抓好水利。从1956年开始,他就带领群众挖竹节沟,整坝头地,挖平塘,修水库。劳动中,他处处身先士卒,带头实干。1963年冬,在村西扩建平塘,水被抽干后,需要把一米多深的稀泥挖上来才能施工。那时,北风夹着冬雪,稀泥上结着冰碴。人们踩着石头,用锨一点一点往外挖泥,进度很慢。陈连海二话没说,找了两条芦子根,把棉裤筒一扎,跳到稀泥塘里,手握大锨,呼哧呼哧撩个不停。群众在他的带动下,都毫不犹豫地下了泥塘。在搬塘底一块大石头时,他不小心把腰闪了,群众把他搀回了家。他贴上膏药,不到一袋烟的工夫,又拄着棍子上了工地。村民们感动地说:“老书记你不要命啦!”陈连海毅然回答说:“有命不干社会主义,要命有啥用。”在村东堐上有500来亩地,都是望天田,为了将其变成水浇地,他和干部群众一起多次调查研究,决定在那里修建一座20万方的水库。大坝定位时,水利技术员觉得上陈家村小,劳力紧张,干不了那么大的工程,提议坝往上游挪,搞个小型水库,能浇多少地就浇多少地。陈连海说:“不行,干社会主义不能慢慢腾腾,干大农业不能攒攒齐齐。”修这么大的水库,要搬动四五百万方土,筑17米高的大坝,修一个52米扬程的扬水站,对不到100户的上陈家村来说,是一个了不起的工程,通常情况下最少也得干3个冬春,任务是十分艰巨的。而陈连海同志敢想敢干,知难而进。1972年冬,他带领群众,在东沟摆开了战场,顶风冒雪,清基打坝,昼夜拼在工地上。由于库内积水太快,水随坝长,垒坝的速度稍一放慢,水就有漫过大坝的危险。这时有人胆怯了,动摇了。有位老农说:“连海,咱不干了。”而陈连海回答说:“干,不干没有门!”在工地上,陈连海和大家一起学习了毛主席关于“愚公移山,改造中国”的教导,狠批了懒汉懦夫思想。人人表决心,立誓言,要和龙王抢时间,三年任务一年完。寒冬腊月,风雪交加,人们穿着单衣,身上冒着热气,挥锨抡镐,驾车如飞,每人每天挖土200多车。早晨,群众踏着陈连海的脚印上工地,晚上,陈连海踩着群众的脚印回家。冰天雪地,坡陡路滑,陈连海血压高,腿还有病,来回拄着一张锨,上坡一步一步往上爬,下坡坐在地上往下滑,一日三餐吃在工地。有一天,上级领导来到工地,看到65岁的陈连海眉毛胡子上都结着冰碴，身上披着雪花，在那里拼搏，感动得流下了眼泪，赞叹他是“拼”字号干部。

陈连海同志以忘我的精神拼命干社会主义，把生死病痛一概置之度外。多年来，他血压一直很高，脑动脉硬化，动不动就头晕。有一次他和群众在山上一起整地，由于用力过猛晕了过去。大家把他送回家，抢救过来以后，赤脚医生告诉他：“你血压这么高很危险，不要出去，等一会儿我还来打针。”结果赤脚医生前脚刚走，他后脚就上了工地。他就是这样一个想社会主义、干社会主义的农民带头人。

抓科学种田　一丝不苟

陈连海同志在农业生产上，相信科学，热爱科学，用科学技术指导种田。陈连海对于花生很有研究，被人们誉为“花生大王”，全国各地慕名而来的人很多，还经常被邀请外出传授经验。但是他并不满足，对外地的先进经验，他派人出去取经，并把公社农业技术员和地区农科所的同志请到村里传授技术。他很注意对土壤的改造，除了每年轮换深翻深刨外，还狠抓沙地压泥和黄土地压沙的措施。他常说：“沙地压上泥，等于‘外甥见他姨’；泥地压上沙，等于‘孩子见他妈’。”因此每年的冬春，都对土地进行轮番改造，有的地块连续换土4次以上。全村有600多亩沙垃子地全部加厚了活土层。他还把土地调茬、轮换耕作、选用良种、合理密植作为增产的重要措施，亲自落实，具体指导。为了保证作物施上充足的肥料，他除了发动生产队大积大造，鼓励群众大力养猪外，1973年又在山外建起了百头养猪场。对先进经验，如花生清棵墩苗、“窝瓜下蛋”、根外追肥、地膜覆盖等，他都跑在前头施行。陈连海同志深深地懂得“精种加细管，高产才保险”这个道理，严格细致的种植管理是这个村的老习惯。由于他狠抓了科学种田，1978年，这个村的粮食亩产达到1300多斤，花生单产达到了808斤。日本农业考察团来到上陈家村，看到在山耩薄地上生长的庄稼，个个伸出大拇指，赞叹不已。

清正廉洁　关心群众

陈连海同志当干部几十年，清正廉洁，一尘不染，从不吃请受贿，时刻铭记父亲生前对他的教诲。他常说：“我接手当干部时，俺爹对我说，要想干，家业去一半。告诫我当干部得舍小家为大家，不能光想自己，要时刻想着集体和群众。”陈连海在村干部中约法三章：不准吃请，不准受礼，不准占贪集体。并在群众大会上进行公布，要群众监督。有一次，一户群众给他送去了一瓶罐头，陈连海当场严肃批评了送礼者，让他拿了回去。有时上面来人，他都领到自己家中，让老伴、儿媳烧水做饭招待一番。陈连海常说："当干部一身清，说话办事群众听。"

陈连海同志关心群众胜过关心自己，时刻把群众的疾苦放在心上。盖房修屋是老百姓最大的负担，为了给群众排忧解难，陈连海在大队成立起瓦工队，让群众自己备料，村瓦工队给予建造，不用管饭，不用招待。对于困难户，大队帮他们办木料砖瓦，很受群众欢迎。

1976年夏天的一个晚上，大雨倾盆，山洪暴发。陈连海同志惦记着住在村洼处的群众，惦记着山上的庄稼、土地、水库、塘坝，心如火燎。可是腿痛病又犯了，爬不起来，他就把孙子叫到跟前说："快去把民兵干部叫来。"他和民兵干部一起研究了抢险措施，分配了抢险任务，并一再嘱咐，一定要保证群众的安全，保障集体家业不受损失。民兵干部走后，陈连海看到打在窗上的雨点越来越大，他想起了焦裕禄同志生前的一句话"当群众最困难的时候，共产党员要出现在群众面前"。他再也坐不住了，强忍着剧烈的病痛，咬着牙翻身下炕，披着那件多年当雨衣的破棉袄，拄着张铁锨，一瘸一拐地去查看群众的房屋，而后又来到防汛工地。群众心痛地说："你病得这样厉害还出来干什么！"

上陈家村自古以来有一条穿村而过的河道，宽3米多，长400多米。每逢汛期，住在河两岸的群众都要受到洪水的威胁。为根除隐患，陈连海和支部一班人研究决定，改河、平沟、整街、除害。他带领群众硬是在村外南山根下开凿了一条新河道，把村中的河床填平，整成了宽敞平坦的大街。人们高兴地说："老书记事事处处都想到了我们心坎上，再也不用为水害和往返过河犯愁了。"

"活着干，死了算"

陈连海同志时刻以一个共产党员的标准严格要求自己，他把"活着干，死了算"作为干社会主义的座右铭。他常说，可不能年轻时干社会主义，老了就吃社会主义。上陈家村在陈连海同志的带领下，发生了巨大的变化，全村近千亩土地，普遍进行了深翻，基本上都被整成了能保水保肥的丰产田，90%以上的土地实现了水利化。新中国成立初期，上陈家村的粮食亩产只有170斤，花生百十斤。1977年粮食亩产达到1782斤，比新中国成立初期增长了近10倍。1978年花生亩产达到了808斤，创全市最高纪录。上陈家村平均每户向国家贡献一吨粮，累计35万元。上陈家村富了，对国家的贡献大了，群众的生活好了，陈连海也老了。他的三个儿子，在经济上对他照顾得都很好，村里又对年老多病的群众实行"劳保"，在一些人看来，陈连海可以坐在家里享清福了，可是他却说："共产党员只要还有一口气，就要干社会主义。"

有一天，陈连海上山干活，三个坐在树下乘凉的老头开玩笑地跟他说："这棵树下原来是四个人，去年死了一个，现在还空着一个小板凳，就等你来坐了。"陈连海笑着回答说："我这辈子是不能在那里坐啦！"上陈家村对老年人实行了"劳保"，陈连海论岁数够了，讲贡献，数着他，看身体，他的病越来越重。但是，他安排别人"劳保"，自己却始终拼在第一线。1971 年，他 65 岁时，在全县四级干部会议上提出，在他死之前要和群众一起干三件事：一是把老鹰沟变成小平原，再整造稳产高产田 100 亩；二是全村实现水利化；三是粮食亩产达到 1400 斤。经过几年奋斗，三件事都实现了。1983 年，陈连海同志终因年龄过大，身体多病，经组织上劝说，办理了退休，当时他 75 岁。

陈连海的一生是全心全意为人民服务的一生，是艰苦奋斗、清正廉洁的一生。他对社会主义的执着追求和坚定信仰，对党无限忠诚的高尚情操，给人们留下了宝贵的精神财富，值得世人永远敬仰和缅怀。

[本文根据《中共蓬莱县委关于开展向陈连海同志学习活动的决定》(蓬发〔1997〕23 号)整理]

聂振君

聂振君(1919～1998),男,汉族,蓬莱北沟镇聂家村人。1947年8月,加入中国共产党,高小文化,历任村主任、乡长、高级社社长、乡委委员、聂家大队党支部书记等职。1956年,先后4次出席山东省林业积极分子会议,2次出席中央社会主义积极分子会议。1958年,被国务院授予农业劳动模范称号。20世纪70年代至80年代,历任蓬莱县委副书记(副县长)、蓬莱县政协常委、烟台市政协委员。1969年,当选中共九大代表,1971年,被授予山东省劳动模范光荣称号。

模范事迹

聂振君,这位植根在人民群众中的共产党员,从担任党支部书记以来,就带领全村干部群众发扬不畏艰难、勇往直前、战天斗地的革命精神,同恶劣的环境做艰苦卓绝的斗争。用铁锄钢锨、平板车等简陋工具,人拉车推,苦战了20多个春秋,旧日的荒滩终于发生了翻天覆地的变化。过去草木稀少,沙丘起伏,一刮大风就黄沙漫天、天昏地暗的荒滩变成了绿树如荫、花果满园的金沙滩。荒滩变绿洲,圆了村里人祖祖辈辈的梦想,开辟了一条生命之路、幸福之路,创造了令人惊叹的奇迹,谱写了"当代愚公"的新篇章。

解放初期的聂家村,满目疮痍,群众生活十分困苦,缺吃少穿,无房无地;日甚一日的风沙干旱,更是让人们的生活雪上加霜,粮囤空空,许多人扶老携幼,拿着空篮破碗外出讨饭。面对多灾多难的群众,聂振君流下了泪水,吃不好饭、睡不好觉,做梦也在想着战胜风沙,根治干旱,让人民过上好日子。他反复思考一个问题:群众希望共产党给他们带来幸福,如果我们不为民造福,要我们领导干部干什么?"不解除群众疾苦,我们心里有愧啊!"在这样一个世代受苦的地方,谁不想改变面貌呢?但是,怎么改?怎么变?很多人感到无能为力。聂振君动情地说:"共产党人,不能做自然的奴隶,不能听天由命,不能在困难面前退缩!"他知道,只有从根本上改变恶劣的生态环境,才能使人们从此摆脱世代逃荒要饭的苦日子。他以共产党人的英雄气概，团结带领全村人民，封沙育林，垦荒植树。以一往无前的精神，立足现实，放眼未来，敢闯新路，向大自然进军，奏响了战天斗地的光辉乐章。说干就干！聂振君同志身先士卒，开襟解怀，卷起裤腿，翻地、封沙丘、种树苗、挖河渠……日夜不息地穿梭在一座座荒丘、一条条田埂之间……在书记的带领和鼓舞下，全村的人都跟了上来，挑土压沙、种草固沙、植树围沙，工地上到处都能见到那令人激动的场景……日日夜夜，风风雨雨，希望的种子，带着滴滴滚烫的血汗，撒遍了聂家村的土地。在全县人民的支持下，聂振君同志带领群众先后推平300多个沙丘，植树10万棵以上，建成苹果、梨、葡萄园等1000多亩。艰难的几个年头过去了，厚厚的沙层下，终于钻出了千千万万不屈的生命——嫩绿的幼苗！它们以一簇簇无畏的枝叶，报晓春天的来临。村民的希望终于发芽了，昔日风沙肆虐的聂家村，终于有了丰产丰收的良田。海滩造林防风固沙，大大促进了农业生产的发展，集体经济日益壮大，公共积累不断增加，群众生活有了很大提高。他们高兴地说："人种了树，树保了地，地增了粮，粮养了人。""林带就是粮带、钱带、生命带。"村民们心里乐开了花，因为有了一道绿色长城，一条绿色生命线。

为了解决灌溉浇水的难题，聂振君同志带领村里的小伙子打井取水，大修水利，用镐刨钎凿，肩扛人背，打了几眼大口井。一眼眼机井、一处处塘坝、一座座水库、一条条管道逐步建立起来。为了解决果园施肥的问题，他发动群众大建养猪厂，先后盖了4个大型的养猪厂，既解决了肥源，又为群众增加了经济收入。群众自豪地称："村南一片水浇田，村北一片花果园，农林牧副齐发展，日子越过越香甜。"

聂家村广大干部群众战天斗地、改造自然，成为大寨式先进集体。1970年2月20日，《人民日报》发表了《革命的硬骨头精神能胜天——记山东省蓬莱县聂家大队贫下中民战天斗地的英雄事迹》的文章，全面介绍了他们的先进事迹。是日，蓬莱县革委会的核心领导小组作出《关于开展向革命硬骨头精神聂家大队学习活动的决定》，在全县普遍开展向聂家大队学习的活动。学习他们一不怕苦，二不怕死，自力更生，艰苦奋斗，夺取粮食、水果双高产的革命硬骨头精神。

前人栽树，福荫后人。聂振君把自己的心血注入生生不息的绿色长城，融入为人民造福的伟大事业，他的崇高思想、感人事迹和伟大人格向世人昭示：他是一位具有坚强党性、远大理想、博大胸怀和高尚情操，始终坚持执政为民、造福于民，为实现人民根本利益而不懈奋斗的共产党人。

今天的聂家村人，永远忘不了他们心中的绿色丰碑——聂振君。

（本文根据档案《聂振君同志的发言》和《蓬莱县志》人物介绍整理）

门玉琦

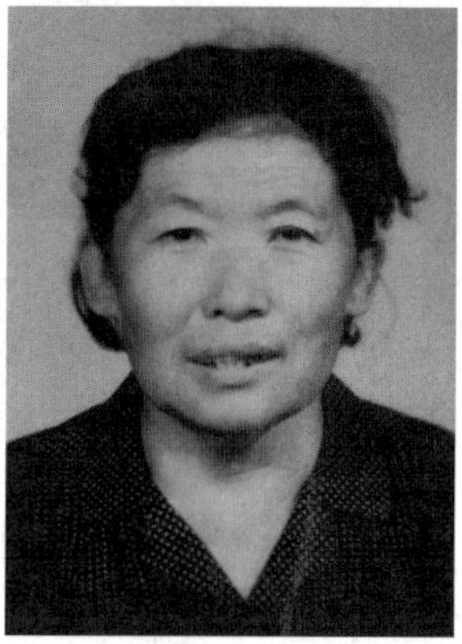

门玉琦（1931～2007），女，汉族，蓬莱小门家镇花山村人。1952年加入中国共产党，高小文化。1951年8月至1956年3月，在旅大火柴厂任工人、行政科科员；1956年3月至1960年3月，在蓬莱县工业局人事科任科员；1960年3月至1962年4月，在蓬莱县工业局秘书股任副股长；1962年4月至1962年11月，在蓬莱县鞋厂任主任；1962年11月至1978年10月，在蓬莱县绣花厂任主任；1978年10月，在绣花厂任书记兼厂长。先后被评为全国及省、市、县级女企业家，获省级劳动模范等称号和全国“五一”劳动奖章，1989年9月，被国务院授予劳动模范称号。

模范事迹

门玉琦同志自1962年来，一直负责蓬莱县绣花厂主要领导工作，担任厂长30多年。任职期间，她呕心沥血，艰苦奋斗，严格管理，为企业乃至全市经济发展做出了重大贡献。1977年工厂被省委、省政府命名为“大庆式企业”，门玉琦出席全国工业学大庆会议。工厂1978年被山东省第二轻工业厅授予“产品质量优良标兵厂”，1979年被山东省政府授予“产品质量先进企业”，1980年梭子花边荣获国家经济委员会颁发的金质奖章。她本人1979～1981年连续3年被评为县模范共产党员，1980年被评为地、县两级“三八”红旗手，1982年10月荣获山东省劳动模范称号，1988年3月被山东省妇女联合会授予“三八”红旗手，并荣获全国优秀女企业家称号，4月被中华全国总工会授予全国优秀经营管理者称号和“五一”劳动奖章，1989年9月被评为全国劳动模范。

她卓越的领导艺术和拼搏创新、锐意改革、开拓进取的精神，使企业不断发展壮大，跨入国家级企业的行列，产品、质量、成本、劳动生产率、人均创税利等主要指标都居全国同行业第一。

任厂长以来，她凭着对党的忠诚，对事业的执着追求，靠着革命的拼搏精神，几十年如一日，勤勤恳恳为党工作，使一个濒临倒闭的小厂发生了翻天覆地的变化。她任绣花厂厂长时，1973 年企业总产值 625 万元，创税利 60 万元，出口交货值 563 万元；1993 年企业总产值 5043 万元，创税利 471 万元，出口交货值 3300 万元。以前的绣花厂只能从事简单的小码花边，依靠客户来样过日子。门玉琦上任后，首先抓住企业的产品方向，广招设计、技术人才，抓住时机开发新产品。不到一年的时间，就使设计创新的产品打入了国际市场，取得了生产经营的主动权。产品由单一的小码花边发展到八大类 5000 多个品种，其中 12 种产品获部、省、市新产品奖，全部打入国际市场，成为蓬莱县的龙头企业。从业人员由原来的 65 人发展到 4 万多人，每年为国家创产值 2000 多万元，创汇 500 多万美元。产品不仅在国内享有盛誉，而且畅销欧、美、亚、非等洲的 70 多个国家和地区。一个昔日丧失生机和活力的县级小厂，而今成为部级重点企业。

门玉琦办企业始终保持清醒的头脑，善于从灵敏的信息中求得准确的决策。她在厂内建立了严格的信息反馈制度，外出考察厂长不得少于 2 个月，设计人员不得少于 3 个月，产品联络员回来都要填写信息反馈登记表。每年都有 150 多条信息输入她的大脑，她可以随口说出各种绣花、花边工艺在世界五大洲是得宠还是受冷。1980 年厂里的梭子花边荣获国家金质奖，在国际市场风行一时，成为热门货。门玉琦冷静地审时度势，到 1981 年夏天，果断提出压缩生产五档以上的高档产品，转产三档以下的低档货。这年秋天国际高档花边市场出现萧条，而她推出的梭子小件、梭子小镶拼则打进了市场，稳操胜券，令同行们刮目相看。

她不是画家，不是服装师，但她能熟练地说出几十个国家不同年龄的男女服饰标志，不同家庭的装饰特点。她非常注重了解世界各地的风俗，还经常利用和外国人谈生意的机会，了解他们的艺术爱好和求美心理。1985 年 6 月，她偶然得悉日本、伊拉克两国的客户喜欢用汗布镶花边的服装。当时，国际市场的抽纱项目还是一片空白，许多厂家都因难度大，望而生畏，门玉琦却果断承揽了这个项目。为了攻克技术难关，她带领设计、技术人员成立了攻关小组，不分昼夜、反复设计绣制，一种古朴典雅、玲珑剔透、穿着舒适的新式服装终于研制成功。投放市场后，客户一次就订货 3 万件，成为市场上的热门货。与此同时，她又及时调整企业的生产方向和产品结构，针对国际市场服饰品有前途、销路广阔的新动向，大胆探索求新，将传统的梭子花边同各种面料的服装结合起来，先后设计生产出彩带镶珠汗布服饰、梭子棉麻交织布镶拼和各种披肩、衣领、衣片、围裙等，为改变全国手绣手编行业单一经营闯出了一条新路子。

常出常新，多门路经营，这是门玉琦搞活企业的诀窍。她顺应改革形势，冲破条块限制，实行多口岸、多渠道经营，由港澳转向远洋市场，主持设计并推出了适应远洋市场需求的系列床上用品，为企业发展储备了后劲。

门玉琦办企业识才有法，有胆有才，具有大将风范，令同行们钦佩不已。门玉琦办企业常常是棋高一着，靠过硬的管理，使企业始终充满了活力。绣花厂的生产遍布全县，点多面广。为了加强管理，她博采众家之长，从实际出发，在全厂建立了一整套适应国际竞争市场，有应变能力，快节奏、高效率的生产经营管理体系。从 1980 年起，在全国同行业中率先推行了全面质量管理，并总结了一套成熟的经验，在全国推广应用。厂内通过深化全面质量管理教育，强化全面质量管理保证体系，使产品质量不断提高，产品连续 7 年保持了金牌的荣誉，在国际市场上树立了较高的信誉。自从她任职以来，从未出现过退货、索赔事件，是全省同行业唯一的保持者。为了使企业向更高层次发展，适应现代化生产的需要，她投入 8 万元购买了微机设备，使企业逐步向科学化迈进。

门玉琦深知，企业要发展，首先领导要勇于改革，于是她从 1984 年起就开始改革企业内部不合理的分配制度。从实际出发，建立了多种形式的经济责任制，按不同岗位分为五大类别 13 种计奖方式，全部实行个人计件工资制和划小单位承包制，彻底打破了大锅饭，形成了厂长、车间、乡点、个人层层承包，把企业的目标落实到了每个职工的肩上，把全厂干部职工的积极性全部调动了起来。多年来全厂人均创税利达到 10465 元，人均创劳率达到 86266 元。

门玉琦几十年如一日，为绣花厂拼搏奋斗。在一端是事业，一端是个人生活的天平上，她加在事业这端的砝码越来越重。外出联系业务，是决定企业兴衰的一项艰巨任务，每年她有三分之二的时间在外奔波。1986 年 10 月，她的女儿难产并发感染，病情危急，被送进医院抢救，而恰在这时，港商从广州发来急电，邀她去谈一笔数目可观的外销合同，她深知这项合同的签订关系到全厂 200 多名职工和全县 4 万多名绣工的生计。在家事和公事出现矛盾之际，她毅然告别女儿，立即乘飞机赶往广州，经过与港商反复磋商，终于签订了产值为 300 万元的合同。她的父亲住在老家，常年患病，因她经常外出谈业务，老人几次病危她都没在跟前，原打算退休后好好侍奉一下老人，谁知 1987 年春节刚过，父亲突然病重，当时她正欲参加全国抽纱行业新产品技术研讨会，当她抽空赶回家时，父亲已经停止了呼吸。她仅在家中停留了半小时，又匆匆登上了去北京的列车。

几十年来，门玉琦几乎把全部精力都用在了工作上，虽然患有糖尿病、高血压等多种疾病，但每天仍工作 12 小时以上。多年的拼搏奉献，使绣花厂焕然一新，高大宽敞的大楼代替了破旧低矮的厂房，假山、鱼池、凉亭、盆景如同花园。职工福利明显改善，8500多平方米的职工家属宿舍，解决了职工的全部住房问题，1800平方米的单职工宿舍，职工教育、文化生活综合楼房为职工提供了良好的学习、娱乐条件，同时单职工宿舍所配备的立柜、桌、椅，又使职工宿舍达到了旅馆水平，职工食堂也达到了饭店水平。这引人注目的变化，正是一个改革者足迹的写照。

穆范敏

穆范敏，男，汉族，1952 年 10 月生，烟台市经济技术开发区人。1977 年 1 月，加入中国共产党，大学文化，高级经济师，第十一届全国人大代表。1975 年 7 月至 1980 年 12 月，在山东省蓬莱县大季家公社财务组当会计；1980 年 12 月至 1990 年 11 月，任蓬莱县大柳行乡经管员、副乡长；1990 年 11 月后，历任蓬莱县黑岚沟金矿矿长，蓬莱市黄金公司副总经理、总经理，蓬莱金创集团公司总经理、党委书记，山东金创股份有限公司董事长、总经理等职务。1998 年，被山东省人民政府授予劳动模范称号。2000 年，在全国劳动模范和先进工作者表彰大会上被国务院授予劳动模范称号。

模范事迹

1991～2006 年，穆范敏以远见卓识、睿智科学的经营理念和顽强拼搏的精神，带领蓬莱黄金人，从地下到地表，从黄金到非金，从省内到省外，立体开发，纵横驰骋，创造出了中国单体效益第一、年产黄金总量第三的灿烂金城，创造出了超越黄金的辉煌财富。经过 16 年的不懈努力，把企业建成了集金、工、贸、科研、教育于一体的国家级大型企业集团。集团下辖 4 座黄金矿山、1 处日处理 200 吨的黄金冶炼厂，拥有职工 3000 人。黄金产量达到16 万两，产量连续 5 年位列全国第五，经济效益居全国黄金系统前列。在“以黄金为主、多业并举”的经营思路下，面向市场实行跨行业、多领域经营，斥巨资建起了占地 2000 亩的两个工业园区，先后与德国、法国和中国台湾、香港等国家和地区合资建起了铜业、精铸阀业、不锈钢制品、食品、酒业、药业、水产加工、纳米材料、黄金深加工等 20 多个工业企业，并建起了规范的博士后工作站，成为全国黄金系统发展地表工业的典范。生产的“金创”牌系列产品辐射全国和 20 多个国家和地区，形成了大、高、外、精、尖的发展格局。在他的带领下，16 年时间公司的固定资产扩大了 100 多倍，投资 7 亿元人民币的北方奔驰重型卡车项目 2006 年下半年投产，年产重型卡车 1 万辆，实现产值 40 亿元，利税 1 亿元。2006 年，蓬莱黄金集团公司生产黄金 15.5 万两，实现销售收入 17 亿元，利税 2 亿元，出口创汇 3800 多万美元，经济效益在蓬莱市独占鳌头。

一、除乌烟瘴气，他看得清——“黑岚沟不是‘黑乱沟’。人心，是最富的金矿”

距蓬莱市区40公里有个黑岚沟，大有松岚阴森、风高月黑“乱子窝”之意——1990年底，这样的想象一点也不过分。蓬莱市黑岚沟金矿就坐落在这个村，村前有一座山，名叫“石皮山”，人们都叫它是“破山”。当时，矿上一片混乱：金钱的诱惑导致私营个体乱采滥挖者在这个金矿里安营扎寨，矿中开矿；矿上偷盗成风，邪恶横行；讨债要债的走了一拨又一拨，临近春节，工人连续3个月没发一分钱的工资……这一切，揪痛了当时县委、县政府领导的心。

穆范敏，这个在大柳行乡干副乡长的年轻人，领着乡下的“土老冒”从无到有创办金矿，有一种锐意进取、不畏艰难的劲头，那就让他来治治这个“破山”的“黑乱沟”吧！县委、县政府领导找他谈话，他二话没说，卷上铺盖，孤身一人来到黑岚沟金矿。

当务之急，是把工人的血汗钱发下去，让大伙度过这个年关！可是，山穷水尽走投无路，账上没钱，银行不放贷——银行，是个扶起不扶落的主儿，这样的乱摊子，谁敢贷？穆范敏跑遍所有银行，可是，谁认你是老几？知道你在大柳行当副乡长时，因为能吃苦，人们都称你“小铁人”，但你浑身是铁，能打几个钉？告贷无门！至今，穆范敏的感触颇深：被人瞧不起，那是最伤心的事。

但是，县委、县政府把希望寄托在他身上，矿工们用期望的眼睛望着他。怎么办？他穿上工作服戴上安全帽，走到井下，扎进车间，和工人们一起推矿车，运矿砂，听老矿工倾诉，找年轻人谈心，一个多月下来，他摸透了矿情，贴紧了工人的心。

责任心、自信心、必胜心，交织在一起，折磨着他，激励着他，他彻夜难眠，坐卧不宁，跑遍朋友，求尽人情，终于借来5万元钱，给工人们发了工资。春节放假前，召开了到任后第一次职工大会，穆范敏登高一呼：“咱黑岚沟，不是‘黑乱沟’，是黄金沟！我查了地质资料，在全中国的金矿中，黑岚沟的黄金品位是数得着的，尤其是明金，是全国罕见的！但是，人心散，黄金远，人心齐，黄金聚，人心是最富的金矿，只要大伙齐起心来，我就不信，咱能在‘金窝窝’里干受穷！”

一席话，一阵暴风雨般的掌声，这是打破久旱沉闷的惊雷，是矿工们心底喷涌而出的泪雨。几个小伙子买来大红纸，穆范敏挥毫写下一副对联：

破釜沉舟，不兴矿山非男儿；

背水一战，争先发展是好汉。

横批：人心是金！

紧接着，出重拳打恶治乱。对外，请公安部门配合，打击私开滥采的嚣张气焰，查封了130多个坑口，赶走了几十家矿中开矿的滥采户，维护了矿产资源国家所有的威严；对内，发动职工检举偷盗行为，顶住多方压力，先后开除了80多名偷盗明金者。至此，一扫阴霾，激浊扬清，忠于国家忠于企业老实肯干的职工扬眉吐气。随着各项管理制度、生产章程的建立，工人们多劳多得，苦、脏、险、累岗位报酬上得实惠，人格上受尊重，一线工人收入占全矿工资总收入的比例由过去的61%增长到84%，工程技术人员的收入由25%增到56%。山清了，气顺了，黑岚沟，开足马力向着黄金沟时代迈进。

二、尽第一责任，他看得重——“节骨眼上，能和工人们在一起，我心里踏实”

人们忘不了1993矿井透水那一幕。那年9月的一天，过度劳累使穆范敏患上重感冒，高烧39度，半夜，正在办公室打吊瓶。突然有人报告：“348号、328号矿井透水了！”穆范敏一把薅下针头，立即向井口跑去。连日涝雨成灾，原来的私采矿矿坑隐患遍地，隐性的私采坑口塌陷，山水透过隐性老坑口涌入井中，井下作业人员全部及时撤离，但电机、风钻等设备和通风管道还在井下，这是工人们赖以吃饭的家当啊，再者，一旦导致坍塌，后果不堪设想！

一定要保住矿井！穆范敏毫不犹豫地带头跳入齐胸的冷水中，打捞设备，运送沙袋，指挥堵水、排水，和工人们一起紧张地战斗了一天一夜，成功保住了矿井。从井下上来，工人们喝了一锅姜汤，但穆范敏还是倒下了。

这口井至今还在，每每下井或者从矿井走过，穆范敏都打心底里涌出一种自豪：危难之际，和工人一起历险闯关，生死相依，那感情，比美酒还甜。

1993年尾矿库溃坝，2005年“5・8”事故，哪一年，哪一件，穆范敏不是冲在前！

说起这些，从黑岚沟矿到大柳行矿，从普通矿工到分矿的领导，几乎每个人都能说出穆范敏的故事。穆范敏身影出现最多的，就是矿山、企业、井下、车间。16年如一日，他每天早上6点半上班。每次出差回来，从来不先回家，总是先到矿上看看，到企业转转。每次到矿上，总是要到井下看看。他说：“近海知鱼性，下井见真金。”

他的摊子大了，地位高了，需要跑的事多了，但每个周三、周六、周日还是要到矿上，他说：“周六、周日，到别的部门也找不到人，正好到矿上。”

穆范敏上有90岁的母亲，下有妻子、孩子，16年来，每年农历大年三十，别人都回家过年，全家团圆，他却总是跑到矿上，和坚守生产的工人们、与招聘的外地大学生们一起包饺子、贴对联、放鞭炮。三十晚上，在矿上值班。年初一，他先给工人们拜年。蓬莱市委、市政府主要领导说："16年来，穆范敏就是这样为蓬莱的金矿守岁。"穆范敏说："我守的是责任。一把手，就是第一责任人。节骨眼上，能和工人们在一起，我心里踏实。"

母亲、妻子都说："他踏实，俺全家就踏实。"

三、招能人贤士，他看得高——"我要的是人才，不是档案袋"

黑岚沟金矿常务副矿长周子敬是内蒙古赤峰市人，西安地质学院地质系地质矿产专业1993年毕业的高材生。

当时，按照学习成绩，有自主择业的待遇，但是学校却没有给周子敬这份权利，硬性强制把他分配到内蒙古兴安蒙的一个偏僻的小矿，档案发到内蒙古，毕业证、学位证扣留在学校，待报到以后再领。当时，社会上盛行"买"学生，给学校一笔可观的"培训费"，就能得到几个大学生。这背后，是否是一笔交易他不得而知。但是，一种被"卖"了的耻辱感激怒了周子敬。他没有去内蒙古，而是跑了许多城市求职。但是，人们一听他没有档案、没有毕业证，谁都不敢要。

最后，周子敬来到蓬莱，找到黄金公司，一五一十说了实情，一字一板说出了地质找矿的有关知识，穆范敏从头至尾听得仔细，听得有味。最后，他点点头说："你到矿上看看吧，这里条件很艰苦。能吃苦，就留下来。"目送着小伙子出门，有人问："穆总，怎么能要个连档案都没有的人呢？"穆范敏说："我要的是人才，不是档案袋！"

走出黄金公司，周子敬几度回头，看着这位总经理，一种敬佩之情打心底涌出：高人呐，就他敢留我！

周子敬先后被安排在生产技术科、齐沟一分矿、河西分矿干技术员，后任"找矿办"主任、沙沟分矿副矿长，这期间，穆范敏静观默察。

小伙子有知识，有魄力，有责任心。黑岚沟金矿有80平方公里的矿区，周子敬担任"找矿办"主任期间，密切配合总工程师，率领十几个人，走遍矿区的沟沟壑壑，普查、勘探、圈划储量、确定靶区，两年增加了6吨多储量。其中，黑岚沟349号井、黑金顶158号井、一分矿南翼的深部井，这三口井是出金的主力。

1999年底，推行竞争上岗，周子敬写出了30多页的标书，把车间的生产工艺、成本核算、管理制度说得头头是道，全票竞得采矿车间主任。一上任，他就把车间人员由220多人精简到180人，实行了生产指标、成本指标、安全指标全面合同管理。最终使费用大大降低，产量节节上升。当年，采掘量比计划增长了60%多。2002年1月，周子敬担任了黑岚沟金矿常务副矿长、山东金创股份有限公司副总经理。

从“周子敬现象”，蓬莱黄金人进一步看到了人才和科技的潜力。通过竞争上岗，先后有200多名年富力强、懂经营、会管理、有一定专长的知识型干部走上了领导岗位，一大批科班出身的大学生在这里找到了用武之地，实现了人生价值，在蓬莱安居乐业。公司制定政策，加大培训。先后培训采矿、选矿、机电等专业大中专生30多人，有160多名职工获得了中级以上技术职称，委培硕士6人，招聘博士后3人。全公司有各类专业技术人才240多人，其中7人成为烟台市跨世纪科学带头人和专业技术拔尖人才，18人成为蓬莱市专业技术拔尖人才，82人被企业评为中高级技师；先后有3项成果获得国家专利，7项成果获得中国黄金协会科学技术奖，4项成果获得山东省科技进步奖，2种产品列入山东省“星火计划”，金创集团被评为“全省群众性经济技术创新工程先进单位”。企业拥有了自己的技术中心和博士后工作站，穆范敏底气更足了，“这就是我们的‘智力资本’，比黄金更贵的，是人才，是科技”。

四、挖资源潜力，他看得深——“并非隔地看九尺，察古知‘金’，穿透时空”

大凡矿山，都要一边探矿一边采矿。在某种意义上说，探矿是采矿的先锋，探不出储量，一切都无从谈起。1992年，黄金行业还属于计划经济，探矿是国家给地质队下达任务，地质队再按照任务计划负责钻探。这个过程，急不得。而且，按照常规，一般钻探深度只有三个“中段”，每个中段30来米，总共就是100米左右。但实际情况是，这个深度达到了，矿产品位还是很低。结论是，没有开采价值。

能不能再往下钻钻？当时很难。上级没有安排任务，经费哪里来？地质队是国家的，不干“黑影活”。但是，穆范敏不放弃。他查过史料，黑岚沟金矿历史悠久，从清光绪年代就打洞子。尤其是原来私开滥采，探、采能力都有限，设备简陋，工艺落后，表层和浅层资源大都被糟蹋过，如果再往深处钻探，没有地质资料，没有数据可依；再者，一切按计划办事，要改变国家计划，那是天方夜谭。“假若再深一点有富矿，那我岂不是与财富失之交臂！”穆范敏昼思夜想，自己问自己。

自己的难题自己破，自己出费用，悄悄干，不声张，让地质队再探两个中段！当时，这要担很大的风险啊，穆范敏硬着头皮说："你相信，这种旧机制早晚非被打破不可，咱们定个合同，费用比国家规定的活。"当时，地质方面全靠拨款，没活力，死得很。穆范敏预付资金，帮助它先活起来再钻探。结果，黄金不负有心人。又往下钻了两个中段，富矿，明金，终于现身了！地质队员们、老矿山们欢呼雀跃。黑岚沟地底下冒出了开天雷！

一破常规金煌煌，合同双方解放思想，眼，都亮了。至今，这份合同仍然在生效，双方合作的友谊仍然在延续。黑岚沟金矿，在地下600多米欢笑。

过去，传说胶东有"神眼"，隔地看九尺，穆范敏虽凡胎肉眼，却能察古知"金"，那双眼，长在胆识上。

五、测市场风云，他看得远——"跳出去，非金产业天地大；走出去，普天之下皆蓬莱"

据专家介绍，中国的黄金分布，山东大约占全国的4/5，胶东占山东的4/5，莱州、招远、蓬莱三市占胶东的4/5。蓬莱的金，尽管品位较高，但对比其他两市，储量较少。尽管如此，仅仅一个黑岚沟金矿，也足够开采几十年的。但，资源不可再生，几十年以后吃什么？

穆范敏求专家论证，拜高人指点，最终，找到了两条出路。

一是跳出去，发展非金产业。充分利用黄金产业的资源优势、品牌优势，在蓬莱开发区先后建立了两个工业园区，招商引资，合作联姻，先后引进外资3500万美元、内资4950万元，配套投资14亿元，建立了金盐、不锈钢管材、不锈钢铸造、铜材加工，还有北方奔驰重卡、食品、水产等项目，组成金创集团，通过向社会募集股权，融资数亿元，突破了资金瓶颈，走向做大做强之路。蓬莱黄金公司，不仅拥有从黄金采选冶炼到深加工一条龙的企业产品线与核心技术，而且先后与德国、法国和中国台湾、中国香港企业合资合作，建起铜业、不锈钢加工和铸造、机械加工、汽车制造、食品酒业、水产品加工、生物制药等多产业集群的20多个项目，产品有六大门类100多个品种。金创精铸阀业公司总经理骆福利说："我们这个项目，不敢说是中国最大最好的，但肯定是前几名的。我们的产品，80%出口，发达国家都有我们的客户。"2006年12月28日，北方奔驰重卡在蓬莱下线，一期工程投资7亿元，年产1.5万辆，销售额40亿元。二期工程2007年下半年开工建设，年产量达5万台，销售额突破100亿元。

二是走出去，用我的技术开发你的资源。有一支掌握着黄金核心技术的专业队伍，怎样进一步让这笔"智力资本"裂变？穆范敏受到一个启发：蓬莱在哪里？从小，就知道自己的家乡叫蓬莱，八仙过海故事发生在身边。可这几年走出去一看，从省内到省外，许多地方称“蓬莱”，八仙传说到处是，许多产品的品牌叫“蓬莱”，叫“八仙”。透过这种现象，他悟出一个道理：“心有多大，天地就有多大，跳出蓬莱看蓬莱，普天之下皆蓬莱。”于是，他决定走出蓬莱。投资1.9亿元，在甘肃省天水市、甘南藏族自治州和江西省遂川县购买了采矿权，建起了甘肃京鲁、拉尔玛、太子山和江西遂川4处省外金矿。采访中，在井冈山一带创业3年的金创集团副经理张炳毅刚调防回来。他说，那个鬼地方，常年潮湿得简直抓一把空气都能挤出水来，三伏天晚上也得用电褥子，不然床铺潮得躺不下。“但是，”他强调说，“人啊，就怕没有奔头。有了奔头，没有吃不下的苦头！”

六、帮职工解难，他看得细——“工人最实在，最可敬。你给他一杯水，他还你一桶金”

黑岚沟金矿副矿长王志惠是本地人，1992年毕业于昆明工学院采矿专业，毕业后来到黑岚沟金矿，但是，爱人在云南大学任教，成了他的一块心病。病家未曾开口，郎中已开药方。穆范敏让王志惠把爱人调到黄金系统。当时，王志惠还是个技术员，他当然感激不尽，“只要调过来，干啥都行！”正在王志惠的爱人专注于“干一行爱一行”的时候，穆范敏又给了王志惠一个惊喜——爱人被调到蓬莱高级职业学校任教！“小王啊，跟你爱人说一下，委屈她了，在蓬莱，眼下高职学校就是最高的学府。”王志惠回家跟爱人一说，这对年轻的大学生对视良久，两双眼睛都湿润了：“这还说什么呢，咱不干出个样来，对得起谁呢！”

在蓬莱黄金集团，类似王志惠的礼遇，很多人都能说出一段。技术员李林涛的爱人在内蒙古，也是这样调了过来。普通工人谢德泰阑尾炎发作，穆范敏亲自安排车辆并掏出1000元钱叮嘱他：“快到医院手术！”回忆起这事，老谢说：“那时候，矿上就一辆车呀！穆总把车让出来，他就得骑自行车。”职工王龙生、贺燕患病，穆范敏出手就是几千元……采访中，很多职工说，我们有什么困难，不敢在穆总眼前露，只要让他知道了，不帮你解决，他就吃不好睡不好。穆范敏说：“工人最实在，最可敬。你给他一杯水，他还你一桶金。”

矿山远离市区，文化生活单调，穆范敏倡导在矿上建起灯光球场、乒乓球室、健身房、娱乐室，投资80万元建起宿舍楼、液化气站等生活设施。为解决职工子女上学难，投资100多万元建起的1500平方米的完全小学，水电暖配套齐全，具有60多台电脑的微机室和多种语言功能系统的语音室，10个教学班，全部多媒体教学，在校学生360多名，200多人在校寄宿。黑岚沟小学校长谢在起说：“这条件，城里学校都羡慕，附近的6个村庄和外地打工的民工都沾光。”

采访中，在学校附近小商店，遇到一位穿着整洁的中年人，看不出他竟是湖北来的一位农民工，名叫黄方安。他说：“我住的是矿上提供的家属房，小孩在这个学校上学，和矿上孩子待遇一样。”

熟悉穆范敏的人都说，他是个“耐火炉”性格。外表，严肃冷峻，不苟言笑；内心，火热得很，废矿也能炼出金。北沟矿抓到一名盗采黄金被矿石砸伤腰椎的人，问穆范敏怎么处置，他毫不犹豫地说：“立即送到医院，先为他治好伤。”为此，矿上垫了5000元保证金。出院后，这人就像换了个人一样，成了保护矿山安全的义务宣传员。

七、拿金牌重奖，他看得轻——“500克的大金牌，还不和一张纸一样吗？”

这些年，穆范敏为蓬莱经济发展贡献卓著，先后多次荣获金牌。这些金牌，最大的500克，最小的99克，都是24K纯金打造。但是，他却一个也没往家里拿。老穆有个习惯，领金牌的时候总是让别人代领。有一年，集团副总经理孙永深替他领回来了，交给他。他看也没看就说：“放到财务科吧。”老孙说：“这是荣誉奖，是发给你个人的。”穆范敏笑了：“既然是荣誉，还不和一张纸一样吗？”

几乎每一面金牌后面，都配套一笔可观的奖金。究竟累计多少，谁也不知道。只知道有一年是20万元，穆范敏一分也没往家里拿。他让财务管着，谁有什么难处、苦处、急处，就用一部分。如，有位职工股骨头坏死，正常报销超标，穆范敏就从其中开销。他说：“人民的奖励，为人民而花；蓬莱的奖励，为蓬莱而花。”

八、当人民代表，他看得宽——“操心，就是权力；求你，就是信任”

1997年，穆范敏当选为山东省第九届人大代表，烟台市第九届政协委员；2000年4月，被中共中央、国务院授予“全国劳动模范”；2002年2月，当选为山东省第十届人大代表、烟台市第十届政协委员。名气大了，地位高了，穆范敏不是高高在上，而是“官儿”越大，架子越小；名声越高，调子越低，为政府负责、为百姓操心更多了。

小杨家村有个学生叫邹伟，父母双亡，靠爷爷奶奶照顾。有一天，穆范敏到小学听说后，当场掏出200元交给了校长说：“今后，这个学生的费用我负责。”邹伟中学毕业后，穆范敏把她安排在了矿上工作。像邹伟一样，穆范敏资助的学生很多，同校的邹德斌，外地的周蕾，还有许多不知名的学生。

2007 年 1 月 20 日早上 6 时 30 分，穆范敏像往常一样，开始了新一天的工作，刚刚坐定，发现案头摆放了一份《今日蓬莱》，一篇题为“苦难母亲拾破烂供养女上学”的报道深深吸引了他，他顾不得别的，随即与写这篇报道的记者取得了联系，并让她转交 2000 元给了这位母亲。

为了救助更多的人，穆范敏倡导从本单位拨出 50 万元，设立“金创基金”，每年可解决 100 名学生上学难的问题；拨出 10 万元，作为“蓬莱市企业救助困难职工储金会”基金。

2006 年，穆范敏被评为烟台市慈善之星。在这奖项进行社会投票评选时，有人关切地说：“给你组织些票吧？”穆范敏一听恼了：“那样做，就是玷污‘慈善’二字！”

黑岚沟村现任党支部书记谢在超说：“自从穆范敏当家，矿上给俺村扩容了一座水库，蓄水量由 10 万方增加到 15.9 万方；新建了一座水库，蓄水 10 万方；与村里合资建起 6000 吨的气调库，保证了全村 500 亩果园灌溉和果品统一仓储销售，解决了群众卖果难的问题。俺村的地，以前从来没有超过 1 亩的，金矿尾矿复垦，给俺造了‘小平原’，新增耕地 150 亩，最大的地块 50 亩。矿富村兴，村集体为 18 岁以上村民买了养老保险，60 岁以上的老人集体发福利，全村 480 人，人人都说幸亏穆范敏。”

作为人大代表，他也是履职尽责。他广泛搜集意见，及时向人民代表大会提案。他认识到蓬莱作为半岛制造业基地和胶东城市群的重点滨海旅游城市之一，经济发展很快，这对蓬莱的人力资源提出了新要求。为此他建议加大制造业、服务业人才培训。

这些提案很快被采纳，市里职业技校先后与十堰汽车技校开展了联合办学，培训汽车制造人员 300 多人。烟台市现代服务业职业教育集团在蓬莱挂牌成立，全烟台 50 多家单位联合创办“订单教育”，设计了导游、客房服务、中西烹调、市场营销等 10 个工种。集团成立当天，成员之间就签订了1.3 万多个岗位合同。

战生

战生，男，汉族，1947年10月生，蓬莱大辛店镇战家庄村人。大专学历，高级经济师，中共党员。1966年6月进蓬莱五十堡公社当青年干事、团委书记，历任副主任、主任、书记，蓬莱县经委党组书记、主任，山东省电力公司蓬莱电业公司经理兼党委书记。曾多次荣获烟台市劳动模范称号，1994年4月被国家电力工业部授予电力工业劳动模范称号，2005年被国务院授予劳动模范称号。

模范事迹

1990年1月，战生时任蓬莱县经委主任，被任命为蓬莱电业公司经理。当时，一个拥有20个乡镇、610个行政村，方圆1201平方公里的蓬莱，却仅有2座110千伏变电站，8座35千伏变电站，最大供电能力不足5.6万千瓦，年人均供电量只有280千瓦时，高峰期负荷缺口在40%以上，供电能力严重滞后于城乡经济的发展。

凭着“只要精神不疲软，办法总比困难多”的韧劲，他带领公司职工筹集资金，狠抓三产创收，动员社会力量投资，在短时间内，就筹集了8000多万元。资金有了着落，工程立即上马，马格庄110千伏变电站破土动工。战生头戴安全帽，现场指挥，他亲自跑手续、审图纸，一直泡在工地上，母亲生病都没能照顾。在90天内，一座110千伏的变电站建成并一次性试运成功，创出全省县级110千伏变电站建设史上的最快速度。紧接着大季家和龙山店110千伏变电站、虎路线35千伏变电站、大辛店变电站二期工程以及低压线路、高耗能变压器的改造等工程相继开工。哪里有工程，哪里就有战生的身影。

他积极组织实施变电站无人值守工程，对新上变电站全部按“五遥”标准设计施工，对14个老站分期进行改造，使公司所有变电站一次设备达到了免维护、无油化，二次设备全部实现自动化，管理实现了远程实时图像监控。

2000 年 6 月，公司所有变电站都实现了无人值守，管理人员由原来的 103 人精简到 26 人，做到了减员增效，提高了供电保障能力。他在实现全市 19 座变电站手拉手、双主变环网供电的基础上，加大了对城区电网改造力度，使城区电网实现了网格式闭环接线、开环运行，开发应用了配网自动化监控软件及电压无功优化、网络重构、故障自动判断、自动隔离、自动恢复送电等高层应用软件，改变了以往停电一停一大片、查找故障时间长的局面，大大增强了供电可靠性。

他还加强管理信息系统建设。从 1998 年开始对公司的广域网农电管理信息系统和 MIS 系统进行升级改造，建成了 1000 兆快速以太网，升级后的信息系统，集成了客户服务、财务工资、生产经营、物资、人事档案等 8 个子系统，包含了企业内部网的全部功能，使全公司 13 个管理部门及所有班组实现了信息共享，极大地提高了企业的管理水平和工作效率。2000 年 4 月，在山东省县级供电企业率先通过验收，达到优秀标准。在光纤通信系统建设上，投资 600 多万元建起了连接全公司 19 座变电站、20 个供电所、5 家下属企业的光纤通信网，解决了调度及微机联网带宽不足的问题，实现了公司与各乡镇供电所微机网络的宽带快速互联，满足了变电运行遥控操作和实时图像监控的技术要求，极大地方便了农电管理，保证了电网的安全运行。

他主持制定了《村电工管理办法》，规范了电费管理和村电工定级考核和奖惩制度。同时，投资 50 万元为乡镇供电站配备了微机，对农村电费实行微机管理，杜绝了农村电费管理中的“三乱”现象，每年可减轻农民负担 210 多万元，成为全国第一家农村电价管理先进县市。这一经验得到国家电力工业部肯定，并在全国推广。他还利用农电“两改一同价”(改造农村电网、改革农电管理体系，实现城乡用电同网同价)的机会，争取资金 7900 多万元，进行了一期农网改造，实现了全市居民生活用电同网同价，每年可减轻农民负担 900 多万元。

在电网建设中，他思维超前，精心谋划，奋战十年，使全市电网基本形成了以 220 千伏为龙头、110 千伏为主体、35 千伏为辅助的布局合理的供电网络。变电总容量 80.45 万千伏安；电网最大供电能力可达 67 万千瓦，比实际需要超前 5 年。先后建成 110 千伏变电站 5 座，35 千伏变电站 7 座，变电站二期工程 9 处，总投资达到 2.1 亿元，电网建设的投资、规模、速度居全国县级供电企业前列。截至 2002 年底，公司已拥有 35 千伏及以上变电站 19 座，其中 110 千伏变电站 7 座，35 千伏变电站 12 座，变电总容量达 59.50 万千伏安，有 110 千伏输电线路 8 条，35 千伏输电线路 33 条，10 千伏配电线路 105 条，总长 1510.9 公里，最大供电能力可达 40 万千瓦。2002 年，全市售电量达8.62亿千瓦时，实现利税1640万元，固定资产3.24亿元，年人均用电量达到1759千瓦时，分别是他上任前的4.4倍、11倍、11.9倍和6.3倍。2004年全市购电量达9.3亿千瓦时，年人均用电2011千瓦时，分别是公司组建时的21倍和23倍。

在优质服务中，他投资80多万元，在公司及各乡镇建立了客户服务中心，为群众提供快捷、方便服务；全面实施“彩虹工程”，连续10年被市委、市政府评为“十佳优质服务单位”。

蓬莱市电业公司先后跨入全国供电系统双文明单位、全国一流县供电企业、全国农电“三为”服务达标单位、全国农村电气化县等行列。他本人也先后荣获全国劳动模范、全国“五一”劳动奖章、全国电力工业劳动模范等称号。

全国先进工作者

徐培彩

徐培彩，男，汉族，山东省龙口市人。1951年，进黄县强国铁工厂当学徒，历任蓬莱炼铁厂工人、龙口市洼东煤矿机电科科长、工程师等职。1959年，加入中国共产党。同年，在全国“群英会”上被授予全国先进生产者称号。

先进事迹

1953～1954年，在黄县强国铁厂开始试制五三式及五四式水车时，徐培彩改进了水车生产工具及工艺，试制成功了锪孔钻头、铣键槽工艺、装配工艺，分别提高工效3～5倍，大大提高了劳动效率，降低了生产成本，减轻了笨重的体力劳动，荣获厂技术革新奖5次。后又研制成功了小麦脱粒机、玉米脱粒机、花生摘果机等，逐步走上了农业机械化道路，填补了县农业机械化空白。

1958年5月，徐培彩被调到原黄县炼铁厂当机械安装负责人，负责炼铁小高炉设计。之后他被党委派往莱芜县参加了省委召开的小高炉现场会议,在学习时有人问:“煤气是否可以利用?”一位工程师回答说:“煤气不可利用,它是最危险的东西,千万不要用它。”徐培彩虽然亲耳听到工程师说煤气很危险,不可利用,但脑子里又打问号:为啥不能利用?试验一下不行吗?他看到一个小高炉每昼夜需要2100多斤煤,白白跑掉的高炉煤气是很大的浪费。如果能够回收使用,就能节约大量的煤炭。于是他下定决心,向党委提出要将煤气回收利用。他的想法得到了党委的支持,他和同志们一起苦心钻研,边想、边制图,边干、边改进、边试验,数次跑到强国铁工厂去请教老师傅们煤气机和瓦斯机的发动原理。就这样经过一个多月的反复试验,多次修改,煤气回收利用设备研制成功了。用管道将煤气由小高炉上端引到炉下的暖风炉内,预热风炉温度。这样可不用工人烧煤运行暖风炉,每天节约3个劳动力,去除了这个劳民伤财的工序,还保证了小高炉所需风的温度,使炼铁小高炉正常运行,节约煤炭36000吨。这项技术在全区得到了推广,填补了全区空白,受到了省、县的表扬,并在山东省工业展览馆展示。

在伏天炉子停火降温后,需要5天时间才能进行修炉,降温时间太长,也就意味着缩短了生产时间。于是徐培彩又开始试验制造降温设备。在党委的大力支持和同志们的帮助下,利用水循环的原理,又研制成功一种多管降温器,只要两天时间就可修炉,节省了3/5降温时间,这等于直接增加了炉子的熔炼时间。

在1959年“五一”劳动节前夕,徐培彩创造了一套“乙炔发生炉设备”,这套设备利用柏油、木屑、肥皂粉、干馏的气体代替电石,大大降低了成本,增加了国家收入。7月,厂里要建一座13立方米高炉,砌炉铜砖需要人工磨,每个女工每天只能磨七八块,效率低,又受苦。徐培彩细心钻研,最后创造成功一个磨砖机,试验效果很好,比原来手工磨的效率提高320倍,大大节省了劳动力,保证了高炉提前建成。后来他又改进电动机,试制成功矿球机等主要革新设备6个,在生产上都发挥了重要作用。

1959年国庆节前,上料台煤气中毒的现象很严重,如果利用自动上料工具就能避免该现象。于是他在原有研究试制的基础上,和大家一起探究,将原有设备加以改造,制成自动上料。

徐培彩在工作上一直是敢想敢做破难关,大胆革新创奇迹,不骄傲自满,虚心向别人学习经验。

刘秀云

刘秀云，女，汉族，1939 年 8 月生，蓬莱南王街道雨山刘家村人。1958 年，任蓬莱县南王乡农业中学教师；1960 年 11 月至 1962 年 10 月，在蓬莱一中任教；1962 年 10 月至 1963 年 8 月，在烟台师范专科学校进修；1963 年 8 月至 1969 年 2 月，在蓬莱八中任教；1985 年 9 月，在城关中学(现蓬莱实验中学)任教，为中学一级教师。

在从事教育教学工作的 37 年中，刘秀云担任班主任 24 年。她爱岗敬业，与学生同吃、同住、同劳动，开展科学实验和研究，为国家培养了一批批政治合格、技术过硬、业务精良的人才。她做学生的思想工作耐心细致，循循善诱，经常和学生促膝长谈，把话说到学生的心里，身先示范，以情感人。她治学严谨，对教学理论运用自如，教学成绩名列前茅，曾多次举办优质课、示范课、公开课，将教学经验传授给年轻教师，为年轻教师的成长和蓬莱教育事业的发展做出了突出贡献。1960 年，被山东省政府授予省先进工作者称号，同年在全国“文教群英会”上被授予先进工作者称号。

先进事迹

和“南王农中”一起长大的刘秀云老师

刘秀云同志 18 岁就踏上了教育工作的岗位。任南王乡农业中学教导主任的近两年期间，她同全体教师突破了重重的困难，使这所半工半读学校在生产上成为公社党委的“参谋部”，教学质量接近当地全日制中学的水平，受到各级领导表扬。她曾荣幸地参加过省厅组织的“赴江苏省农业中学访问团”，也列席参加过地委召开的县教育局长会议。她享受着党和人民给她的荣誉，但也经历过一段不平凡的道路。

一

1957 年暑假刘老师初中毕业，她怀着满腔热情想继续升学深造。1958 年 4 月团结高级社办起了一所农业中学，党委决定让她担任教师。当时，她有两个顾虑：一是当工程师和专家的梦想将成为泡影；二是文化程度低难以胜任。她这种心思被社长看得很清楚，所以社长像教导小孩子似的说："共青团员应该坚决服从党的分配。"这几句话使她立即想起了初中毕业时老师的话"服从党的分配"。入团宣誓会上那洪亮的声音，也回荡在她的耳边。她责备自己：这不是共青团员的行为。于是她鼓起勇气，接受了党交给她的光荣任务。

一踏上岗位就碰到了很多困难，学校仅有从小学腾出的三间教室。教师没有办公室，也没有办公桌。学生到校也是三天打鱼，两天晒网，几十个调皮的学生乱成一团，这个刚刚18岁的女孩子害怕起来，尽管她百般努力，但学生的数量不仅没有逐步增加，反而越来越少，学生们嘀嘀咕咕："上这样的学真没意思，不如回家种地痛快。"有的家长也议论："黄毛丫头能当教师吗?"有的竟把孩子叫回家去。刘秀云开始了思想斗争："是继续坚持下去呢，还是半路当逃兵呢?"党委也发现了她的思想斗争，派专人帮助学校解决具体问题。当时地委合作部部长正在南王村协助工作，也同她谈话，并鼓励说："你要顶住风浪，紧紧依靠党的支持没有解决不了的困难。"她反复地琢磨，联想到自己是贫农出身的孩子，小时候曾为读书和母亲一同流过眼泪，党使她读完初中，自己要把学到的知识传授给青年一代。这给她增加了无穷的力量。

二

思想问题解决了，工作起来也就格外踏实。她反复思考："为什么有些家长不愿让孩子上学?"毛主席《关于领导方法的若干问题》一文中的"凡属正确的领导，必须是从群众中来，到群众中去，这就是说，将群众的意见（分散的无系统的意见）集中起来（经过研究，化为集中的系统的意见），又到群众中去作宣传解释……"给她指出了方向。她相信办好农业中学也要从群众中来，到群众中去，因而她利用晚间深入群众、家长中进行宣传和教育，宣传农业中学的任务和前途。这样一连几个星期天跑遍了全班学生的家庭。家长们都说："你这样一讲，俺心里就亮堂了。今后一定叫孩子好好学习。"从此，班级的人数也一天天地多了，学生的学习情绪也逐渐高涨起来。刘老师感到了学生的天真、活泼，不管白天、黑夜都不愿离开学生。她没有固定的宿舍，几乎睡遍了每个学生的宿舍，这样她能详细地了解学生的思想动态。当她了解到几名女学生年龄不大就背上了婚姻包袱时，就和她们一起睡觉，在深夜中向学生讲保尔的故事；另外还把几本思想性强的书借给学生，让她们树立了正确的人生观。她经常鼓励学生要向红透专深的方向迈进，两年来有 90%以上的学生都写了入团申请书，有 22 名学生光荣加入了共青团。刘老师也注意向学生学习。她第一次和同学们一起参加劳动的时候，看到很多同学都比自己强，又加上自己胳膊有病，经常落在同学们的后边。她没有灰心，不懂技术就向同学们学习，体力不足就经常锻炼，虽然手上的血泡不断，但她感到很愉快。

去年春天，在一个深夜里，突然得到防霜的警报，她立即叫醒了正在熟睡的同学，一起跑到麦田边准备点火。后来学校把这个任务交给了男同学，让女同学回去休息。她考虑的不是休息，而是如何使小麦不受一点损失，坚决要和男同学坚持到底，大家没有一个回去休息的。

秋收结束后，一连下了几天的雨，凄凉的北风也呼呼地刮着。学校受公社党委的指示去南八甲村修河，很多同学都被冰凉的河水和湍急的水流吓住了，站在河边不敢下水。刘老师第一个跳下河去，水深淹没了膝盖，急流冲得她差点摔倒，她仍是像小伙子一样，弯着腰向外挖沙。同学们也一个个跳下水去，争着向最深的地方去，连分配在河边的几个小同学也跳下了河去。他们连续奋战了两小时，顺利地完成了任务。

在党的领导下，学校一天天成长壮大起来。从只能做一般性的劳动发展成一支科学研究的主力军，研发了 12 种“中苏友好号”小麦品种，还培育了土豆、花生的新品种。温室内播种的早熟番茄获得了丰收，被人们称作“五月红”。配制的农药受到了广大群众的欢迎。帮助生产队制造的“花生播种机”，使播种效率提高了百倍。党委先后在学校召开过九次现场会议，学校成为公社推广先进技术的基地。在这些研究中，刘老师虽然是一个新手，但有决心钻下去，与同学们一起动手动脑，遇到困难便跑到农业局请教技术员，找校长做技术指导；没有仪器和工具，就用土办法解决。她“迷信”专家的思想得到了解放。

三

1958 年 2 月，刘老师担任了教导主任。学校的课程进度和教学计划，都需要她亲自来做。她一连几次都是只写了几行字，就再写不下去了。但她没有灰心，多次跑去找小学教师作指导和学习教育刊物上的有关材料，困难终于被克服了。

刘老师从来不上无准备的课。农忙的时候，没有固定的备课时间，她就利用田间休息的片刻，熟读课文。晚上常因一个小问题钻研到深夜。她在讲物理课“力的图示”一节时，借到了很多书作参考，自己不会画图，就先在废纸上练习，画了擦，擦了再画，一次、两次……终于画出了一幅幅“版图”。

课后，学生反映："有了'版图'听课真省劲。"她在讲语文课"高玉宝"一课时，白天没有时间写备课笔记，就在晚上写。一连三个深夜，她读了再读，写了再写，把课文背诵得通熟，在课堂上像高玉宝同志在一样向学生介绍自己童年的悲惨生活，很多学生都流下了泪水。过去那些不愿学习的学生，也有了很大的转变。她边学边教，刻苦钻研，教过的语文、物理、算术、农业常识等都取得了优异的成绩。她已经成为一个业务熟练并具有领导能力的年轻教导主任。她不仅要求自己把课教好，也要求同志们把课教好。她时常检查老师们的备课笔记。学校距离一中虽然十多里，但是不论白天、黑夜一遇到教学上的困难，她们就跑去请教老师，因而学校的教学质量日益提高。后来参加普通中学统一考试，全校总平均分达 82 分。

刘老师在教学中，成为全校教师的榜样，在其他工作上，也是如此。正像该校校长说的："刘老师是吃苦在前头，享受在后头。"去年省委提出了"以猪为首，六畜兴旺"的号召，学校决定要养猪。为解决猪源的困难，她第一个要求到往返 120 里路的聂家村购买。当她把两头猪从篮子里抱出来的时候，同学们都称赞："刘老师像个小伙子。"她从来不计较个人的得失，只考虑学校工作怎样才能争上游。

刘秀云老师经受住了党的考验，坚定了为无产阶级教育事业奋斗的信念。她决心再接再厉，继续为农业发展培养大批的技术人才。

（本文根据 1960 年档案《和南王农中一起长大的刘秀云老师》整理）

马玉敏

马玉敏（1926～1970），男，汉族，蓬莱小门家镇人。1946 年参加工作，同年 12 月加入中国共产党，历任巨山区委文书、蓬莱县委文书、北沟区委代理书记、蓬莱二中党支部书记兼校长等职。在蓬莱第二中学任职期间，全面贯彻党的教育方针，积极推行教育改革，坚持进行思想教育整治，带领全校师生美化校园，自修操场围墙。在他的模范行为影响下，校风正，教风严，学风好。全校升学率名列全省前茅，1960 年第一期毕业的 88 人中，升入大专院校的有 72 人，升学率达 82%。马玉敏多次受到上级表彰，1960 年《山东教育》专题报道了他的事迹，6 月出席全国“文教群英会”，并被授予先进工作者称号。

先进事迹

普通劳动者——马玉敏校长

提起马校长，无人不敬仰；
耕地他拉犁，磨肿双肩膀；
学校盖新房，他当巧瓦匠；
助民修水库，下水不怕凉；
照顾同学们，亲如爹和娘。
师生受感动，齐说：“校长好榜样！”

的确，当你跟蓬莱三中任何一个师生聊起来，他们都会不约而同地对你说：“马校长是个普普通通的劳动者。”然而，就在这“普通”两个字里包含着许许多多事迹，闪耀着共产主义理想光辉。

八百元钱也能办中学

1952 年 7 月马玉敏同志接到组织部的调令，由当时北沟区委调任蓬莱第三中学(原二中)做校长兼党支部书记。

那时候,连学校影子也没有,一无校舍,二无桌凳,三无宿舍。仅有一点宝贵财产就是10名由小学提拔来的教师和250多名新招来的学生,外加一小抽屉教学参考书,还有上级拨给的800元开办费。物质上的困难是小事,更难的是这位出身贫农、仅有高小程度、刚满26岁的年轻校长还是第一次办教育哩!摆在面前的只有两条道路:一条是按照党委指示用革命的办法勤俭办学,白手建校,在偏僻的山村播下第一代中等文化教育的种子;另一条是伸手向国家要,要不来就停下,晚办或不办。这时他想起了在旧社会给地主扛活、给资本家当小伙计时的苦处以及解放后他由普通农民升到区委书记,克服了无数困难,领导农民斗地主反恶霸,恢复生产进行建设。难道教育战线上的困难不能克服吗?这时地委和县委领导同志也不断地鼓励他。于是,他领导大家选定第一条道路。他坚定地说:"有党给撑腰,事事和群众商量,什么都敢干!"

学校第一页建校史展开了,七月三伏,天如火燎,学生尚未到校,他一马当先,带领教师动手建校,校舍是借用小学的,院墙校壁东倒西歪,教室门窗破旧缺损。他们七手八脚地刷墙拆壁子、垫地,用板条钉门窗,用废纸糊窗,六个小厢房安了办公室,旧桌子、旧凳子还是从七个区里凑集的。

学生到校后,办公、自习用的是棉油灯和花生油灯,没有操场就顺着公路跑操,投标枪就到河里去。宿舍分散在周围八个村里,最大的房子能住上十几人。学校就这样因陋就简地办起来了。

春雷一声,遍地开花。1953年学校盖起崭新的校舍,教室里点上明亮的汽灯时,同学们都高兴地说:"社会主义的生活来到了,我们多幸福哇!"马校长常常教导学生们说:"别忘了党领导咱白手起家那一段历史啊!"

方向对头 说干就干

蓬莱三中的各项工作都是很主动的,地委曾在这所学校召开了现场会议,并奖给他们一面"开展勤工俭学提高教学质量"的锦旗,学校曾先后获得各级党委"只要对头,说干就干"的表彰。

1957年毛主席提出了新教育方针,接着马校长又在报上看见了团中央发布的《关于在学校中开展勤工俭学的决定》,他立刻召开支部会议学习了《人民日报》上《两个好榜样》的社论以及长葛中学的经验,向师生作了"勤工俭学的目的意义和门路"的动员报告。有的人想不通,说:"新教育方针培养劳动者,还学几何代数干什么?我们来上学不是干活,干活不如在家干。""办工厂农场会打乱教学秩序,降低教学质量。"针对这些问题,党支部分析了情况，抓住了本质，拟定了辩论提纲“学校要培养什么样的人才算有社会主义觉悟有文化的劳动者？你对党的教育方针是怎样认识的？”“为什么要办工厂农场？怎样办？”等等，在端正思想的基础上又传达了“学校勤工俭学计划”。这时已临近寒假，而且教师都参加了整风运动。怎么办？搁下来开学后再搞？不，马校长毅然做出决定“让同志们先回家，只留一名心灵手巧的炊事员——迟立生”，马校长自己也留在学校过春节，并主持召开学校周围村40名学生会议，研究准备工作。马校长鼓励老迟说：“好好搞，把手摇磨早日制出来，向党献礼！”四月上旬，蓬莱三中的勤工俭学也搞起来了。7个圈里养猪35头，整平了农业基地33亩，建立起来了13个摄影、电工、印染等小工厂，更喜的是手摇磨制成了，工效提高了7倍，1000多名师生实现面粉完全自磨自食。六月份专员公署就在蓬莱三中开了现场会议。

1959年冬，毛主席发出了“大养其猪”的号召，特别是山东省委在《以猪为纲，六畜兴旺突击运动通知》中指出：“机关、学校、工厂、矿山、部队也要积极养猪，首先解决自己肉食需要，并且争取有余卖给国家。”这段话不知马校长琢磨了多少遍，在它下面拉下了一道一道的红杠杠，尤其内中“学校”二字像磁石似的吸引着他，划了一圈又一圈，他联想到自己学校的猪，是否达到了自食呢？有余吗？党为什么这样提呢？越想越有劲，最后他一拍桌子决然地说：“学校大力养猪，方向对头，要扎扎实实地干一场。”于是在支部会上他提出“三边”（边计划，边卖猪，边建猪舍）和“三抓”（抓繁殖，抓管理，抓饲料）的具体措施，同时又以初中七年级一班为样子，扩圈增猪，接着全校都轰轰烈烈地掀起了养猪运动。随着养猪头数的剧增，必须解决猪圈困难，这时他想出了两个办法：一是充分利用地势在学校东面土崖下挖洞筑圈28个；二是发动师生在学校西面砌圈。那是个星期天，计划建圈28个，可是一上午就把准备的石料全部用光了，仅仅打了3个根基，怎么办呢？如果用石头砌，半个月也完不成，第一个办法被否定了；如果用土坯垒从脱坯到晒干，也得十天八日，第二个办法还是行不通。七八百名师生都眼睁睁地瞅着这些未建成的猪圈。就在这紧急关头，马校长跟支部委员一起召集了“诸葛亮会议”现场辩论，参加的师生有南方的，北方的，平原的，山区的，还有炊事员，大家七嘴八舌地想办法，拿主意。教师李万须从平原地区垒墙引了个头，他说：“平原地区垒墙没有石头，就用草泥来垛，又快又结实，那么垒圈是否可以呢？”争论最后大家肯定了这个办法，这样不到一天的时间28个圈就搞起来了。养的猪由56头跃增到324头，学校荣获了烟台专区1959年度养猪先进单位奖。开铝矿、石棉矿、云母矿等也都是马校长想办法解决的，所以师生们都说：“马校长的领导作风是党一指出路子他就干，有困难就找群众想法子。”

一马当先　跑在前头

跟马校长一起工作八年的张玉亭老师说:“马校长处处以普通劳动者的身份实打实干!”跟着马校长念过五年书的高二学生王文蒋说:“哪里有困难哪里就有马校长在。”当人们访问马校长的领导经验时,他总是说:“领导一马当先,群众万马奔腾。”工作中他牢牢记住毛主席在《实践论》里说的:“如果要直接地认识某种或某些事物,便只有亲身参加于变革现实、变革某种或某些事物的实践的斗争中……”

勤工俭学刚刚开始,根据大家献计情况要建一个造纸厂,需要6个池子,但按原来厂子的面积只能砌3个;另一方面还要将平房做碾屋,(碾纸料)图样从哪出？6个池子怎样设计？当时谁也没章程,这时马校长搬来一筐沙,把大家招呼在跟前,用高粱秸秆一根一根地插了一个碾屋模型,又在沙上一遍又一遍地画了6个池子,最后终于用事实说服了大家。有的教师饶有风趣地说:“原来校长还是工程师呢!”最后他又和教师一起做出了五行播种机、手推小麦收割机等模型。

1959年春,当党号召“干部下放劳动锻炼”时,马玉敏第一个要求下放。在他的亲自带领下,仅一周的时间一座高大矗立的石灰窑就建成了。这座窑平均日产一万多吨,装窑的强度最大,尽跟顽强的石渣子做斗争,一副手套两个钟头就会磨得稀烂,手套不足,天气又冷,马校长自己不戴,让给同学,有时粮供应少了,他只吃一点,让同学们多吃些,同学们感动得流着眼泪说:“校长你不吃饱,我们都不吃了。”在他的鼓舞下,虽然同学们手上磨得渗出了血水,但没有一个叫苦的。就这样,当石灰窑第一次点上火,出石灰的时候,他跟同学们分享着共同的幸福,他高兴地说:“劳动是最光荣的事,劳动创造着一切,我不亲手干干活,心里不熨贴!”

在全县大会的时候,师生们忙着复习功课,辛店大队西河水库亟须清基、合龙,马校长和大家商量,将学习和劳动做了合理安排,轮班干活。他亲自挂帅指挥。数九隆冬,早上寒风刺骨,师生正在犹豫的时候,谁知马校长第一个挽起裤腿跳下了水库,稀泥烂浆没过膝盖,接着教导主任、教师以及全体同学都跳下了水库,师生们就这样在－6℃的严寒中整整激战了一个上午,整个工地的民工都喊起了“学习马校长”的口号。当天工程就提前结束了。第二天辛店大街上的大字报琳琅满目,歌颂着三中,赞扬着马校长。辛店大队党支部书记还亲手送来一面锦旗。

他就这样日夜奔赴在群众运动的最前头,带领着全校师生无往而不胜。

世上无难事　就怕心不专

在领导教学工作中，马校长经历了一段艰苦的斗争过程。初到校时，有的教师曾这样预言过："校长政治上行，业务上不一定能行。"当时他心里也曾想过"知识分子难打交道，我是工农干部，书底浅，恐怕合不上来"，但反过来又责备自己"这是党交给自己的工作呀！共产党员不干，谁来干？"就这样翻来覆去地斗争着。到县委开会时，也曾几次拔腿往组织部里跑，但刚一迈门槛，马上又退回来，就在组织部窗外踱来踱去。"坚持干下去呢，还是半途要求组织上给转业呢？"这时，他反复学习了毛主席的著作。"我们熟悉的东西有些快要闲起来了，我们不熟悉的东西正在强迫我们去做。""我们必须克服困难，我们必须学会自己不懂的东西。我们必须向一切内行的人们（不管什么人）学经济工作。"主席这些话他越学越往心里扎，就像把开山斧子似的打开了他的心扉。地委、县委召开中等学校党支部书记会议，对不安心学校工作和不能由外行变内行的思想也进行过多次的教育和深刻的批判。于是安心做人民教育工作的专业思想逐步巩固下来。几年来他又亲眼见到每年从自己的学校中培养出的一批又一批毕业生，有的成了解放军战士捍卫着祖国的边疆和海洋，有的驾驶着拖拉机奔驰在北大荒，有的成为人民教师和孩子们谈论着美好的理想，有的成为优秀的工人站在机器旁。毕业生葛淑荣成为中国第一个女勘探队员，战斗在克拉玛依工地上探索着祖国的宝藏……同学们从远方寄来的信件像雪片似的塞满了马校长的信箱，一股幸福的暖流涌上心头。

高度的责任感激励着他，必须领导好教学工作，而其中更重要的又必须首先提高自己。1955 年"向科学进军"的号角吹响了！他在红专规划的序言中写道："我是个共产党员，党把我分配在教育战线上，我要战胜一切困难，迅速地提高政治、文化、业务水平，坚决完成党交给我的任务。"为了鞭策自己，他把魏巍写的《谁是最可爱的人》最后一段结束语和毛主席给刘胡兰的题词抄下来贴在墙上作为自己的座右铭，把一篇关于志愿军特级英雄张渭良同志的通讯报道贴在窗上一直保存了好几年。

八年来，他以"不会就钻，不懂就问，没时间就挤"的顽强精神在又红又专的道路上奋勇前进。他阅读过《毛泽东选集》等 400 多本理论书。1956 年全校展览联共党史学习笔记时，数他写得好，他写的论文受到大家的称赞，语文组长刘成文说："校长的文章 5 分没有跑！"他在学习中总是紧紧地联系自己的思想。比如学到《实践论》中"那些主观地、片面地和表面地看问题的人，跑到一个地方，不问环境的情况，不看事情的全体（事情的历史和全部现状），也不触到事情的本质（事的性质及此一事情和其他事情的内部联系），就自以为是地发号施令起来，这样的人是没有不跌交子的"，这使他明确了做工作必须从客观事实出发，改变了急躁情绪，学会了运用开"诸葛亮会"的群众路线方法解决工作中的难题。在业务上他学习了《学校行政和管理》《校长笔记》等30多本书，了解了教育教学中的基本概念。在文化学习上他更表现出了惊人的毅力。开始时对数理化抱着一种神秘的观点，翻开书满是英文字。于是他从力所能及的文史科开始，深入教研组参加教学活动，边学边做，边领导边提高。他给自己听课确定了双重任务：一是当先生，二是当学生。他常跟教师说："这种听课法好比是工厂管理干部下车间，深入生产的过程就是提高自己的过程。"初高中课文他全听遍了，还谦虚地说："我开始摸上中学门了！"从1956年起他开始钻研数理科，主动地找着职员刘衍荣教他，在订立"合同"时，他说："我是你的小学生，学不好你只管批评！"先学算术，接着攻代数几何，有时做题到深夜，当同学晚间起夜时还常常看到校长办公室内透出微弱的灯光。连早上起床到跑操的十分钟，他也用来背诵前一天晚上老师教过的基本概念。这种精神感动了师生。

现在他已能胜任领导教学工作了。今年春天，他深入语文组和数学组领导大伙儿排出教学中的关键，并亲自抽调各班具有代表性的一、二、三类学生进行知识质量排队分析，和学生一起开座谈会，找出阻碍学习质量提高的根源，最后摸到了种种思想障碍，如成分包袱、婚姻包袱……并立即采取措施破关键，向学生进行学习目的和前途教育，结合调整助学金，强调教师狠抓"三类学生"，建立补课辅导、专人包干等制度。同时，运用群众运动的方法，进行短期突击巩固知识，如"破万句关""印发答案"等办法。整个学校教学成绩也由82.5分上升到89.2分。八年来马校长用自己的实践得出了结论：工农干部也能攀登文化科学高峰，工农干部也能胜任领导教育工作。

慈母般的心肠

一名高中学生在日记上回忆："我过去常年生病，是马校长照顾我，给我做饭，还亲自花7元钱买来盘尼西林，请医生给我注射，使我不再生病了。从此，我的性格也由沉默变得爽朗了，也爱唱歌了，并获得了劳卫二级奖章……这一切都是党给我的。"马校长对师生的关怀是一贯的、全面的。他常常用毛主席的话要求自己，党的干部要关心群众的疾苦。早在1952年学校刚成立时，他每天晚上办完公就搁下笔，亲自查宿舍，发现学生的被子被掀开了，就轻轻地推开门，像母亲似的给学生盖好。

更重要的是从政治上关怀师生，马校长经常在教师会和团员会上说：

“你们对党支部都有哪些要求，只管讲。”青年教师吕维智迫切要求进步，马校长就介绍毛主席写的《改造我们的学习》《纪念白求恩》《为人民服务》等几篇文章，还把《论共产党员的修养》《党的党章》等书借给他看，并勉励他说：“学习党的文件要注意联系思想。”现在他已经光荣地加入了中国共产党。八年来在马校长的培养下，有 10 名教师成为中学领导干部，5 名教师入党。每逢调换工作时，同志们都舍不得离开马校长。中国共产党第八届中央委员会第八次全体会议决议学习时，他首先召开了烈军属、贫农子女座谈会，以自己的遭遇现身说法，启发儿童的阶级觉悟，很多同学因想起了过去的苦日子掉下了眼泪。

在日常生活中，马校长想到的总是别人，他的爱憎情感是十分鲜明的。每年冬天，马校长都把烈士子女、贫困学生召集到跟前，问问他们需要些什么，给他们缝棉被，做棉衣，买棉鞋……并向他们说：“这是党和政府对咱的照顾，别忘了党对咱们的关怀啊！”他常对教师说：“对贫苦学生漠不关心是罪恶！”有一次他来到初中六年级三班找到了烈士孤儿门洪升，问：“你还缺什么？”“校长，我什么也不缺了！”校长望了望他的脚，拍拍他的肩膀说：“不！你还缺一双鞋。”门洪升感动得呆呆地望着校长说不出话来。

马校长生活十分俭朴，1952 年的一双翻皮鞋，1948 年的球鞋，1953 年的小大衣，直到现在还穿着，破了就自己动手补，新来的教师有这样的一个感受：“蓬莱三中有传统，一到这个学校无形中就变得朴素起来了”。

一种伟大的阶级感情，像一条无形的纽带把师生连成一个巨大的集体，1027 名师生就像一个和睦的大家庭。

马校长就这样在蓬莱三中八年如一日地工作着，当人们访问他时，他总是谦虚地说：“我是党培养出来的一个普通劳动者，我将永远忠于党，不骄不躁，做一个党的好儿子。”

（本文根据 1960 年文件《普通劳动者——马玉敏校长》整理）

宋士和

宋士和(1930～2008),男,汉族,蓬莱大辛店镇山上宋家村人。国家特级伤残革命军人。1946年6月,参加中国人民解放军,1948年3月,加入中国共产党,在战斗中英勇斗争,多次荣立战功。1949年10月,因伤残复员回村,他身残志坚,克服种种困难为党工作。先后担任党支部宣传委员和组织委员。看到村里大多数群众没有文化,他克服自身困难,在村里办起夜校,自己坐着轮椅到校进行辅导、讲课,无论春夏秋冬还是刮风下雨,从不间断。在他的努力下,全村大多数群众都实现了脱盲,学到了知识,解放了思想。他自己不为名,不为利,发扬身残志不残的精神,积极宣传党的方针政策,为山上宋家村的经济发展和社会稳定做出了贡献。1958年,被评为县优抚对象先进代表,1960年,被评为烟台市先进工作者,同年被授予全国教育战线先进工作者,并出席了全国"文教群英会"。

先进事迹

"活保尔"——宋士和

脑部负伤、三肢瘫痪的特等残疾军人宋士和同志,是蓬莱大辛店镇山上宋家村人。这个出身贫农家庭,在革命战火中成长起来的共产党员,虽然全身除了一只左手,其他三肢瘫痪,但是他那顽强的革命意志和坚韧不拔的学习精神,却像高山峻岭的苍翠松柏,巍然常青。

穿衣、吃饭、大小便都需要人帮助的宋士和,依靠他仅有的一只左手、一个受伤的头脑,十年来,读了《毛泽东选集》和《钢铁是怎样炼成的》等图书。在毛泽东思想的指导和英雄人物的感染下,一直担任党的宣传员、民校政治教师的宋士和干得很出色。群众都说:"宋士和简直就是活保尔。"

"我要干工作"

1948年兖州战役,宋士和同志不幸头部负伤,脑浆流出来,经过急救和治疗，昏迷了一百多天后终于苏醒过来。当他发现自己手脚残疾的时候，心里很难过：“我这一辈子算完了！”同志们替他写了封家信，被父亲看破，父亲回信说：“……你是我的儿，就亲手写封信给我。”宋士和读完信，看看自己的手，该怎么办呢？难过得哭起来。在最苦闷的时候，他想起在入党宣誓会上教导员讲的话：“共产党员是硬骨头，不能在任何困难面前低头！”他擦干了眼泪，看到医院的韩书记站在跟前。韩书记对他进行了一番安慰，并送给他一本《钢铁是怎样炼成的》，说：“要像保尔一样坚强。”在党的教育、英雄人物的感染下，宋士和同志逐渐坚强起来。

“我能干什么呢?”宋士和常常这样想，“只要我的心能跳动，我就要用我的一张嘴、一只左手为党工作！”1949 年宋士和同志不愿坐享党和人民给予的无限关怀和照顾，由山东残疾军人教养院回到家乡。在递交组织关系信时，他就向党支部提出“我要干工作”的要求。党支部为照顾他的健康，不分配工作给他。可是，他的一颗红心使他不能安静下来。后来再三请求，终于 1950 年党支部答应他担任民校政治教师和党的宣传员工作。

坚强的意志　刻苦的精神

宋士和同志复员回家时，负伤的脑子常常痛，瘫痪的手脚使他连坐起、躺下都得有人帮助。年迈的母亲看到这个情景，常常心痛得两眼含泪。宋士和却非常乐观地向母亲讲保尔的故事，并安慰母亲说：“人家保尔全身只剩下一颗能跳动的心，还著了一本厚厚的书。今后我也要下决心学习。”他为了战胜工作、学习上的第一个困难——身残、病魔，早晨就让母亲和嫂子把他抬到门口，活动锻炼仅有的一只胳膊，学着移动身体立坐，练习唱歌，看报……头几个月浑身疼痛，锻炼失败。“共产党员骨头是硬的”这句话给宋士和增添了无穷的力量和信心。困难也怕勇敢的人，经过八个月的努力，他能够坐起来了，受伤的脑子也恢复了健康。能看就想写，接着他便练习左手写字。白天写，黑夜写，睡觉时在腿上划、肚皮上练，左手写字成功了。

为了用毛泽东思想教育党员，1950 年宋士和开始有计划地学习毛泽东的著作。十年来，他每天都坚持学习，而且常常学习到深夜。1951 年夏天，为学通《中国社会各阶级的分析》配合宣传镇压反革命运动，白天让人抬到树荫下学，太阳光移动到头上时，他就自己滚着挪一挪。碰着弄不懂的新词、生字写成小纸条贴在蚊帐里，随时都可以看一看，抽空就可以练习。日子久了，蚊帐里上下左右全都贴满花花绿绿的纸条。数九寒天他仍坚持学习。曾有一次，两条瘫痪的腿冻得像个紫茄子，但他还不声不响地坚持学下去。母亲怜惜地说：“你为革命残疾了，好好休息补养吧，谁也攀不着。”宋士和却是这样说："一个人要活着，就得活得像个样。这个像样倒不是吃吃喝喝，贪求安乐，而是一天也不能离开学习和工作。不然那会缺少更多的补养。"

为了学习得到深入理解，经过多年的积累，他已摸出一套"精读、深思、勤记、多问"和"学以致用"的经验。十年来，他在阅读中始终坚持写笔记，从未间断。除此之外，他还订阅许多报刊作参考，注意联系现实有关问题，使理论学习和政治运动相结合。每年他都要从残疾金里拿出五六十元作为书报费。嫂子劝他省下钱买些好吃的，他说："书报这种东西的营养比什么都重要。"在这十年中，不论什么时候，不管做什么事，书报始终是不离身。

留有红心在　民校办起来

通过对毛主席著作的学习，宋士和凭借用毛泽东思想武装起来的头脑，和一颗火热的红心，战胜了身残、病魔，更加意气风发，朝气勃勃。民校办起来后，他除了建立墙报开展相互批评、表扬先进和及时总结外，主要还是加强思想教育以行动感染大家。他担任政治课教学工作，从来都是根据毛主席的著作并结合当前的生产斗争认真备课，按时上课。有一年冬天，一个大雪封门的晚上，他让哥哥背他到民校上课，因雪大路滑一不小心两个人一起跌到沟里，滚成雪人，摔得胳膊淌血。哥哥爬起来劝道："不去了吧！"宋士和说："不去哪行！这是我的责任。"背到民校时，许多学员都感动得流下眼泪，并纷纷表示："一定要好好学习。"过去的个别迟到或旷课现象从此不见了，入校率达到100%(49人)。

1958年以来，农业生产忙得厉害，为了不耽误群众生产，每季度民校领课本时，他都摇着荣誉军人三轮小车到六里路书店带书。遇到路牙上不去，他就在路旁等着。不管夏天烈日晒得头昏淌汗或是严冬寒风刺痛手脚，他就一直等到行路人给他推一把，常常领一趟书要走一天。

在民校工作方面，他经常向党支部汇报，争取党支部支持。也很注意帮助民校教师教好学。比如发现有的学生写字差，就建议教师多带学生练字；民校组织初中班后没有教师，一些高小毕业的教师不敢担任，宋士和就主动找他们谈话："不是行不行，而是干不干！"在他的鼓舞下，初中班教得很好。

宋士和同志很注意"学习为生产服务"这一环节，在他的建议下，民校成立了农业初等技术研究小组，初步学习地瓜、花生温水浸种催芽等技术；研究了"六六催"试验玉米播种等技术；公社在这里还开过现场会。党支部书记宋恩泉和生产队队长宋恩卓都满意地说："民校对生产的好处太大了！"所以当年党支部又划给民校三亩试验田。

宋士和常常根据生产缓急，想点子坚持学习。在1958年农忙的时候，根据公社党委的指示精神，他马上和教师研究，把课堂搬进食堂，把黑板带到田野、工地上分散学习。这样使民校全年实现288天(500小时)的学习时间，保证了教学质量。“大跃进”运动以来，由文盲提高到高小水平的占20%，1959年冬全省大会考，全村20名学生全部及格，山上宋家村现在已成为无盲村。

宋士和同志为鼓励青年学习和锻炼身体，他先后买了1个篮球、6身汗衫、10顶帽子和6个学习本，奖给模范学员和先进小组。

“开心斧子，领路的人”

“要像保尔一样坚强”这个念头常在宋士和的脑子里闪动。这无穷的力量，不仅使他完成了民校工作，而且作为党的宣传员表现更为出色。每次在群众运动中，他都以毛泽东思想为指南，宣传党的方针政策。在粮食统购统销时，他根据毛主席的“怎样分析农村阶级”的原则，用本村的事实深刻地揭发了富农和粮商、粮贩的囤积居奇的剥削行为，并指出富裕中农有自发的资本主义趋势；教育鼓励贫下中农坚决拥护党的方针政策，使全村超额完成统购统销任务。

在抗美援朝时，有些人说这是“狗咬耗子多管闲事”。宋士和根据毛主席《纪念白求恩》一文的精神，配合党支部组织宣传，树立群众的国际主义精神，并浅显地讲解“家外打狼”和“唇亡齿寒”的道理，大大提高了群众觉悟，掀起了一个“要钱有钱，要人有人”的巨大运动。

在毛泽东思想的指导下，宋士和清楚认识到农业必须走互助合作的道路。1950年，他第一个带头组织互助组，在他的带动下全村成立了六个组，受到了党支部的表扬。1956年低级社转高级社时，有部分社员思想模糊。在毛主席的《农村工作调查报告》的启发下，他让人背着挨门挨户深入动员。有的生产小队长带头闹退社，不让送粪，宋士和说服了他，并亲自将粪运到地里。在他的宣传、鼓动、教育下，社外群众也一起报名入社。

宋士和一贯这样，走社会主义道路他总是走在前头，对攻击社会主义言论就破除情面地开展斗争。1957年整风运动中，村里一部分坏分子向党进攻。有些群众听了很生气，但觉得都是街坊邻居不好意思发言。宋士和除了启发教育群众外，第一炮向叔父反击，接着群众纷纷发言，全村动起来，使运动取得胜利。

人民公社化运动后，宋士和的革命热情更加高涨，为教育发动群众，每天夜里都亲自进行广播宣传。1959年夏天天气突变，瓢泼大雨倾泻而下，宋士和冒着雨摇着小车，满街高喊群众上场抢小麦。在他的带动下，一场小麦被毫无损失地抢回家。

他对集体事业从来都是热心关怀，不论在水利工地上或是在1958年“扑灭天火”的抗旱运动中，他都是摇着小车亲临前线。一个三肢瘫痪的残疾人到工地上有什么用呢？谁要有疑问可到工地上看看。他顶着烈日躺在泥沙烫脚的大地上，汗流满面地记录着工地上的典型事迹，随时编写广播稿和大字报。当时，群众受到很大鼓舞和教育。党支部书记感动地脱下衣服，用木棍支起凉棚，说：“你真是我们的好榜样！”

1959年秋收时，宋士和曾一连几天通宵不睡觉，和群众一起用一只手摘花生，并讲革命故事给大家听。他就这样以身作则带动大家，不管是成立公共食堂，还是出售钢铁，他都是第一个报名，第一个带头把家里的废铜废铁甚至连嫂子结婚时的铜盆都动员卖给国家。他总是这样走在群众运动的前头，多次受到党支部、县报的表扬，还几次出席了县残疾军人积极分子大会。

山上宋家村的群众，在宋士和的宣传鼓动、以身作则带动下，觉悟大大地提高，干劲高涨。1954年全村缺粮3000斤，1955年口粮实现自给，只需国家供给饲料，1956年完全达到自给，1957年卖余粮3000斤，1958年卖余粮1200斤，1959年卖余粮46000斤。

多年来的经验证明宋士和做的事、说的话是对的，他是根据毛主席的指示和党支部的意见办事，所以群众都称他是“开心的斧子，领路的人”。

群众最喜欢的人

宋士和虽然是特等残疾军人，但从来没有过夸功骄傲情绪。他总是这样说：“党和政府把我照顾得太好了，太好了！”从不提丝毫困难。可是，他对群众却十分关怀，只要群众找他办事，不论是家庭生活或是青年男女恋爱，他都千方百计想法帮助解决。1957年冬，社员宋恩厚出村修水库，没有棉花做棉衣，他听到了，马上把自己准备做棉衣的棉花送给宋恩厚。宋士和这种无微不至关心群众的共产主义精神，受到全村男女老少的尊敬和爱戴。不管走到哪里，群众都主动来给他推车，红领巾在星期天推他去赶集；下雨天，青年们都爱到他屋子里来读书、谈心。

宋士和常常以保尔、吴运铎来要求自己，他总觉得自己为党做的事太少。当我们访问他的时候，他说：“党培养教育我这些年，我做的工作太少了。”当我们提到他的一些模范事迹的时候，他说：“我一个三肢瘫痪的人能做什么，只能给党和群众添麻烦。要说工作有成绩，那是大家干的！”

（本文根据1960年文件《活保尔——宋士和》整理）

王晓楠

王晓楠，女，汉族，1978 年 4 月生，祖籍河北省遵化市，出生于蓬莱登州。中国共产党党员，研究生学历，1995 年就职于烟台市蓬莱阁管理处，从事专业导游工作，2001 年 4 月至 2002 年 2 月，在天津市南开大学旅游系进修，2002 年 3 月后，任蓬莱阁景区管理处导游管理部导游科副科长、科长等职。先后获得山东省十佳导游员、山东省青年岗位能手标兵、全国文明导游员、山东省最受游客喜爱导游员等称号，2011 年被人力资源和社会保障部、国家旅游局联合授予全国旅游系统先进工作者称号，2015 年被中共中央和国务院授予全国先进工作者荣誉称号。

先进事迹

锐意进取谋事业　勇于创新促发展

从一名景区讲解员成长为全国旅游行业优秀人才，从一名基层工作者到成为“全国先进工作者”。习近平总书记视察蓬莱，对她的讲解给予高度评价——“讲得很好，声情并茂。知识研究得很透”。她时刻以一名优秀共产党员的标准，严于律己、率先垂范，凭着刻苦钻研的精神和爱岗敬业的激情，在景区导游服务、精英讲解团队打造、智慧旅游建设、旅游宣传营销等方面都卓有建树。她就是烟台市蓬莱区文化和旅游局副局长王晓楠，一名从事旅游服务 20 多年的文旅“老兵”。

传承历史文化　讲好中国故事

打铁还需自身硬。1995 年，王晓楠进入蓬莱阁景区管理处工作，成为一名景区导游员，从此与旅游结下了不解之缘。看似普普通通的导游讲解工作，在她这里却悟出了大门道，做出了大文章。别的导游都是背导游词，可王晓楠却不想只当一个复读机。在与游客的长期相处与互动中，细心的她发现，游客不仅是只想看看蓬莱阁，而是想从中了解更多的历史文化。自此她天天精研蓬莱阁的历史沿革、古典建筑、天文地理、风土人情、民间故事等，四处拜师求学，查阅资料典籍，认真揣摩，细心体会，硬是从一名背导游词的景区小小导游，成为专家型、学者型王牌导游，成为祖国历史文化的传播者，曾两次在山东省讲解员大赛中获得冠军，先后荣获全国旅游行业先进工作者、全国文明导游员称号，并入选国家旅游局专家师资库，获得了全国特级导游的称号。

蓬莱阁不但有着秀美的风光、八仙过海的美丽传说，还有着明代抗倭英雄戚继光操练水师、保卫海防的故事，作为党员的王晓楠敏锐意识到这是对游客一次很好的爱国主义教育。为了深入传承、弘扬、拓展蓬莱阁历史文化，她先后在省级以上媒体发表研究文章30余篇，编写了3万余字的新景点解说词，融文化与历史教育于一体，使景区增添了新的内涵。其撰写的《导游员如何发掘和丰富景区的文化内涵》入选《中国优秀旅游文集》。她还发挥岗位优势和业务特长，全面参与了蓬莱党性教育基地建设。

20多年来，王晓楠先后为朱镕基、贾庆林、李长春等20余位党和国家领导人及近20万名游客提供过导游服务，她以亲情化、个性化、细微化的特色服务连续十几年始终保持100%的游客满意率，获得了各级领导的高度评价，为展示山东旅游形象、树立烟台旅游品牌做出了突出贡献。2018年6月13日，习近平总书记冒雨到蓬莱视察，王晓楠承担了讲解工作。面对这一光荣的任务，她丝毫不敢懈怠，提前做了大量的功课和模拟练习。虽然那天下着雨、风也很大，但总书记兴致很浓，在考察的过程中，不断询问古建筑的年代和保护情况，对途中听到的每一个故事，看到的每一个建筑、每一块石碑甚至每一株植物都会不时提问交流，原定30分钟的考察延长至55分钟。面对总书记的不时询问，她都对答如流，丰富的知识、专业的讲解、机智的回答赢得了总书记的高度评价和赞许，勉励她："讲得很好，声情并茂。知识研究得很透，要继续努力！"

"总书记的谆谆教诲是我继续前行的不竭动力，我将穷其一生做蓬莱文化的守护者与代言人。"这就是她作为一名共产党员的庄严承诺。

创新队伍管理　成为行业典型

只有不断创新，事业才有生命力。宣传蓬莱文化，传播烟台形象，仅靠一个人的力量不够的。逐渐走上管理岗位的王晓楠把目光瞄向了队伍建设。

在蓬莱阁景区，王晓楠历任导游科业务副科长、导游科科长、管理处副主任。她根据蓬莱阁导游队伍发展现状，提出了规范化的制度管理与人性化的温情管理相结合的管理模式。在导游科内部推行星级评定机制，有效提升了工作效率和服务热情。她提出了融规范化、职业化、精英化于一体的导游培养模式，通过高起点选拔、高标准管理、高水平培训、高平台锻造，培养出了一批又一批出类拔萃的导游人才，实现了导游队伍梯队化、品牌化建设，赢得了广大游客和各级领导的高度赞誉，导游科管理经验作为行业典型被国家旅游局在业内推广。

“对于我们共产党员来说，凡事都要走在前、做表率。”她是这么说的，也是这么做的。工作中，她牢记自己是一名共产党员，处处言传身教，亲自进行导游培训和授课，毫无保留地传授自己的工作经验和导游技巧。在她的带领下，蓬莱阁的导游队伍逐渐闯出了名气、打响了品牌。她创造的“三步曲综合训练法”形成了独具特色的蓬莱阁导游培训品牌，在全国旅游行业得到推广。她带领的蓬莱阁导游团队先后获得了“全国青年文明号”“全国巾帼文明示范岗”等荣誉称号，她的徒弟们先后在中央电视台《挑战主持人》中荣获“导游之星”称号，在全国文物讲解员大赛中捧回金奖，在全国导游员大赛中勇夺“全国优秀导游员”称号。她们被游客亲切地称为“仙境天使”“全国一流女子导游队”。

为了能使蓬莱阁景区的行业地位不断提升、人才结构不断优化，王晓楠将“因势利导、培养特色，挖掘潜能”作为队伍建设的基本原则，提出了“以奥运服务为模板，高水平、有特色、超游客需求”的培训提升指导要求，又接连推出世博服务标准、两会服务标准培训，启动精品导游服务培训战略，制定完善了十多项规章制度，引进了社会监督员管理制度，在她的引领和带动下，蓬莱阁景区整体服务水平一直走在业界前列，成为全国景区学习的典范。凭借良好的政治素养和敬业精神，王晓楠被推选为山东省党代表、烟台市人大代表，并获得了全国“五一”劳动奖章、全国旅游行业先进工作者、山东省劳动模范、山东省青年岗位能手标兵、烟台市十佳服务明星、烟台市青年榜样、蓬莱市道德模范、蓬莱市优秀人才等荣誉称号，被山东省人事厅记二等功。

干一行爱一行　事业永无止境

岗位在哪，王晓楠就把党员干部应有的冲劲、韧劲、拼劲带到哪，初心始终不变。在蓬莱文化和旅游局分管宣传营销和信息化建设工作期间，面对更广阔的舞台，她与时俱进，将文化旅游宣传营销工作与全市的品牌形象推广紧密结合，将旅游产品创新与加速新旧动能转换紧密结合，不断完善研学游、酒庄游、生态游等特色文化旅游产品体系，以满足游客多元化需要。她领衔建设的蓬莱旅游大数据中心打破了政府部门和各旅游企业间的信息孤岛，实现了对蓬莱市涉旅数据的多维度挖掘整理、统计分析和旅游产业运行情况的综合监管，不仅让游客可以通过一部手机玩转蓬莱，还为政府综合管理提供了有效的决策参考，成为行业领先的智慧旅游亮点工程。该项目获得了“地理信息技术实践奖”“国家信息化项目铜奖”。

干事业好比钉钉子，并非一朝一夕，需要久久为功。王晓楠没有止步于此，而是用更大的热情、更多的努力投入她热爱的文旅事业。她组织成立了“蓬莱全域旅游营销联盟”，将不同市场主体的旅游企业有机联系在一起，打破了景区各自为战的局面，推出了优惠便捷的“全域旅游一卡通”，还先后举办了“来自仙境的邀请”旅游推介会、全国仙道文化研讨会、全国葫芦文创大赛、八仙文化旅游节、山东人游蓬莱等系列活动，充分展现了仙境海岸品牌形象。为开拓国内外客源市场，她奔赴文化旅游推介的第一线，先后在日本、韩国等国家和北京、香港、上海、深圳等地区进行旅游推介和精准营销，达到了线上线下融媒体共同发力的效果，蓬莱文化旅游的知名度和美誉度不断提升。

省(部)级劳动模范

社会主义革命和建设时期
(1949年10月至1978年12月)

谢兆岩

谢兆岩(1906～2002),男,汉族,蓬莱新港街道刘家旺村人。中国共产党党员,小学文化,刘家旺村渔救会会长,党支部书记。1951年被山东省人民政府授予农业劳动模范称号,1955年出席农业建设积极分子代表大会,1956年和1957年两次出席山东省社会主义渔业会。

模范事迹

谢兆岩自幼捕鱼,有丰富的捕捞经验,而且善于改进技术,为本乡渔民所信赖。他在1951年春当选为模范代表并出席山东省劳模大会。参加大会回来后,他吸收了全省模范们交流的一些宝贵经验,并领会了互助合作的优越性，思想觉悟得到空前提高。特别是在访问了文登渔业模范曲元涛同志的互助组织，了解了成立互助组织的经过、组内的实际情况后，他更坚定了自己的想法，决心向曲元涛同志学习，回乡带头成立互助组织。

回乡后，谢兆岩向全乡渔民宣传讲解组织起来的优越性。随后他就在自己原有的感情捕捞组的基础上办起渔业互助组。他启发教育组员，宣传捕捞政策，并说明渔业生产发展的方向。他终于说服了组员，将原来的感情组改为网、船、工具入股，按劳取酬的互助组。感情组原有 3 人，只有谢兆岩有船和网，其他 2 人只有很少的工具。经过学习互助合作的意义，群众提高了思想意识，又有 3 人参加，互助组扩大到 6 人。最终该组共有船 2 只，“流网”7 块，“虾网”8 块，“袖网”2 块，“裤裆网”1 盘，鱼线 4 篗和其他一些零星工具。

渔业互助组成立后，在谢兆岩同志的领导下，大家对互助组的组织情况做了具体安排。(1)折价入股。邀请有经验的渔民和渔业协会干部，经全体组员民主评议，公平合理地将所有组员的工具折价入股，共计 3240 元作为全组共有财产。带工具新入股的组员应偿还工具折价金，经民主评定以三年三季度付还，并以不妨碍他们的家庭生活为原则。(2)民主竞选。按照 6 人的捕捞技术和为渔民服务的精神衡量，经民主竞选渔业互助组正副组长，谢兆岩同志当选为正组长，谢心志同志当选为副组长。(全组只有两个党员)(3)对工具的保管。经民主决议，正副组长分工管理，各掌握一只船、一半渔具，具体分工，集体负责，每一个组长、组员都应该自觉爱护工具，打破“两家养船船要漏”的俗语。(4)收益分配。全组每季度所得的款项，经民主决定，拿出 20%修船补网、置办新渔具，5%作为组员生产中的医药费，剩余 75%依照技术劳动、爱护工具等评定标准按劳取酬。(5)制定制度和计划。为了逐渐提高全体组员的思想觉悟，民主制定了组织制度，并研究改造捕捞技术，确定每周日学习水产刊物、研究捕捞业务，保证每个海市季节迎鱼头追鱼尾。

渔业互助组建立后，在春汛开始时互助组成员的思想发生了一些变化，带工具的组员害怕劳动所得不够付工具款而使家庭生活无法维持，有的组员感觉不如单干好，有的组员因为制度太严感觉不自由等。谢兆岩发觉组员的思想变化后，立即根据实际情况分析产生的根源，认识到是思想教育工作不到位、组员不明白渔业生产的方向导致产生了不该有的顾虑。于是谢兆岩反复向组员说明组织起来的优越性和长远利益，稳定了组员的情绪。他始终如一地坚持工作，以身作则，积极探索、总结捕捞的窍门，在春汛中获得了丰产，也以实例证明了组织起来的好处，教育了组员。

谢兆岩带领的感情组和渔业互助组的事实量比：1950 年感情组是 3 人 1 船，春汛捕虾 3400 斤，价值 430 元；秋季作业裤裆网钓线捕鱼 4500 斤，价值 350 元。年终扣除花销外，每个劳力分红 210 元。1952 年互助组春汛捕虾 24200 斤，价值 2380 元，截至当年三月底除去生产生活资料外，每个劳力分红 350 元。

在谢兆岩互助组的影响和带动下，渔民认识到了组织起来的优越性。到 1952 年 9 月，刘旺乡发展工具入股、按劳取酬的互助组6 个，等价交换（工具入股）的组员 13 个，巩固扩大了互助组织，提高了秋季渔获量，为来年丰产打下了基础。

附：

我参加支援解放长山岛战役的经过

谢兆岩

我是个老渔民，共产党员，今年 84 岁。1944 年我干过党的地下交通员，1948 年任刘家旺村第一任渔民救国会会长。1949 年，人民解放军解放长山岛时，组织上决定让我负责在刘家旺村挑选 52 名渔民，进行严格的军事训练。提出"平时多流汗，战时少流血"的训练口号。8 月份我军决定发起战役总攻，组织上认为我有多年的海上经验，熟悉海域，临战决定由我选择和带领 24 名精干强壮、技术熟练的渔民组成"敢死队"。分乘 8 只木船，每只 3 名渔民 2 名战士，并载有 2 包 50 斤重的炸药，分别由 4 艘机动船拖带航行。每艘机动船上载有一个连的解放军。任务一是，4 艘机动船拖带着 8 只木船，专门对付美虹号军舰。乘黑夜靠近美虹号，利用小船上的炸药包，巧妙炸毁美虹号军舰，必要时我们和它拼个同归于尽，扫除海上作战的障碍。任务二是偷渡长山水道，隐蔽运送解放军登陆，保证偷袭成功。明知道我的任务是艰巨并有生命危险的，但这是党交给我的任务，也是为人民立功的机会，所以我欣然接受了。在出发的头天晚上，我们对这次偷袭进行了详细的研究，对长山岛海域、暗礁、偷渡时间及地点都做了周密研究，并制定了行动方案。次日的半夜 2 时许，我军的船队从刘家旺浩浩荡荡出发，熄灯灭火，趁着黑暗隐蔽前进。由于我军陆地炮兵阵地的猛烈炮火封锁了美虹号军舰对长山岛的增援航道，美虹号被迫逃到大黑山一带。我们当即决定执行第二个任务。在黎明前靠近长山岛南岸的谢家庄。机动船快接近陆地时，机器停了，我们全体渔民用小木船，一船一船地将解放军送上岸。由于潮水浅，就下水推船，经过紧张的抢运，终于将四个连的解放军全部送上岸。先头部队在黑暗中撒白石灰粉作为攻击前进的路引，偷袭终于成功了，长山岛上空响起了激烈的枪炮声。

我们刘家旺村24名渔民在支援解放长山岛战役中无一伤亡，顺利回到了家乡。县长宋有亮同志亲自领导我们进行战后评功，我被评为特等功。

1950年中央为筹建中国人民革命军事博物馆，专程派了两名解放军同志找我，要去在解放长山岛战役中的特等功功劳证。功劳证的正文是：

山东省人民政府支前办事处功劳证

为胶东区蓬莱县姚琪区刘家旺村渔工谢兆岩同志，在解放长山岛战役胜利完成海上支援任务，经委员会评议为特等功，特发功劳证。

主　任　　刘仲益
副主任　　陈辉亭
中华民国三十八年八月廿五日

何庆云

何庆云(1929～2009),女,汉族,祖籍山东省成武县,现蓬莱登州长裕村人。中国共产党党员,历任衣学士合作社副社长,长裕党支部委员、副书记,长裕党总支委员,长裕村妇女主任等职,1986年退休。1952年被山东省人民政府授予农业劳动模范称号。

模范事迹

何庆云同志自蓬城解放后即参加革命工作,20世纪40年代参加互助组,成为当时衣学士互助组的主要成员之一,为推动我县的农业互助运动起到了不可磨灭的作用。20世纪50年代初期在原互助组的基础上成立了衣学士合作社,她被推举为合作社副社长,由于其出色的表现,1952年被山东省政府授予劳动模范称号。

1956年,加入党组织后,各项工作均走在前头。先后担任党支部委员、党支部副书记,并一直分管妇女工作。“文化大革命”期间,受到打击迫害,“靠边站”了一段时间。1972年初,进入党的核心小组,十一届三中全会后担任长裕党支部委员、党总支委员、妇女主任、村委副主任等职,直至1986年退休。何庆云同志在几十年的工作中,处处发挥先锋模范作用,多次当选为县妇女代表大会代表,得到了广大村民的认可和赞扬。

孙德纯

孙德纯(1915～1984),男,汉族,蓬莱大季家镇大邹家村(现烟台市经济技术开发区)人。15岁去大连,住鱼行5年,回家后1947年参加人民解放军,一年后复员回村,任村民兵指导员、乡总支书记。1952年被山东省人民政府授予农业劳动模范称号。

模范事迹

孙德纯同志领导群众大搞水利建设,先后掘井64眼,并带领大家卖水车,全村共卖了16台。他对工作积极主动,带头搞农田实验,发展农业生产。他挑选了一块试验田种植玉米,获得了丰产,一亩二分地产玉米916斤,后来全村多户纷纷效仿,也开始搞玉米试验种植,都获得了丰产,达到了预期目标。随后全村互助组也都有序组织起来开展种植,推动了全村的粮食生产。他还善于利用新农具、采用科学技术宽幅种植农作物,各种农作物平均亩产520斤。孙德纯生产生活中处处照顾烈军属,充分发挥党员的先锋模范作用,是公认的拥军模范,受到群众的一致好评。

夏仁全

夏仁全(1913～2006),男,汉族,蓬莱大季家镇张家村(现烟台市经济技术开发区)人。文化程度四年级,15岁辍学,去营口当店员,20岁回家为农,30岁参加部队,先当战士后升为排长,1948年因病复员回家,曾任乡建设委员会副宣传委员、林业员。1952年,被山东省人民政府授予林业劳动模范称号。

模范事迹

夏仁全,出身农民,工作积极,特别对护林造林工作积极带头,认真负责,先后被群众选为林业模范代表,在本村林业合作社每次造林结束评模范时都获得模范的荣誉。

一、护林方面

夏仁全同志对封滩护林认真负责,经常到林地巡视,并能耐心说服教育群众做好护林工作,他用现实例子教育群众说:"以前没封滩造林时,我们村北这片海滩南边的好地每年被风刮沙,眼看着就被沙埋没,生产率大大减低。自1948年开始封滩护林,现在基本固定了流沙,如果不好好地护住,咱的农业生产便不能保障了。封好滩护好林就等于巩固了国防。"群众都认同他的话。同时他教育儿童、学生说:"造林是长远利益,将来的收入还不都是你们的吗?你们一定要加强看护。"学生、儿童也都能接受。夏仁全同志在下雪的时候,还带领护林小组成员到林地巡视。在他的积极推动下,破坏林木的现象基本不见了。

二、造林方面

每次造林时他都积极主动,当大家在休息时,他总是不闲着,要么去检查别人栽的树是否符合标准,发现有砸的不结实的立即提出纠正,要么去划量株距。1951年冬季他到龙口参加林业代表会，主动要了600棵葡萄，回来后用土法栽植在方格林内，长势全部良好，成活率达100％。

三、张家村林业合作社入股方法和生产情况介绍

（一）张家村的自然情况

村北面紧挨着一片852亩的海滩，全是流沙，七七事变后遭到日寇汉奸大肆破坏，滩内原有林木大都被破坏了，同时群众因生活困难便去开荒种地，于是引起了严重的风沙灾害，侵蚀南面的农田。直接受其威胁的张家村的土地就有200亩，其他台上村、孙家村、马家村等村的沿海土地亦直接受其侵害。1948年上级提出封滩护林造林，在夏仁全同志的推动下，张家村首先响应号召，建立了护林组织，把海滩封禁起来，并把原有林木保护起来，全村制定了护林公约，并填写在爱国公约上。以爱国主义的精神来做好封滩护林工作，并开始在原有林地里补植。1950年组织了合作造林，开始有计划地营造防风固沙林、方格林，同时滩内的杂草荆棘都长起来了，基本解决了流沙的侵害，保护了南面的农田。按本村所保护的200亩农田计算，每年每亩可增产小麦35斤，共可增产小麦7000斤。台上村、马家村、孙家村亦不再受风沙的威胁了。

（二）张家村林业合作社的情况

在原有合作造林的基础上张家村于1951年春季正式成立了林业合作社，并制定了社章，颁发了股票。民主评定：(1)劳动力（男女）入股。每年造林结束后，立即在土地上按组评定，原则上以整劳动力做一天并符合标准为10分作为一股，特别好的经民主评定也可超过10分。相反的则评不上10分。例如：部分社员在造林时栽得多，砸得结实，并且自己运苗，则被大家评为12分；即使是女劳动力，但工作很积极，栽的数量、质量都超过一般男劳力，也被评为12分；其他相反的，如一些男社员虽都是整劳力，而且体格健壮，但工作不积极，线砸得不结实，被大家评为8分。并在大会上对评12分的人进行表扬。(2)烈军属工为当然股。为做好优属工作，巩固抗美援朝成果，经大家讨论烈军属工与造林劳动力同样作股。(3)条苗入股。根据劳动力的价值，以条苗拼价作股，以洋槐根100斤作股一个。其他捆条沙滩是村共有的，故不作股。参加合作造林的人数，男劳力131个，青年妇女34名，儿童25名。

（三）完成造林的数目

1950年造防风固沙林121亩（主要是柳树插条）。行株距各5尺，共29040棵。1951年造防风固沙林51亩，用苗12240株。方格林24方，每方

内沙地10亩，行株距各5尺，共5行。儿童栽杨树12亩。1952造防风固沙林345亩，用苗82800株。在方格林内栽葡萄2800株。

（四）林副业收入

结合了生产救灾、农业生产，林业合作社集体在林地上种沙参及荆子。1951年沙参800斤，每斤1200元，共收入960000元；荆子15100斤，收入750000元。沙参和荆子共收入1710000元，可买苞米2833斤，同时间本村遭遇了水灾，全部都救济了社员群众。1952年沙参175斤（经制造），每斤13600元，共收入2380000元；荆子2450斤，每斤500元，收入1225000元。沙参和荆子共计收入3605000元，买了豆饼400斤，种了小麦100亩。

张家村建立林业合作社，采取合理配股的方法，充分调动了群众的生产积极性，促进了生产发展。

（本文根据1953年《蓬莱县人民政府关于出席省人民政府模范会议代表夏仁全模范事迹总结》整理）

杨树范

杨树范(1919～2005),男,汉族,蓬莱大季家镇山后陈家村(现烟台市经济技术开发区)人,陈家村渔业队党支部书记。1952 年被山东省人民政府授予劳动模范称号。

模范事迹

渔业劳动模范杨树范增产经验

一、鲐鱼流网叶

1.产量情况

近几年来杨树范的鲐鱼流网比本港同样的流网单位产量增加 50%～60%。如 1953 年他每条网平均产 810 斤,比杨模城单位平均增产 50%,1954 年他每条网平均产 620 斤,比杨玉模社单位平均增产 50%。1955 年他用载重 9000 斤渔船流网四五条共出海 28 天,平均每条网产鱼 355 斤,比杨德耀互助组的流网单位增产 60%,比建设渔业生产社的最高单位增产 50%。

2.经验

(1)撒网法

下“老北网”,即在作业时使船向东北方向(北大偏东)跑,这样偏顺着下网,在西北流的作用下,使下于水中的网成南北行,其两边向东弯曲,这样鱼往岸边奔(往西南游动)或往外返(向西北游动)都能扎在网上,他在汛潮用此方法,每潮比别人增产 20%～30%。

(2)“压撒”打鲐鱼

鲐鱼在小满前后产卵时喜欢卧在黑泥沙的海域,此时,他在脚弦上每隔 6

拓加石头坠1个，排列是一大一小(大者重4斤，小者重3斤)，坠系长0.5尺，去养马岛外海7～8托水的海面上作业，每潮产1000～3000斤。此外，刮东南风或西北风，风停后也可用此法，产量高。

(3)“压撒”打快鱼

快鱼活动于水下层，故将脚弦上的坠系放到三尺长，使网片沉下去，并在夜间赶一遍网，以免在回流时快鱼掉于海中。第一网在夜间11点左右(东北流)赶。在凌晨1点左右再将第二网撒于海中，直至天亮时再赶第二网，他“压撒”比放漂每潮增产40%～50%。

(4)打鲅鱼

鲅鱼来到竹山前(竹山南)，一般必回头向东北返一头，再向西游去，据渔民分析，前边有大鱼，看到势必向后返，因此我们在赶网时，当看到上网的鲅鱼“东来扎”已少而“西来扎”较多时，就下西北网，来阻击其返路，这样产量高。

(5)作业及机动生产不隔潮

杨树范的经验是春季白天除刮北风、东北风外，其他风向的大风的规律：在傍晚一般都能住风。在这种情况下，他傍晚仍坚持出海、撒网、放漂，并在半夜起网，若鲐鱼苗稀，就立即“压撒”打快鱼。

(6)网片的搭配

旧网衣火照大，新网衣火照少，而七、八水的旧网衣很容易破断，他根据火照程度，将新旧网片进行不同的排列组合，这样易诱鱼上网。

(7)下网注意的事项

每撒五六拓网，要将网脚略略收留再撒，使网脚在水中得以伸直，这样能充分张开网目。

二、裤裆网叶

1.产量情况

(1)用载重4000斤的小锥子拉“开冷网”，共4潮产鱼3600斤。

(2)秋季下线兼拉网，一对船共产鱼2000斤，比本社另外一对船增产68%。

2.经验

(1)渔场：春季拉扁口鱼，惊蛰前在威海北28托水，春分在金山或双岛北17～20托水，清明在昆嵛山北14～17托水，谷雨在竹山直东(20～40里)12托水，立夏在竹山北砣矶岛东，水深15～18托水。秋季：拉小白鱼，自秋分至霜降，在刘家旺老黄石北约15～16托水，霜降后在刘家旺东至光山沿海

12 托水。

(2)生产中争取早出海晚归港。一晚比别人多拉两网。

(3)拉网用的草绳子,完全用新的,因其表皮有刺毛,在水中能将泥沙搅动得更快,便于将鱼群围住。

(4)秋季拉小白鱼:绳子一拉平(即两船向同方向行驶时),这时鱼群已经被草绳子圈住,这样两船就应立即靠帮赶网,以缩短每网的操作时间,别人拉 8 网他已经拉了 10 网。

三、飞线叶(跑线钓钩)

1.产量情况

4000 斤的小锥子一对,8 人 20 线(两船一起拉网,一起下线),自立秋到小雪,共产鱼 20000 斤,比本社另外一对船增产 60%。

2.经验

(1)渔场:秋天快鱼经长山岛或猴矶岛返回来时,自刘家旺到陈家的沿海 12 托水,鱼群较集中,产量高,再往东鱼群就分散了。

(2)钓快鱼下线时,每到第九、十把钩时应迅速将钩投入海中,这样使干线发松,钩系不至于被水流冲起。这对于钓栖息在下层的快鱼是很重要的。

(3)早出海、早拉网、早下线,待别人出海拉网时,他已经将线下完,而鱼群已经被其诱来;作业中要晚起线、晚归港,争取多撸一遍线;在生产中,要做到勤打听、勤交流,要机动灵活。

四、网叶

1.产量情况

1954 年,他的船只单位产量比建设渔业生产合作社的船只单位增产 30%。

2.经验

早出海,争取担一遍东流,作业中担第二遍西流,即将漂系缩短到半扎,将网片提到水面上(此时浮起漂),其产量并不低于第一遍西流所担的放量。

(本文根据档案《渔业劳动模范杨树范增产总结》整理)

衣学士

衣学士(1908～1982),男,汉族,原籍山东省栖霞市,后落户蓬莱长裕村。8岁上学,9岁辍学后为农,16岁在栖霞给地主做长工4年,20岁到蓬莱窑房村做短工4年,25岁到蓬莱城租种地主土地为生。1946年任闾长,1947年5月任农会长,同年8月加入中国共产党,后任长裕村农业生产合作社社长。1953年,被山东省人民政府授予农业劳动模范称号。

模范事迹

衣学士是蓬莱县第一区钟楼南街人,出身贫农,文化水平一年级,家庭有8口人,土地13亩,曾任第一区钟楼南街农业生产合作社社长,兼乡总支委员。25岁到蓬莱城里与叔弟合租地主土地7亩,暂时维持生活,28岁结婚,至35岁增添小孩5人,这时家庭共有人口7人,租地主土地17亩耕种,饲养小驴一头,除去交租息生活依然饥寒交迫,自己是房无一间,地无一垄。1946年土地改革分得了13亩土地,非常高兴有了自己的土地,不用再给地主缴纳租息了,生产情绪高涨,生活水平逐年提高。1947年8月加入中国共产党,入党动机是不再受地主的压迫与剥削。他出身贫农并接受党的教育,所以有高度的阶级觉悟与群众观念,对人直爽和蔼,对工作一贯认真积极,在工作艰苦时不叫苦,家庭生活和个人利益与工作有矛盾时,从来不计较个人得失,他总说个人的困难是小事,把工作干好群众会看见的。

农业互助合作情况:在上级党委与政府的正确领导下,要组织互助合作来解决农民第二条穷根,互助两利发展生产,衣学士积极响应上级号召。1946年他与共同翻身的农民李洪海、邹展亭、宫锡成、季顺福、孙会芳等6户组成了感情组,那时共有人口20人,男劳力4个,女劳力2个,土地28.94亩(未土改时各户寸地皆无),扫式耕犁一张,耧一盘,驴一头。这6户中只有衣学士一人是庄稼手,其他皆是肩挑小贩,刚得土地不会种,于是衣学士发扬了互助观念,为了灭荒,共同帮助解决生活及生产困难。组员李洪海说:"我们这些人都没种过庄稼，全依靠衣学士，他有高度为人民服务的团结精神。他总是先人后己，当别人要耕种时，总是用自家的牲口先帮别人种上，最后再种自己家的庄稼，像这样的组长真是少找。我入组当年产量就大大提高，如东牌坊地，原来每亩产玉米 90 斤，入组后每亩产 175 斤，增产 94.4%。由于产粮多，组员的思想进一步得到巩固。”1948 年国民党到蓬城时该组解散，有的转移出城，只有衣学士留在城里做地下工作。1949 年国民党匪军被我军击退后逃窜，该组成员被敌军在城里糟蹋得无法生活，衣学士将该组又恢复起来，帮助成员生产，解决生活困难。因划分街，原来的 6 户更换了 1 户，将宫锡成划出，添入郝庆云。1949 年秋该组初步走上记工算账之路，同时搞副业生产增加收入，来解决生产及生活困难。1952 年组织农业合作社，共参加 8 户，原有 6 户，新参加 2 户。全社党员 6 名，土地 56.8 亩，牲畜有牛1 头、驴 1 头，人口 37 人，其中男 16 人、女 21 人，男整劳力 7 个、女整劳力1 个、女半劳力 9 个，农具有扫犁 3 张、耧 2 盘、铁锹 2 张、喷雾器 1 个、耙 2 张、七寸步犁 1 台。1952 年秋天，本社根据实际情况扩大到 31 户，人口 117 人，其中男 51 人、女 66 人，男整劳力 11 个、半劳力 5 个，女整劳力 7 个、半劳力 14 个，耕地 178.83 亩，牲畜有牛 1 头、骡子 3 头，农具有七寸步犁 4 张、耙 1 盘、水车1 台、耧 2 盘、喷雾器 1 个。党员 8 名，团员 1 名。衣学士以个人的模范行动引领组织得到进一步巩固。如试行土地划区、劳力分队、分工分时、按件记工、劳务定员定量等管理方法。他做出成绩从不自满，说：“这都是在上级党组织的领导下取得的，我们还有许多做得不好的地方，需要进一步研究改进。”

从互助组到合作社，粮食产量逐年增加。如 1952 年，各种作物共 79.3 亩：春玉米 2.5 亩，产 1650 斤；谷子 3.8 亩，产 1108 斤；高粱 7.5 亩，产 4200 斤；芸豆 5 亩，产 1020 斤；秋玉米 25.5 亩，产 12040 斤；黄豆 22 亩，产 1630 斤；地瓜 10 亩，产 50300 斤；地豆 1.5 亩，产 2163 斤；大萝卜 1.5 亩，产 6850 斤；共收实粮 21648 斤。地瓜 5 斤抵 1 斤主粮，地豆 4 斤抵 1 斤主粮，萝卜 7 斤抵 1 斤主粮，前后总共收实粮 33188 斤，平均亩产 583 斤，比周围群众增产一倍。如王建生最好的地每亩产 320 斤，合作社比该户每亩增产 82.2%。今年夏收小麦，共收获面积 104.31 亩，产 17500 斤，平均亩产 168 斤，当地群众称丰亮小麦长得最好时，亩产才 135 斤，比该户每亩增产 25.5%。

民主作风：在工作中养成民主作风，有事儿大家商量，民主管理合作社，处处为群众着想，并且能以身作则、积极带头。如打井记的工分少，活又重，社员都不愿意干这活，他争先去干；种玉米时无人扬粪，这活也较重些，他又抢着粪斗扬粪。去年在场上看玉米，晚间下雨将窝棚淋透，行李全湿了，他蹲在窝棚里一夜，没能睡觉，又冷又饿，冻得直打哆嗦，第二天早晨无人来看，直到傍晌才有邹展亭换他吃饭，他遭受这样的艰苦，从未发过牢骚。他曾经说："比志愿军在朝鲜作战差得远呢。"他时刻关心社内的困难户，深入调查了解情况。社里有6户困难户，衣学士想出许多办法帮助他们解决生活困难。如以生产自救的方针搞副业，让妇女推磨碾米、做手工、种菜园等来增加收入。种菜园是活款，能陆续进钱，再加上社里原来存的一些粮，就灵活地解决了问题。邹展亭的妻子说："今年春天幸亏衣学士帮俺这么打算，如果让俺自己想办法，俺是没有办法解决的。今年麦季还吃了好几次面饭，去年麦季只吃过一次面，说明他的解决方法管用。"另一户李明远说："如果没有衣学士体贴困难户的疾苦，帮助我解决了小车轮胎，我是买不起的，今春就得饿死，这样关心群众的干部真是好干部。"他在生产工作中经常得到群众的表扬，他也能虚心接受别人的意见。如种菜园这件事，衣学士说："我不会种菜园，牟凤刚提出我们农田里劳力用不了，可以通过种菜园来增加收入，解决生产生活问题。"他很慎重地考虑这一问题，经过大家研究决定就执行了，结果有很大收益，每亩菜园能收入2000多斤粮，4亩菜园共计能增加12亩地的粮食。他还能及时深入了解社员中存在的思想问题，如姜子训与于荣春二人有时思想不愉快，因他二人都担任生产队长，有时队员提的意见不符合他们个人想法，所以就不高兴。衣学士及时了解情况，加强党员集体主义、为人民服务、为社员服务等思想教育，帮助解决实际问题。对于其他的社干与社员，他也是这样耐心教育与说服解释，加强了合作社的团结。

收获的成绩：该社成绩比较突出，劳力用得合理，社里各种作物产量都大幅提高了，社外的都羡慕，现有要求入社的群众20余户。其中要求最迫切的郝庆兰说："上次社里开门不知道就错过了，下次开门一定要通知我。"后来又问过衣学士好几次。另外社内外都说他们经营管理好，搞副业、粉坊、碾坊、菜园、运输等增加额外收入又改善了社员们的生活。另一个军属代耕问题，集体耕种，给军属适时耕种修锄，得到军属的好评。

群众的评论：社里庄稼长得好，社内外团结好。1953年1月2日，开了一个茶话会，有东关街、南关街各互助组和好的单干户在一起交流生产、耕作、施肥、除虫、浸种等技术，群众满意地说："农业生产合作社确实优越，不但使社里庄稼多打粮，还教给我们多打粮的技术。"

【附档案原文】

事事听党的话

——记城关公社城关大队总支书记衣学士同志的模范事迹

衣学士同志是城关公社城关大队的总支书记，他一贯认真地听党的话，密切联系群众，因此，深受群众拥护，经常得到党的表扬。1956年被选为省代表大会代表。

衣学士同志虽是50多岁的人了，可是在他身上却看不出一丝老意，正如他所说的：在党和毛主席的领导下，我老衣永远也老不了。

早在衣学士同志身高不及镢棒高、手还握不过镢来的时候，他就在地主的棍棒下当长工，一个十五六岁的孩子，很快被折腾成黑干枯瘦的“小老头”。

1945年蓬城解放后，这个经受残酷摧残的受苦人，在党的领导下，很快恢复了青春活力。1946年秋天，党号召组织生产互助组，衣学士同志最先响应，组织了一个六户群众参加的互助组。当时，一些人背后议论他是个傻瓜，说凭他那把种庄稼的老手和分的那么多地，一定会越过越富，组织互助组有啥意思！衣学士同志听了这些话，思想一点也没有动摇，他一面耐心地向那些群众宣传组织互助组的好处；一面积极领导互助组开展生产。当时的互助组里有些人缺乏种庄稼的经验，他就一样样地教给他们，像耕耕耧耧一类的技术活，还手把手地教。

衣学士同志在各项工作中都是榜样。就拿优属工作来说吧，当时别村的干部都不做具体优属的活，群众也都说他工作太忙，少干点吧，他却说：“越是当干部，越是要带头干。”他一个人就给军属包耕了五亩多地，产量也都比别人包耕得高。

1952年3月，党号召办农业社，他第一个响应，把互助组转为农业社。初办社时，缺乏经验，他整天手脚不闲着地忙活着，白天领导社员生产，夜晚在场上看守庄稼。一天傍晚天落雨，他下地干活，回家后，急匆匆地吃了几口饭，就卷着床被上场接了夜班。雨越下越大，到后半夜，窝棚里流起了小水流，衣学士同志全身湿得像个落水鸡，但他仍没有离开窝棚，还冒着雨到场上周围巡逻好几次。直到第二天上午10点多钟，才交了日班回家吃早饭。他干起活来，总是白天干一整天，夜晚随着月亮转半宿。上半月他干到月亮落，下半月他从出月亮干到大天亮。他的吃苦在前、积极苦干的精神，深深地影响着每一个社员。由于衣学士同志忠诚地贯彻党的方针和政策，事事走群众路线，合作社日益巩固，粮食产量年年增加，入社的农户也由16户增加到200多户。

1956年春天，城里的17处农业社，根据党的指示，并为一处高级社。衣学士同志仍任社长。社大了，工作多了，衣学士同志觉得这就更需要好好地走群众路线。因此，他一得闲空，就深入社员中去了解情况。他经常帮助不和睦的社员开家庭会，帮助社员算账安排生活。

去年8月，全县实现了公社化，衣学士同志担任城关公社副社长，在党委提出干部下放时，他争先申请下放。下放后，在城关公社城关大队担任党总支书记。

不论在哪一年，也不论在哪一个季节，衣学士同志总要和群众在一起劳动。他常说："干部离开了群众，就像鱼离开了水；干部不参加劳动，就抓不住增产关键。"去年秋收秋种时，他亲自带领150多名青壮年劳力，支援小皂、抹直口等队抢种，一连苦战了20多个昼夜。在劳动中，除了能看出他干的活比别人多、快、猛以外，再也找不出两样的地方。在1958年中，他除了会议占用100多天的时间外，还干了200多个劳动日。今年夏收夏种中，他一面指挥着全大队抢收抢种，一面带领社员实干，单就收小麦一项来说吧，他就收了10亩多。

孙潘芝

孙潘芝(1919～1999),男,汉族,蓬莱北沟镇孙陶村人。高小文化,1946年7月加入中国共产党。10岁上学,13岁辍学。25岁参军入伍,32岁复员回乡,任信用社主任、乡长,37岁回村任党支部书记。1962年,被山东省人民委员会授予农业劳动模范。

模范事迹

北沟公社孙陶大队位于蔚阳山下,全村(2个自然村)234户,下设4个生产队,1个林业队,1个副业队,人口1007人,土地2430亩,大牲畜118头,生猪410头。

自1961年以来,孙潘芝领导全村坚持以粮为纲、多种经营的方针。对农林牧副业作了统一规划,使其互相促进,全面发展,收入不断增加。四年来集体多种经营纯收入172838元,占农业纯收入的40.5%,每个社员平均收入171.63元。1965年多种经营纯收入40480元,占农业纯收入41%,每人平均40.20元,社员分配现金42元,其中多种经营收入37.20元,占88.6%。学习大寨革命精神,改造自然,一年来修水库1处,挖平塘3个,打机井2眼,修扬水站1座,水浇地由原来的70亩,现达到全部耕地的80%,整下丁家式的地40亩。由于多种经营的发展,副业向农业提供资金7万余元,购买马拉播种机1台,80马力柴油机1台,12马力柴油机1台,3.5马力汽油机1台,高压水泵2台等。虽然今年遇上特大旱灾,但粮食亩产仍达到548.5斤,较1964年增长16.8%。

五年来向国家交售粮食171万斤,花生14万斤,肥猪435头。还为国家加工条、木、铁货2万余件,并无息借款给兄弟队8800多元,支援牲畜、苗、条及其他物资总价值4万余元。集体建房106间,公共积累达到13万元。随着生产的发展,社员生活水平也有显著提高。1965年每人口粮平均490斤,现金收入每人平均102元,70%的村户常年存款现金达4万余元,每户平均72.50元。

排除障碍　突破三关

公社化以后,虽然农业生产不断发展,社员口粮逐年增加,但生产资金和社员花钱问题并没有解决。当时集体和社员向国家贷款7200多元,阻碍了生产进一步发展。为解决这个矛盾,党支部在孙潘芝带领下,发动人民群众发展副业生产。刚开始就遇上了三个问题:(1)干部认识不统一,部分干部怕搞副业影响了农业生产,个别有技术的社员怕搞集体副业自己吃亏;(2)缺资金,无技术,设备不全;(3)干什么?方向不明,有的只顾眼前,没有长远打算,主张搞副业要吹糠见米,办得利快的项目,说栽树植果是远水不解近渴。针对这种情况,以孙潘芝为首的党支部组织广大干部和社员学习了党提出的以粮为纲、大搞多种经营的指示及外队经验,并向广大社员进行了"一摆"(摆资源)"二算"(算劳力账、算收入账)。全大队有山、有滩、有坡,资源丰富,有男女整、半劳力360名,农业生产有300名就够用了,可以抽出60名劳力进行副业生产,这样既能解决生产资金问题,又能解决社员花钱问题。通过讨论大家统一了认识,明确了方向,一致认为必须在党支部的领导下,依靠群众,自力更生,因地制宜,就地取材来发展多种经营。

依靠集体凭双手　发展多种经营

他们本着从国家需要、生产需要和社员生活需要出发的原则,先办起了编条、修配、木匠、磨坊等副业,他们缺技术人员,但不缺革命意志,条件虽差,但革命精神不差,处处发扬自力更生、艰苦奋斗精神。社员陈子贤原来是个"半拉"木匠,为了学做大车、小车曾3次出县取经,不会就学,现在他是样样会做,并培养了5个徒弟。贫农社员孙丕玉为了学会编条货,反复拆旧编新,苦钻苦学,终于学会了,并培养了6个徒弟,在此基础上又发展了油坊、弹花、压面、绣花、修鞋、瓦工、理发、水炉等16种副业。达到了"六不出村":修房盖屋不出村,购买筐篓条货不出村,木制工具不出村,粮油棉加工不出村,买菜、理发、做衣不出村,修配农具不出村。这样一来大大降低了生产成本,节约了劳力,方便了群众,深受广大社员欢迎。

孙潘芝同志感到仅抓这些还不行,还必须大抓种植和饲养。又带领支部发动广大群众大搞植树造林,先后育苗20亩,压条80亩,造林250亩,栽果树52亩,并对原有400亩用材林加强了保护,同时又建立了配种站。五年来繁殖大牲畜54头,牲口由弱变强,除满足本队生产需要外,还支援兄弟队32头。

认真贯彻政策　加强经营管理

虽然副业搞起来了，但由于当时缺乏经验，制度不健全，经营体制不明确，因而出现了很多问题。如，生产队与生产队之间争夺技术人才和收益大的经营项目，财务管理不完善，劳动效率不高，分配和积累不当等。根据这种情况，孙潘芝带领党支部反复研究，确定了规模较大、技术性较强、需要劳力较多的副业；由大队经营，单位核算；用工少、投资少、技术较差的项目由生产队组织劳力，利用农闲进行。在劳动管理方面，根据不同行业，以产值定工，各组实行按件记工和记日工相结合的办法，根据劳动多少、技术高低，既大体平衡、又承认差别的原则，技术人员高于徒工10%～20%，从而调动了社员的积极性。

在孙潘芝的领导下，党支部充分依靠人民群众，以粮为纲，多种经营，在全面发展生产方面取得了很大成绩。

（本文根据1966年档案《孙陶大队全面发展生产的经验》整理）

郑志真

郑志真(1931～1997),男,汉族,蓬莱大季家镇初旺村(现烟台市经济技术开发区)人。中国共产党党员,祖籍山东省安丘县,生于长岛县,解放前落户初旺大队。曾任中共蓬莱县委委员,中共大季家公社党委委员,初旺大队党总支书记等职。1959～1965年每年都参加山东省劳模大会,1963年,出席华东局劳模大会。1962年,被山东省人民委员会授予农业劳动模范。

模范事迹

郑志真同志自参加工作以来,高举毛泽东思想伟大旗帜,认真读毛主席著作,理论联系实际,坚定不移走中国特色社会主义道路,为社会主义革命和社会主义建设做出了优异成绩。

他从小就饱受地主阶级的压迫和剥削,因生活所迫,随父母逃荒来到蓬莱初旺村落户,依靠出卖劳动力及母亲纺绳、结网等勉强糊口。土地改革,他分得土地、房子和船网工具等,从此全家才住上了自己的房子,踏上了自己的船板,在自己的土地上劳动,结束了拿半年糠、半年菜的苦日子。通过土改运动,他认识到:只有跟着共产党走,听毛主席的话,穷人才会得到翻身,才能够过好日子。在党的教育和鼓舞下,阶级觉悟有了很大提高。他爱憎分明,生产特别起劲,工作样样带头。在土改复查运动时任民兵排长,他团结贫下中农,积极参加运动,组织民兵不分昼夜站岗放哨,传送情报。有一次,恶霸刘某某企图串通地主、富农破坏土改,被他发现,他捉住这恶霸,发动群众进行批斗。通过这一事实,教育了群众,锻炼了干部。不少中间派也投入土改运动,使该村的土改运动搞得很好。他对阶级兄弟亲如一家,时常把节省下的粮食送给阶级兄弟。郑志真同志在党和毛主席的培养下,不忘阶级苦,跟党闹革命,1947年他16岁,光荣地加入了中国共产党。

入党后,历任团支部书记、团总支书记、党支部书记等职。1950年,他担任初旺村团总支书记,带领青年团和广大青年大搞生产运动,使青年成为党的有力助手。1956年被选为团县委委员，并出席了共青团山东省第二次代表大会。

沿海偏僻的初旺村，过去渔业、农业的生产水平较低，渔民思想比较落后。自1953年，党提出过渡时期总路线后，虽然该村成立了两处小型渔业社，但是多由船、网工具比较富裕的渔民组成，对于吸收贫苦渔民和渔工入社是有限度的。那时候该村的长兴渔业社对有船、有网的渔民抱着欢迎入社的态度，对于船网工具少和没有的则拒之社外。因此该村渔民称该社为“中农社”。在这种情况下，郑志真深刻感受到：“光有船、网工具，若是不走集体化的道路，劳苦群众的穷根子仍然拔不掉，日子还是过不稳。”因此，在党的领导下，于1954年冬，郑志真高举办社大旗，号召贫苦渔民、渔工踊跃入社，走共同富裕的道路。结果，在他的直接组织领导下，成立了一个拥有13户17名劳力，为劳动人民所拥护的，只有一些破船、破网的民主社，群众称其为“贫农社”。虽然社成立起来了，但是渔民中的许多思想问题却不能一下子全部得到解决。社外风言风语和部分社员的重重顾虑，给工作的进行和生产的开展造成了许多困难。社外富裕渔民说：“‘民主社’全是些破船破网户，讲技术又都是些‘毛孩子’，他们能搞出个什么名堂来?”而本社社员也顾虑地说：“咱也没有船板踏着，拿什么去打鱼呢?”是的，究竟让社员拿什么去打鱼呢？自社成立后，他一直被这个问题压着，思想感到很沉重，但是，他并没有怀疑和动摇走合作化道路的决心，内心只坚定一点：“只有听党的话，才是永远正确的。”因此，他在领导办社的一年中，始终积极响应党的号召，认真执行党的方针、政策、路线。亲自领导社员在破船破网的基础上以战斗的精神进行常年作业和深水远洋作业。生产中紧密团结社员，与社员打成一片，一起劳动，发挥干部、社员的生产积极性与创造性。结果民主社比工具最齐全的长兴社生产收入仅低11%。社员渔工刘某凤，年终劳力分红500元，比1954年单干全年劳动收入370元提高了35.1%。社员贫苦渔民曲景波，年终分红510元，比单干时全年生产收入400元提高了27.5%。这一切不仅给那些瞧不起民主社、认为民主社搞不出什么名堂来的人们以生动的事实教育，更重要的是它向广大渔民，特别是贫苦渔民显示了合作化的优越性。通过实践证明，让渔民认清了自己应该走的道路。

1955年秋，农村合作化运动后，初旺村广大渔民在党的领导和民主社的影响下终于选择了走合作化的道路。1956年，初旺大队成立了一个高级合作社，扩展为有512名社员的大社，郑志真被选为初旺渔业社的副社长。遵照毛主席“农业的根本出路在于机械化”的指示，在郑志真的提议下，同年该大队购买了两只机帆船，他任船长。当时，还非常缺乏用机帆船作业的经验，但是由于合作化后渔业生产的发展，要求必须迅速取得机械化捕鱼的经验。所以机帆船生产试验，不仅关系合作社的巩固问题，而且关系捕鱼机械化的发展。因此乡委决定由敢想敢干的郑志真同志具体领导机帆船生产。在当年秋汛投入生产时，全体社员尤其是船员们心情特别兴奋，认为这样的机帆船有机器、有卷扬机、有绞车拉着这样的大网哪能不增产呢？船员刘贤先曾说："我们骑着这样的马，海里的活鱼也要变成死鱼，咱们干脆出去装鱼就行啦。"可是经过一个汛水期的生产，船跑了不少路，由黄海跑到渤海，柴油烧了3100多升，结果鱼只打了几百斤。1956年秋汛，这对机帆船总计产鱼1万多斤，价值2000元，但其支出达到2710元。在这样的情况下，社员的思想迅速起了变化。随之机帆船的绰号也产生了，如"饥荒船""喝油鬼""相公船"等，社员起了很多怪名字。一致认为"这种类型的机帆船不适宜我区作业，要求上级批准退回去"。针对这种情况，郑志真开了全体船员会议，进行了全面总结，对渔场的选择、网具及机器操作等一系列的技术问题做了专题研究和分析。他从这些方面所总结的经验是：必须进行多种方式作业，扩大捕捞范围，开拓新渔场，熟练机器拆修，加强机器保管等。他用这些鲜明的论断来说服教育社员。1957年春汛机帆船去石岛渔场作业时，在省指导船机部的具体指导下，实行了机器大拆修，通过实地操作，提高了轮机员的实践水平，保证了在作业中能够及时拆换零件。他平时认真研究操作技术，虽没入专业学校，但自己却能很快进行驾驶操作，熟练领导作业。1957年春汛大海市去莱州湾作业开拓了61、62海区渔场，自5月16日至6月21日共作业15潮，投网82次，产花鱼43400斤。截至1957年6月底，共产鱼103130斤，产值13849元，较1956年增产8万多斤，增值11100元。通过生产显示了机帆船具有很大的优越性，并彻底扭转了社员对机帆船的错误认识，机帆船的那些怪名字也在不知不觉中消失了。

经过两年来的生产实践，郑志真认识到作业多样化是这种机帆船唯一的增产途径。1958年春汛大海市，在党的路线的指引下，他又满怀信心地领导全体船员投入了机帆船鲐鱼对腚网生产试验。5月下旬开始得鱼，先后9天，开网11次，捕鱼达50000余斤。其中最高一潮，开网2次，捕鱼27000斤，总计春汛对腚网产鱼68550斤，价值11143.32元。1958年上半年产量138541斤，价值19391.44元，消耗为7969.21元，比1957年产量增加了34.3%，产值提高了40%，消耗降低了4.9%。他们生产的主要渔场是金山湾，其次是獐子岛东南海面及海洋岛附近。渔期自芒种到大暑为止两个月时间。他们在作业中所掌握的原则是"不蹲港，不等大群；勤下网、勤打听、勤观察渔船动向"。作业中，随时召开战斗总结会议，找出问题引为经验教训，操作中，人人有明确分工，如下网、打石头、起网、卷扬机等均有专人负责。全体船员绝对服从渔捞长（又称“鱼眼”）及船长的统一指挥。

经过生产试验证明，对腚网完全符合机帆船作业，它不仅可以降低机帆船生产成本，而且能根据春汛鱼虾类群体团聚的特点进行围捕，达到充分开发中上层水产资源的目的。他从这项生产试验中得出的结论是：要想搞好机帆船生产，必须要多寻找生产门路，猛干硬闯、大胆创造才会练出本领，得出经验。1959年，他们又通过试验，在春汛鱼多、群大、产卵密集的情况下，利用鲐鱼对腚网去西海莱州渔场围捕黄花、对虾、鲅鱼及加吉鱼等，扩大捕捞范围和捕鱼品种。通过深入学习、总结经验，发现机帆船对腚网是优于手操网的，适应抓旺汛的要求，既可以捕上层鱼，又可以捕中、下层鱼，能达到扩大捕捞范围，延长作业时间的目的。郑志真与全体船员不论昼夜，不分寒天雨节，风吹浪打，以苦干、苦钻的精神，常年深入开展深水远洋作业，寻找多种生产途径，实践着毛主席关于农业机械化的指示，为该大队发展机械化打下了良好的基础，对于多快好省地完成捕捞任务，也有着积极的意义。

1961年，郑志真同志担任初旺大队党总支书记以来，机轮发展到18只，机帆船18只，基本达到远洋机帆化。粮食从解放初期亩产100多斤到1971年达到800多斤。他带领群众以大寨为榜样，从一个吃粮靠统销的穷队发展到1965年开始向国家卖余粮。现在公共积累167.6万元。郑志真同志从1959至1965年每年都出席山东省劳模会议，1963年出席华东局劳模会议。

“文化大革命”期间，虽然他被罢了官，但一心为集体、一心为革命的红心永未变。1969年秋后，忽然暴风刮来，几只机轮停在港外，他组织群众亲自到海边看护，由于风大浪急，三只机轮抢滩了，他带领群众立即跳下海去，与风浪做斗争，他冒着生命危险，使其他船免遭损失，抢滩的三只船也减少损失十余万元。不论何时，郑志真同志始终拥护党的领导，认真执行党的政策，初旺大队的贫下中农都说：“郑志真同志是我们走中国特色社会主义道路的带路人。”

姚士昌

姚士昌(1924～2014),男,汉族,蓬莱南王街道姚庄村人。初中文化,1955年8月加入中国共产党。1951年起任互助组组长、初级合作社副社长、高级社副社长;1958年后,历任蓬莱县团结大队党总支副书记、书记、大队长;1966年后,任团结大队革委会主任;1972年12月至1975年3月,任中共蓬莱县委副书记;1975年4月至1976年12月,任山东省文教办公室主任兼党组组长;1977年1月至1979年3月,任山东省革命委员会副主任;1979年4月至1980年11月,任中共平度县委副书记兼革命委员会副主任;1980年11月至1984年5月,任平度县人大常委会副主任,是第四、五届全国人民代表大会常务委员会委员。1962年,被山东省人民委员会授予劳动模范称号。

模范事迹

种花生的哲学(发言稿)

蓬莱县团结大队大队长姚士昌

我生长在一个贫农家庭里,在旧社会,因为家里穷,只上了四年学。辍了学,连书信也不会写。自从中国共产党和毛主席领导我们翻了身,我这个庄稼人,文化水平也提高了,不但能写信看报,还能读毛主席著作。学习毛主席著作,让我懂得了种庄稼就是建设社会主义,并且还把我领进了科学的大门,当上了山东省农业科学院的研究员。

我读毛主席的著作,是从1958年开始的。先后看完了《毛泽东选集》1～4卷,其中主要学习了《改造我们的学习》《实践论》《矛盾论》和《为人民服务》《纪念白求恩》《愚公移山》等十几篇文章。学得最多的是《矛盾论》和《实践论》。

几年来,我在毛主席思想指引下,在肥料、品种、栽培等方面,先后搞了60多个试验项目,反复了110多次,做了223次处理,试验过300多个品种。

通过反复试验,取得了一些成果。如,在花生栽培方面,我们搞的“清棵蹲苗”等增产措施,已在全省推广。

随着科学试验的发展,我们队的粮食和花生产量不断增长。粮食亩产量由合作化初期300斤增加到700斤,花生亩产量由150斤增加到422斤。解放前打的粮食还不够自己吃,现在一年可以向国家交售40万斤粮食、40万斤花生米。社员们说:“这都是读毛主席的书,照毛主席的指示办事得来的。”下面,我就谈谈我是怎样运用毛主席思想种花生的。

方向明　路子正

团结大队是丘陵山区,全队4833亩土地,花生就占1900亩,占全队的接近40%。公社化后,我开始对农业进行研究和试验,特别是对花生增产进行研究。最初由于缺乏明确的方向,走了不少弯路,跌了不少跤。那时我搞科学试验,方法上也有许多问题。一是没有计划,二是自己不亲自实践。常常是从主观愿望出发,想起什么就试验什么。有些题目,春天交给技术队,平日不管不问,到了秋天要一张统计表,就拿着到处去讲。对于庄稼的生长规律,从来没有仔细观察过。

1958年,我跌了一次大跤。那年春天,我们这里干旱比较严重。人人都担心着花生的全苗问题。总支研究要分片检查花生播种质量。我到枣林店七队时,发现他们种花生的方法和别队不一样。别队种花生的工序都是开沟、点种、踩土、撒粪,最后拿耢一抹,地面是平的。可是他们一改常规,开了四五寸深的沟,点上种后,用牛格子在沟里覆土,种完了花生,沟还是沟。我问他们为什么这么种,他们说天旱,沟开浅了接不上湿土,花生不得落干,深开沟把湿土翻出来,花生才能保苗。我觉得很有道理,我又问为什么用牛格子覆土,他们说盖土盖深了就得减产。再问为什么,他们就不知道了,我觉得深开沟浅覆土是个好办法。第二天就召开生产队长会议,推广枣林店的经验。各队种了三四天,干部群众议论纷纷,到处有人找我,都说开深沟不能浅覆土。我去一看,明白了,枣林店的经验没有代表性,因为那是块好地。种花生越是好地,越得稀一点,越是薄地,越得密一点。那时好地行距是一尺五到一尺六,薄地是一尺到一尺二。薄地行距这么小,沟再一深就透垄了,这沟的土全部都掩到那沟去了,拿牛格子拖,也拖不出个沟来。实际上成了深开沟深覆土。通过这样,我知道深开沟浅覆土与密度大小有关系。

可是,到秋后收花生的时候,这些深开沟深覆土的花生,因为基部见不到阳光,一般是不开花,不结果。这时,议论的人更多了。有的人说:“咱们穷就穷在姚士昌身上。”我自己也觉得对不起社员。特别是后来,有人还在报上公开批评了“深开沟浅覆土”的播种方法，我心里波动更大了。

就在我苦恼的时候，县里领导来热心地帮助我，要我从积极方面去总结经验教训。领导的亲切关怀，给了我力量。1958年，我在外面上学的弟弟给我捎来了一套《毛泽东选集》。开始，我不知道书上写的是什么，只觉得毛主席的书一定要看。但对毛主席著作能不能解决花生增产的问题，我心里有点怀疑。于是，我就挨着本地翻，最后翻到《改造我们的学习》，这一篇里讲到了“科学”两个字。我很高兴，一口气看了两遍。特别当我看到毛主席说的：“马克思列宁主义是科学，科学是老老实实的学问，任何一点调皮都是不行的。我们还是老实一点吧！”我觉得这是毛主席在对我进行教育。过去我也检查过自己的错误，可是从来没有像这次这么深刻，我找到了错误的根子。在这个基础上，我又学了《实践论》《矛盾论》。毛主席在《实践论》里说：“只有那些主观地、片面地和表面地看问题的人，跑到一个地方，不问环境的情况，不看事情的全体（事情的历史和全部现状），也不触到事情的本质（事情的性质及此一事情和其他事情的内部联系），就自以为是地发号施令起来，这样的人是没有不跌交子的。”一看到这里，我就想到推广枣林店种花生的经验，我正是像主席批评的这种人，所以才跌了跤。从此，我的科学试验开始走上了正路。

从直接经验中得到了真知

通过学习我认识到，科学的态度是实事求是。过去也听到过这四个字，那时认为只要别撒谎，有什么说什么，就是实事求是。通过学习主席著作，才真正明白了这句话的意思。毛主席说：“‘实事’就是客观存在着的一切事物，‘是’就是客观事物的内部联系，即规律性，‘求’就是我们去研究。”我越学心里越清凉，我觉得这就是搞科学研究的方向。花生、玉米这些农作物是客观存在的，但是事物有它的内部联系，每个事物都有自己的发展规律。我懂得了这个道理，脑子就开了窍。顺着这个思路往下想，我想到了不管做什么事，你摸不到规律就去做，就是瞎干。以这个思想作指导，我就下定决心摸清花生生长的规律。

怎么个摸法？一开始，我只是凭自己的脑子想，但没想出个门道来。怎么办呢？我反复学习了《实践论》。这篇文章要说难学也确实难学，可是一学进去，也就不难了。毛主席说：“一切真知都是从直接经验发源的。”这不就是叫我们去实践吗？《实践论》第二段中还写到：“人的认识，主要地依赖于物质的生产活动，逐渐地了解自然的现象、自然的性质、自然的规律性、人和自然的关系。”我一想，我们和庄稼打交道，这就是物质生产活动。我们过去天天和庄稼打交道，为什么不知道庄稼的生长规律，就是因为不懂这个道理。不懂这个道理，就不能自觉地、主动地去认识自然的规律，也就不能正确处理人和自然的关系。从此，我就下决心去摸花生的规律。

实践不能蛮干。毛主席在《矛盾论》里说："这个辩证法的宇宙观，主要地就是教导人们要善于观察和分析各种事物的矛盾的运动，并根据这种分析，指出解决矛盾的方法。""观察分析"这四个字明确地告诉了我怎么去实践，于是我就在花生开花这个问题上进行观察分析。我在村西的一块花生地里，找了两棵花生，每一棵都插上了高粱秸作标记，进行观察。第一天晚上九点多钟，我拿着手电去了，守着两个花生骨朵看了一个多小时，花没有开。第二天晚上十二点钟，我又到花生地里守了一个小时，还是没开。第三晚上三点多钟，我到地里一看，骨朵已经裂开像头发丝细的一道小缝，我赶忙趴在花生旁用手电照着它开，大约经过一个半小时，这朵花全都开了。这时我才知道花生什么时候开花，怎么开法。

知道花生开花还不行，还要观察分析开花与结果的关系，找出它们的内部联系。花生开花的时间很长，大花生能开100多天，伏花生能开六七十天。我就想出了个办法，每开一个花拴上1个小牌，上面写上开花的日期，每天晚上观察，开一个拴1个，一直坚持60多个晚上，两棵花生，共拴了170多个牌。秋天我把这两棵花生刨回家来，按照牌子对了对，其中有的牌子让雨淋得看不清了。对来对去，初步得出一个结论：花生从开花到果针入土，再到成果，都在65天以上，65天以内的都不是成果。成果大都长在花生的第一对侧枝上，也就是花生最早长出的一对花生蔓上，再往上有果也都是秕的。

有了这样的收获，我心里真高兴。于是我又进一步通过实践发现真理，再通过实践来证实真理。我的实践，第一年把发现的成果拿到实践中检验。第二年，我又开始了新的试验工作。

通过第二年观察，完全证实了第一年的试验是正确的。经过观察，我又发现了一系列的新问题。如一棵花生最多可以开700多个花，长250多个果针，但是只有70多个成果。而这些成果有70%左右是长在第一对侧枝上的。大花生的主茎不开花不结果，第三、四对侧枝也都不结果，再往上则完全是无效果针、无效花。这些发现，为进一步研究花生增产提供了有用的资料。

认识了事物的特殊性　才能抓住主要矛盾

我对花生的研究，经过了一系列的感性认识，才达到一个飞跃。我分析了花生生长情况，初步掌握了花生生长规律，认识到花生产量不高的主要原因是第一对侧枝的潜力没有充分发挥出来，这对侧枝埋在土壤里，发育差，结果少。这是花生增产中的一个主要矛盾。

为了解决这个矛盾，我又进一步分析了花生这种作物的特殊性。花生和其他作物虽然都是植物，但是它又和其他作物不一样，它有着自己的特点。花生是大粒种子，吸水多，含油量多，种在地里转化慢，出苗时间长，需要浅种。这样才有利于第一对侧枝早发育，早开花，早结果。而我们这个地方，常常是十年九旱，花生的播种期又比其他作物晚，越晚墒情越不好，最易落干。认识了这个特殊性，我就得出一个结论：花生需要浅种。但从现在的条件来看，浅种还不行。不能浅种，怎么保证第一对侧枝多结果呢？我就顺着这条思路往下想，一面想一面找花生栽培书看，但都没能回答我的问题。这时我心里想"在没有书本以前，人们怎么办？"想来想去，我还是到实践中，到群众中去求教。这时我想起在省里开会时听到日照县介绍花生管理经验，其中有一项是"剜花生"，就是在花生周围把护根草剜掉，花生可以增产。从这个"剜"字，我想到，第一对果枝种深了不结果，是不是也可以剜一剜？同时我又想到剜黍子的经验，就去问一些老农，为什么要剜黍子？他们只说，不剜就要减产。为什么会减产，他们也不知道。我一想，黍子是扩叉的，是不是根上培了土就不能扩叉了？花生的侧枝和黍子一样，也是叉子。为了观察一下，我就到地里去扒一扒，扒出的主茎很白，拿手一捏能挤出水来。我想这哪能行，扒出来准得晒死。第二天我又跑去看，结果它不但没晒死，还由白变绿了。三四天后，再去看，又从绿变紫了。我用手指甲刮一刮和木头一样，扒出来的第一对侧枝长得很旺。我这才知道花生只要不把根扒出来是扒不死的。我赶忙到试验田里划出了四个小区，作了同样的试验。秋后，扒的土比没扒土的增产 25.8%，一亩地增产花生 100 斤。后来，我又做了进一步证实，并发现这种做法有三个好处：一是清除了花生护根草；二是通过扒窝松了土，等于多锄了一遍地；三是这样做使花生长得更墩实了，起到了控制花生徒长的作用。我们把这个增产措施起名叫"清棵蹲苗"。

在解决这个主要矛盾的同时，我又认识到矛盾存在于一切事物的发展过程中，这个发展过程又存在着自始至终的矛盾，开始有矛盾，最后还有矛盾，旧的矛盾解决了，又会出现新的矛盾。在搞试验的过程中，我就注意了把和"清棵蹲苗"有关的各种矛盾都做了分析和解决。我们的体会是，不能怕矛盾，发现的矛盾越多，解决得越多，前进得就越快。一个矛盾的解决，总是要带出一系列新的矛盾，必须相应地加以解决。如，对"清棵蹲苗"的经验一开始只知道扒扒土，但什么时间扒土最好呢？我又进行了反复试验。扒早了不行，因为花生正顶土时，你一扒它还不抗晒；扒晚了也不行，因为第一对侧枝已出来了，有的已经憋死在地里，扒了也不起作用。最好的时候是花生基本出全了苗，这是清棵的最好的“火候”。还有，扒多深呢？这个不能定尺寸，标准是见到两个花生瓣。因为第一对侧枝就长在两个瓣的旁边，见到两个瓣，就等于见到第一对侧枝了。天旱种得深，就要深扒；墒情好种得浅，就扒得浅一点。什么时候埋好呢？根据观察，花生第一对侧枝长出来以后，按照它的生长规律，要想叫它都能结果，埋窝最好是在锄第二遍地的时候。这时要深锄，把土全部都掩到根上去，而且埋的土越多越好。因为第一对枝子的结果任务完成了，第二、三对枝子的果针就要入土，这时埋一埋土，能起一个培土迎针的作用。事物是互相联系的，我们认识了也就有办法了。过去锄地是“一遍刮，二遍挖，三遍四遍如绣花”。所以锄二遍地时，锄得比较深，现在就得浅一点。至于第一遍地，就要边锄边清棵，前边有人锄随后就跟着清棵。这样三遍地都锄好了，锄地与清棵的矛盾也解决了。现在的锄法就变成了“头遍刮，二遍浅，三遍挖，四遍如绣花”。

一分为二　看问题才会全面

不论观察什么问题，都要一分为二。有了这个认识，处理问题也就有办法了。就拿施肥这个问题来说吧，究竟好地和薄地怎么个施法？过去在认识上就不够全面。以前，地越远越薄，施肥越少，甚至不施；地越近、越好，施肥越多。这就是好地和薄地的不同。后来看到这个做法不行，薄地没有肥长不起来，就开始往薄地里施肥。这样好地和薄地又一样了，过了一个时期薄地和好地一样施肥，薄地的肥仍然不足，花生还是长不好，而好地的肥却用不了，花生光长蔓不结果。这时，我们就分别在好地和薄地上划出 5 个小区，施肥 1000～5000 斤，分别做了对比试验。结果证实，在好地种花生，施 2000 斤肥产量最高，施 5000 斤的比施 2000 斤的还减产 35 斤，等于 3000 斤肥白施了，还丢了 35 斤花生。但施 5000 斤肥比一点不施的增产 47 斤。可见在好地里种花生，施肥多了不行，不施肥也不行。薄地里施 5000 斤的产量占第一位，看来 5000 斤肥还不足，最薄的地上七八千斤肥为最好。这样，好地和薄地又不一样了。从此，对好地和薄地施肥的认识就比较全面了，做法也就比较合理了。这就是按照不同土质情况规定不同的施肥数量。

再拿花生种植的密度来说。稀与密也是对立统一的两个方面。过去片面地认为好地地力强，能够长起来，可以种得密一些；薄地地力差，长不起来，可以种得稀一些，结果吃了大亏。1956 年我们挑了 600 亩好地，4 寸一粒地往上摆，因为棵与棵之间太密，不透风、不透光，花生就互相争着往上长，结果失败了。单粒条播密植要看条件，看是什么品种，用多少肥料，种在那里。如果在薄沙地里，单粒条播密植也可能增产，但好地就不行。以后，我们又发现，要使花生增产还要处理好花生的个体与群体的关系，这个关系就是稀与密的关系。从大面积来说，一墩花生是个体，大面积花生是群体；从一墩来说，一棵花生是个体，全墩花生是群体。它们之间既是对立又是统一的。如果种密了，就不通风、不透光，虽然群体棵数增加，但个体发育不好，产量就会下降；如果种稀了，虽然能通风、能透光，个体发育好，但群体棵数减少了产量还是上不去。所以，要使个体和群体相互适应，相互促进，既不能过稀，又不能过密。根据我们的试验，立蔓大花生的密度，薄沙地每亩种8000墩左右；中等地每亩种7000墩左右；好地每亩种五六千墩。这样稀与密的矛盾也就解决了。

花生留种问题，过去在认识上也有片面性，看得比较简单，认为丰产田的产量高，花生果一定都是好的，可以当种子，但实际情况是虽然丰产田的产量高，但它所产的花生果粒比较小，不适宜做种子。虽然丰产田尽是好地，土壤好，水肥足，果粒大，但也有"胎里富"的缺点，适应能力较差。而好种子往往是从沙壤土里长出来的，沙壤土长的花生果子实成，粒较大，水分少，适应能力强，做种子比较好。认识了这个问题，在选择留种地的时侯多找沙壤土地，而不以单位面积产量为标准。从这件事情上，我们体会到，看问题不能只看现象不看本质。毛主席说："我们看事情必须要看它的本质，而把它的现象只看作入门的向导，一进了门就要抓住它的实质，这才是可靠的科学的分析方法。"在庄稼活中，看问题只看现象不看本质的事是常有的。就拿花生的收获来说吧，过去收了以后，为了抢时间早入库，往往把花生果铺在地上晒，认为铺得薄接触阳光面大，干得越快。可是花生接触阳光面大，接触地面也大，由于地下反潮，反而干得慢了。过去我们贮藏花生，总认为放在屋里冬天冻不坏，其实花生是冻水不冻油，只要晒干，水分少了，是不怕冻的。如果晒不干，就是放在屋里，也同样会冻坏的。这些事，都是犯了片面看问题的毛病。

在争得"自由"的基础上去争更大的"自由"

"人类的历史总是不断发展的，自然也总是不断发展的，它不会永远停留在一个水平上。因此，人类就要不断地总结经验，有所发现，有所发明，有所创造，有所前进，不断地从必然王国走向自由王国。"这一科学论断说明科学试验是不会到顶的，关键就在我们是不是能认识到这个"不会到顶"，能不能更好地发挥主观能动作用，解决好主观和客观的关系。拿我们队的花生产量来说，合作化初期每亩只产100多斤，现在已达到400来斤。就是风不调雨不顺，亩产也少不了300来斤。但不能认为这就到顶了，事物本身是不断发展的，花生亩产量也不会就300斤、400斤。那么，现在影响花生高产稳产的还有什么问题呢？经过研究分析，我们认为需要在改造土壤、兴修水利方面狠下功夫。我们这个大队，改造自然晚了一些。去年我们看出了这个问题，就马上动手，深翻了5亩7分地作为花生样板，结果亩产达到603斤。而大田里只产300来斤。这说明花生增产的潜力是很大的。

从我们的试验来看，整地对花生增产有很大的好处，地整好了，能抗旱，能抗涝，还能防止花生烂果，一举多得。去年我们去下丁家，学了人家的经验，回来又搞了一点试验，进一步证实了整地的重要性。去冬今春我们开展了群众性的整地高潮，一个冬春就整地300多亩。

任何作物都需要整地，但花生地的整法是不是要有所不同呢？对这个问题，我们也做了一些探讨。我们发现花生很喜欢沙地，是沙地都不烂果。我们又想到，一般整地都不打乱土层，这是有道理的，可是根据花生的特点和我们这里的土质情况，整地时可不可以打乱一点土层呢？为了解决这个问题，今春在试验中，我们特地把下面的“酥石硼”翻上半尺厚作为表土，其他土层都不打乱。我们考虑花生不像大白菜和小麦，表土都有根，它是一个主根往下伸，穿过沙土层到熟土里去吸收养分，上面有层“酥石硼”，可能不会影响它的生长，而花生果长在疏松的沙土层里，就不至于再发生烂果的问题了。

花生的浇水问题也是一个新的问题，到底花生要不要浇水？怎么个浇法？我们根据具体问题具体分析的哲学思想，从花生的特点出发，进行了试验。花生和小麦、玉米不同，小麦、玉米是地下浇水，地上结粒；花生是地下浇水，地下结果，这是它的特点。根据这个特点，我们在试验田里分5个区，做了以下的试验：第一个区浇始花水，第二个区浇盛花水，第三个区浇鼓粒水，第四个区三水都浇，第五个区一点水不浇。经过两年的连续试验观察，我们初步发现：花生前期这一水，也就是始花水，是不必要的。因为它和我们前面讲的蹲苗有矛盾。花生前期需要蹲苗，越蹲节越短，节越短果针入土越早，成果率也就越高。如果这时浇了水，花生就要往上长，节就拉得长，节越长，果针就越长，该3天入土也得5天，秕果率也越高。浇盛花水，结果比较多，但那时天气热，加上活土层薄，浇了水一时渗不下去，温度一高最容易烂果，浇三水的和一水不浇的也都不好。只有浇鼓粒水的产量比较高。为什么浇三遍水的还不如浇一遍水的好呢？因为花生鼓粒时，正需要水分，这时的气温也降低了，浇上水既有利于花生果鼓成，又不会使成果烂掉。同时花生的浇水方法和玉米、小麦也应该有区别。小麦、玉米都是喜大水的，在适宜时机，浇水越大产量越高。漫灌最好，花生就不能漫灌，漫灌了地要板结，果子喘不过气来，影响发育，烂果也多。为了解决浇水和土地板结的矛盾，将来可以采取台播或双行台播的办法。这些问题，我们还要继续进行研究。

通过浇水试验，我们更深刻地体会出一个道理：种庄稼不光要出力气，还要动脑筋，否则，你出了力，弄不好还要减产。

在研究花生增产的过程中，我们还注意研究了外因和内因的关系。花生开花、结果主要是内因的作用，但如果能多创造一些有利于它生长的外部条件，它就能多结果。“清棵蹲苗”就是外部条件。最近我们又考虑如何控制花生上部无效花的问题。棉花打顶心能促使下面的棉桃发育成长，那么花生的主茎不开花、不结果，可不可以把它的顶心也打下来，把养分都输送到第一、二对侧枝上，这样就能控制上面主茎的生长，促进第一、二对侧枝的发育，让它多结果。控制和促进是对立的统一，打了主茎，矛盾就可能向有利于花生增产的方面转化。这仅是一个尝试，要进一步证实，还得解决一系列的问题。

我深深地感觉到，我前进的每一步，都是在毛泽东思想的指导下；我遇到的每一个困难，都是依靠科学的力量克服的；我碰到的每一个矛盾，都是毛泽东思想帮助我认识、分析和解决的。总之，我之所以能在科学实验中得到一些成绩，和遵循毛泽东思想是分不开的。

（本文根据1966年《山东农业简报》第35期整理）

李春常

李春常(1924～1998),男,汉族,蓬莱村里集镇王庄村人。1940 年 7 月,加入中国共产党,时任王庄村党支部书记,系蓬莱农业战线“十面红旗”之一。1963 年,被山东省人民委员会授予农业劳动模范称号。

模范事迹

艾山脚下带路人

一、投身革命

1924 年,李春常出生在蓬莱县艾崮山区王庄村一个普通农民家庭里,虽然家境不阔绰,但父亲依然把他送到私塾里读了四年书。七七事变,日本鬼子的铁蹄蹂躏着中华沃土。1939 年,寨里、松山的鬼子来扫荡,四处烧杀抢掠,烧毁王庄村 20 多幢房子,打死 3 人,打伤 3 人,抢去的东西无以计数,李春常的母亲也被杀害。日本侵略者的罪恶行径,在他小小的心里烙下了深深的印记,奠定了他投身革命的思想基础。1940 年 7 月,年仅 16 岁的李春常加入了中国共产党。在党组织的教育下,他成长很快。经常秘密向群众宣传革命思想,发动群众团结一致,对付鬼子的清剿和扫荡。1941 年,组织上让他担任了组织干事。当时,正是敌人气焰嚣张、扫荡频繁的时候,他就秘密地组织大家学习上级的文件和党的指示,发动群众和鬼子进行不屈不挠的斗争。

1942 年 7 月,18 岁的李春常担任了王庄村的党支部书记。因当时党组织不能公开,所以李春常的公开身份是民兵指导员,秘密做党的工作。那时栖霞县寨里的鬼子和村里集镇后辛旺的鬼子很猖狂,他就把民兵分成 3～5 人一组,鬼子不来就种地,鬼子来了就与他们周旋打麻雀战。鬼子经常到王庄扫荡，要钱，要给养。他组织民兵分头去发动群众抗捐抗粮。1942～1944年，鬼子在后辛旺住了两年，没从王庄要去一粒粮、一分钱。同时，他还带领民兵到寨里和后辛旺鬼子据点去袭扰，常常把鬼子搞得坐卧不安。对此，敌人很恼火，发誓非抓住李春常不可。每次突然袭击都见不到他的踪影，敌人恼羞成怒，把群众赶到场上挨个拷问，但没有一个人供出他的去向。

为了打击敌人的嚣张气焰，他半夜里领着民兵去袭击敌人的炮楼，打得敌人不知所措。1942年秋天的一个深夜，伸手不见五指，他带领20多个民兵摸黑跑了30多里路，到郭家店公路挖了两条1.5米宽2米深的横沟，致使进驻大辛店的鬼子外出扫荡时半路被堵，不得已又转回去。

当时的武器很差，有几枚手榴弹，关键时刻才能用。于是他又想出用酒瓶子做地雷的办法：在酒瓶子里装上火药、碎石或砸碎的铁锅、铲头。把香头绑在火柴上，上面再盖些草。香头引燃火柴，火柴点燃草，瓶子一爆炸，铁石乱飞，炮楼上的鬼子便乱打一阵枪。过一阵子没有动静了，他便带着民兵割电线、砍电杆。两年的时间便破坏敌人的电杆150多根。敌人被搞怕了，就找当地的百姓给他们看电杆，让他们发现情况就敲锣。李春常暗地里找人对看电杆的人进行教育，要他们等砍完了电杆再敲锣。这一招果然有效，等敌人听到锣声从炮楼上打枪时，他们早已不见了踪影。当时地主对长工剥削很重，他便领导长工、佃户减租减息，增加长工工资，与地主作斗争。

日本鬼子通过伪军调查李春常的下落，到处抓他。地主也恨他，想整死他。因此，他晚上只能睡在山洞里，连大年三十都不能回家，他在山里一连过了四个年，直到日本鬼子投降。

二、转战千里

解放战争时期，李春常于1946年6～8月带领民兵连在胶济线上修铁路，后来到龙口协助工作。1948年，全国范围内开始了大反攻，他带第三子弟兵团去往济南，参加解放济南的战斗。走到半路，济南已经解放了。他又奉命去往淮海，参加淮海战役。到达徐州天刚亮，李春常带领同志们冒着生命危险，机智地躲避着敌机的轰炸与扫射，勇敢前进。等他们到达关海路，京沪线战役已经结束。上级派李春常的队伍押送俘虏，打扫战场。

刚刚完成任务，上级又下达命令，要他速南下过江。有些人想不通，因为从家里走时告诉的是参加解放济南的战斗，时间是1个月，尔后又延长了3个月，连队队员们早就想家了，因此吵着要回家。在这种情况下，李春常决定在连队召开忆苦大会，以坚定大家的意志。在诉苦大会上，当他讲到老百姓被鬼子和国民党逼得家破人亡、背井离乡时，连队队员们哭成一片。战士当中，有父母被鬼子杀死的，有姐妹被敌人奸污含恨而死的，有房子被敌人烧掉，有全家人离散不知下落的。他们都自动上台诉了苦，并纷纷表示："打过长江去，活捉蒋介石！""不打垮老蒋决不回家！"诉苦大会以后，全连群情激奋，士气高昂。对此，团长金尧平觉得李春常连队的做法很好，便在全团开起了诉苦会，自此全团没有一个开小差的。他的连队和大部队一起驻扎在长江边上的一个村庄里。他们动员群众献出稻草，编大草墩子筑工事，做过长江的准备。他们还帮助群众搞生产，向群众宣传解放全中国的意义，描绘美好前景。部队出发时，当地群众满含热泪把一面绣着"人民的儿子"的锦旗赠给了连队。

过江之后，他们到达了湖州。那时候，地方割据相当严重，当地大都是散兵游勇，三五十人、七八十人或几百人占领一块地盘，称王称霸，骚扰百姓，有的还袭击我们的部队。

李春常连队的任务是宣传群众，剿灭顽匪，安抚百姓。为了摸清情况战胜敌人，他把连队分成几个小分队，挨户做群众的工作，动员他们提供线索，帮助连队瓦解土匪。群众举报说湖州一带有个姓彭的土匪头子经常不在家，他们便反复做其妻子的思想工作，向她说明其土匪丈夫的罪恶和下场，让她等丈夫回家时给连队报信。由于思想工作做得好，在一次土匪开会时，李春常得到情报，在当地武装的配合下，一举抓获了8名土匪，缴获了8支手枪。到1950年11月，他们共剿灭匪徒80人，缴获枪支60多支。

三、心红志坚

中华人民共和国成立后，"解甲归田"的李春常，带领广大群众搞起了轰轰烈烈的生产建设运动。

1952年组织互助组，通常是七八户、十几户联在一起干活，劳力多的帮助劳力少的，有牲畜的帮无牲畜的。但也随之出现了一些问题，劳力多的给劳力少的富裕户干活觉得不划算，因此就出工不出力。到年底粮食产量每亩不足140斤，花生百十斤。对此，李春常认为，要想摆脱贫困，必须走集体合作化的道路。于是，在1952年冬天，他首先成立了53户的初级合作社。有人质疑他的做法，有人甚至挑拨离间，鼓动社员解散。对此，他硬是顶着家庭和社会的压力，坚持把初级社办下去。他采取的办法是"社员入社后的土地、农具、牲畜都折价记工分，按工分领取报酬"。

为了干出个样儿来给其他群众看，李春常带领社员精耕细作，科学管理，并利用农闲时节到山上开沟翻地，抽沙换土，平整土地，防洪排涝等。结果年底一算账，粮食亩产一下子增加到350多斤，花生亩产翻了一番，分别是初级社前的 2.5 倍和 1.8 倍。成功的喜悦坚定了李春常走合作化道路的决心。他以此扩大宣传,其他农户也纷纷加入合作社。1953 年,全村所有的农户都入社了,1956 年由初级社转为高级社。

从 1953 年开始,为了抵御旱灾,李春常带领社员上山打井。由于地下水奇缺,找不到水线,打着打着就出现了干石硼。即使出点水,浇地也不够用,旱情严重时连井也干涸了。这种情况严重地困扰着李春常和他的合作社。

1957 年,他到北京农业展览馆参观,当看到三门峡水库及其他水库模型时,眼睛一下子亮了。对呀,王庄村南的石门河正是从峡谷里流过,把“石门”堵起来,不就成了一个大水库了吗。水库建起来,水的问题不就解决了吗。以后来到省里开积极分子代表大会,他把这个想法向茹最生副县长及其他领导同志做了汇报,县领导很支持,要他回去后马上回来办这件事。

然而不少群众都想不通,纷纷议论:“打水库,根本不可能!”“只听说有金库、银库,从没听说有水库。”当时群众根本不知道水库是怎么回事。李春常认为,群众的守旧意识只是暂时的,在事实面前他们会觉悟起来的,因此他搞水利的决心下定了。

四、斩蛟锁龙

要在石门河拦水建坝,确非易事。过去流传着这样一首歌谣:石门河,水向东,卖儿卖女下关东,春旱地裂苗难保,伏里大水一场空。

王庄群众虽有石门河水却不敢利用,反受其害,啼饥号寒,流离失所。

为发动群众,李春常首先开了党员大会,在党内统一了思想。又召开了群众大会,在会上,他说:“要想摆脱贫困走富裕路,就必须解决水的问题,所以石门水库非打不可。”

李春常的主张得到了当时的社长李聚财和蓬莱县水利局负责同志的坚决支持,水利局专门派赵金村同志来做技术指导。经过支部决定,由李志强担任技术员,周洪范负责供应石料,李春常带领施工。当时蓬莱县村办水利最大工程——石门河水库工程,就这样红红火火地干起来了。

1957 年夏天,正当锄三遍地的关键时刻,工地施工特别紧张。而汛期马上来了,怎么办?如果不赶在汛期前完成主体工程,那后果是不堪设想的。李春常召开群众大会,动员男女老少齐上阵。为了让妇女能集中精力干农活,他又组织人建起了托儿所。白天让妇女下地,晚上和男劳力一起上水库工地。村里的副业人员,白天忙副业,晚上到水库参加劳动。青年、妇女、民兵,组织突击队,轮班干。到农历七月底,主体工程终于赶在汛期前完成。当时的设计蓄水量是 50 万立方米。

石门水库的建成，轰动了整个蓬莱县，县委组织各地干部来参观，人们对王庄村这一壮举赞叹不已。

1957年秋，正好遇上秋旱，李春常带领群众边开渠边抗旱，渠到那里，水放到那里。总计开了2000米长的水渠，保证了农作物的正常生长，获得了大丰收。

转过年春天，又遇上春旱，他们打开水门种花生。水放到水渠里，再用毛驴往山上驮花生，进行抗旱点种。由于有了水，到秋天粮油双丰收，开创了蓬莱县的先例。

于是又有人编歌谣歌颂石门水库："红日高照艾崮山，汗水浇出粮万担。石门河，铁门闩，锁住蛟龙听人唤！"

1961年，李春常根据水库落差大、冲力强的特点，决定建立水力发电站，让家家户户都安上电灯。他亲自到广州购买水轮发电机，又组织民兵突击队昼夜奋战，手脚冻肿了依然咬着牙苦干，终于在春节前两天安上了电灯。试机那天，电闸一推，全村的电灯一下子亮起来了。群众奔走相告，欣喜若狂。当时农村利用水力发电，王庄村在烟台地区还是第一家。

随着耕作制度的改变和土地面积的扩大，水库存水量已明显不足，李春常在水利部门的支持下，对水库大坝进行了两次加高。同时建立了35个小卫星水库。水的问题解决了，随之而来又出现了人多地少的问题。从1962年开始李春常带领全村老少开荒、填沟整地。当时赶上学雷锋，青年们驾着小车，你追我赶，干得很欢。他们很多人中午回家里吃完饭不休息接着又回到工地干起来。1967年，李春常带领群众整地1500亩。其中1000亩粮田成了全村的"粮囤子"。

土地面积扩大了，水库的水更不够用。1969年，李春常决定把大坝扒掉重修，但许多人想不通，认为劳民伤财，更有人说他是"败家子"。李春常连续几夜没合眼，横想竖想还是扒掉重建好。一来可以扩大蓄水量，二来可把土坝换成万古千秋的石坝。认准了这条理，就走东家串西家，进行宣传动员。找党员，找干部，找民兵骨干做思想工作。磨破了嘴皮，总算说服了一些人。正当他满怀信心，准备放手一搏时，那场史无前例的浩劫毫无例外地降临到了王庄村，李春常在精神和肉体上都受到了冲击。有人向他要权，他说："我的权就是在水库工地扛石头！"无休止的批斗把他折磨得精疲力竭，但是只要批斗一有间歇，他便出现在工地上。他说："不管怎么斗，也动摇不了我建水库的决心！"

重建的水库大坝全部使用一米见方的大石块浆砌，有的石块七八个人都抬不动。李春常却哪里石头大就出现在哪里，哪里活累就在哪里干。打炮眼时扶钎危险，他就扶钎。有一次打锤的人失手了，锤子落在他头上，当场就昏了过去。人们把他抬回家醒来时，心里仍放不下工地的事，又支撑着回了工地。他的行动感动了工地上所有的群众。很多青年白天累了一天，晚上还偷偷地加班运石料。

1971 年 4 月，石门水库提前 7 个月完工。这次重修的水库蓄水能力达到 250 万立方米，坝高 25.7 米，搬动土石方 5.2 万立方米，可保浇粮田 2000 多亩。

1974 年，中共中央提出重视小型水库的防汛工作，省委省府把石门水库列为重点危险工程之一，因为当时设计大坝坡度为 1∶0.6，不符合 1∶1 的要求，要重新加固。这时李春常已 51 岁了，身体和精力已不比往年。但他老当益壮，在复员军人李有国的配合下，提前半个月赶在汛期前完成了大坝加固工程，经上级水利部门检测，完全符合质量要求。

五、无私奉献

李春常当书记多年，一身正气，两袖清风，不贪不占公家的一厘一毫，还常常把应该得的也奉献给集体。

1957～1974 年，他先后 11 次到济南参加党员代表大会、积极分子代表大会，按规定外出开会坐火车有补贴。他把补贴的钱攒起来，买了玩具给幼儿园的孩子们。后来几年的补贴又买了书放在青年图书馆里。他常说："钱是应该花的，但要花在正当的地方。"他当书记期间拿的一直是一个普通劳力的工分。

1953 年，他带领群众栽了 350 亩果树，由于不懂技术，管理上不去，七八年没果。有的群众诙谐地说："李春常买了些公树苗。"李春常也望着树发愣。正在这时，县里成立园艺学校。他派大儿子李志本去学习，毕业回村，经过精心修剪和管理，第二年开始大量结果。1963 年进入盛果期，当时最多的一棵产了 2300 多斤。后来公社信用社要李志本去工作，李春常认为村里更需要他，没让李志本去。这样的机会李志本失去了好几次，结果他一直在农业上劳动。

1967 年春，公社成立了革命委员会，组织上任命他为革命委员会副主任。不久便有人说："这是旧机器贴上新标签。""穿着新鞋走老路。"在全乡范围内开他的批斗会，说他是"红包袱送黑货"。所谓"红包袱"就是老党员，老干部，先进单位，全县十面红旗之一；所谓"黑货"就是石门水库和十万斤储备粮。对这些他毫不在意。亲朋好友劝他别犯傻，自己有吃有喝就算了。他听不进去。1980 年回村后，他又带领群众修建石门水库的溢洪道大桥和防浪坝等扫尾工程。他说："我当时心里没想别的，只想为群众、为子孙后代谋利益。有人讽刺我，批斗我，爱怎么就怎么，我只管干我的。"新任党支部书记李有健觉得李春常年纪大了，劝他不要到水库工地干活，他不同意。他在水库工地上吃住，直到完工后，才回到村里。李春常人在家里，心却在水库上。每逢下大雨，他都跑到水库上查看汛情。雨下一天，他就待一天，雨下一夜，他就待一夜。

六、宝刀不老

1983年，李春常从书记岗位上退了下来。他虽然把担子交给了年轻人，但依然协助村里的工作。村里的大小事情，群众的冷暖温饱都牵动着他的心。

1978年，他建议村支部大力发展苹果。当时村里许多人想不通。怕苹果多了卖不出去，而且又不能当粮吃。为了解决群众的认识问题，他与支部一班人一起，召开群众会，通过对比种粮和栽苹果的效益，摆出栽苹果的经济效益和前景，通过反复的思想工作和算账对比，群众终于开了窍。为了以实际行动去号召群众，他率先栽了一亩苹果。

1993年，上级号召开发山区，他又在自己的山坡地上栽了200多棵果树。他已年近古稀，能否见到这些果树的利还很难说，但他肯定后人会得到好处，心里也就十分坦然。

随着科技的发展，果树不断更换新品种。1989年，他发现短枝国光产量低，品质差，销路不好。便建议党支部当机立断，对短枝国光换头嫁接上红富士。当时这部分果树已经见果了，群众舍不得，但他们知道李春常和党支部的意见是对的，便忍痛把自己的短枝国光换了头。现在群众见到了实际效益，都感谢李春常，赞扬他这个建议提得好。

果树种植的面积大了，大多数果园又接近盛果期，果品产量成十几倍地增加，果品销售的矛盾又严重地暴露了出来。他根据初旺村建冷库增加效益的经验，觉得王庄村有必要建一个冷库。他把自己的想法和党支部同志说了，大家都拍手称赞。党支部先后派人到市冷藏厂和南方一些冷库进行考察，并开始酝酿筹建冷库的事宜。

李春常人退下来，心却在岗位上。1993年6月，石门水库的闸门坏了。他听说后马上赶到水库帮助想办法，很快修好了。干部群众感动地说："你这么大年纪了，还这么操心集体的事，真叫人感动！"李春常只是淡淡地说："这水门的构造我清楚，哪里坏了，该怎么修，我懂一点，往这里跑一趟是应该的。"

李春常同志一生牢记党的使命和宗旨，以全心全意为人民服务的实际行动践行着对党的无限忠诚、对社会主义的执着追求和坚定信仰，值得世人永远敬仰。

（本文根据1993年《蓬莱文史资料》整理）

苗生太

苗生太(1913～1996),男,汉族,蓬莱大季家镇小苗家村(现烟台市经济技术开发区)人。中共党员,历任区长、社长、公社党委委员等职。1962年、1963年,出席山东省劳模大会,被山东省人民委员会授予农业劳动模范称号。

模范事迹

苗生太同志任职期间,光明磊落,忠心耿耿,平易近人,时刻把群众的疾苦放在心上,谦虚谨慎,赢得了广大群众的一致赞扬。在这个村里一提起苗生太,社员们都异口同声地称赞说:"俺这社长,办起事来可认真了,上级号召什么,他就带头干什么,又会领导生产,又会当家过日子,对社员从没瞪过眼、发过火,社员有事都愿找他办,有话也愿对他说,南疃北村挑不出第二个来。"

苗生太同志,出身贫农,1947年参加党组织,在党的培养教育下,他始终如一地沿着党所指引的道路前进。1950年开始领导办互助组,1953年领导办合作社,1954年全村77户都入了社,1956年又将附近7个村合并为一个963户的大农业社(即大季家生产大队)。他从办互助组以来,一直担任主要干部,任大季家生产大队的党总支书记。

小苗家村在旧社会是个穷村,那时全村74户,有14户常年讨饭,有30多户缺吃少穿。解放后,特别是合作化以后,由于生产发展了,社员的生活水平显著提高,1954年和1955年,全村人均收入都在100元以上。1956年办大社以后,由于其他村生产不好,大社统一分配,每人收入70元。虽比1955年收入减少,但是社员生活仍比较富裕。春季,大季家公社多数村粮食紧张,社会秩序混乱,有的村抢了国家粮库,群众心情惶惶不安,生产消极怠工,劳力外逃情况比较严重(全社从1955年到1956年春共外流劳力700余人),在这种情况下，小苗家村却风平浪静，安然无事，群众情绪稳定，生产干劲正常，劳力没有外流，耕畜没有死亡，喂养比较肥壮。今春生产一直积极主动，稳居全社上游，小麦取得丰收，大秋作物生长良好。该村由穷变富和生产一直保持先进，固然是由于党特别是公社党委的直接领导和支持，但是与苗生太同志一贯认真忠诚地贯彻执行党的方针政策，善于走群众路线，讲求实效的工作作风是有密切关系的。

苗生太在工作中一直重视抓思想教育，时刻宣传党的政策，耐心说服教育群众。凡事总是从阶级教育和前途方向着手，他经常教导社员，不要忘本，不要忘了共产党领导咱翻了身，他把上级党委对该村生产和生活上的每一项支持，都作为教育社员的内容。在“闹粮食紧张”风潮中，小苗家村之所以风平浪静，其原因不是该村的粮食多，而在于苗生太同志善于抓政治思想工作和妥善地安排群众生活，春天社里多调了该村 35300 斤粮食，影响了这个村的口粮，虽然临近麦收时公社又补助了 2000 斤，但整个春季全村每人每月平均只有 20 斤粮食，口粮是不宽裕的。在此情况下，苗生太同志一方面用该村在旧社会里吃不饱穿不暖的事实对比解放后，特别是合作化后，在党的领导下社员生活的提高，向社员进行了新旧社会阶级对比教育和积极生产克服困难的教育。另一方面抓好食堂，管好生活，把粮食家底交给群众，号召群众节约用粮，细水长流，利用代食品，保证社员吃饱，因而该社社员对公社外调粮食没有怨言没有牢骚，生产情绪饱满。正月初一下午，全村劳力即投入送粪，紧接着以半个月的时间，将全村适宜压土的 200 多亩花生地全部压上土，提前完成了春耕播种任务，该村的生产总比外村先进，占全社上游。

苗生太一直忠诚地贯彻执行党的指示，并且在具体执行中，能够从实际情况出发，表现了对党负责和对群众负责。他常说：“要想把事情办好，不执行党的指示，不和群众商量，工作干使劲不出路，社员还埋怨。”凡是上级党委贯彻的每一项增产措施，该村总是跑在前头。从 1953 年办初级社开始，他就认真执行了合理密植，选换优种，防除病虫害等增产措施，因而虽然当年是办社第一年，但粮食获得了大丰收，亩产量比单干增产 50%。在推广外地沙地压土种花生的经验中，苗生太同志首先试验获得增产并且直抓到底，凡是适合压土的沙地，从 1954 年开始年年压土，因而该村的花生产量始终位居公社上游。他在执行党委的指示中，能够因地制宜地贯彻，去年秋天种麦时，由于布置任务急，单纯追求数字，曾一度导致虚报成风。当时该村只种了 10 余亩小麦(应种 270 亩)，管理区就报了捷(这时苗生太调在公社工作)，公社就把该村的劳力调往外村协作种麦子，生产队干部要求再种些麦子，公社批评他们已经报捷了，不准再种。苗生太回到村里发现这一情况后，他想虚报数字和上级的指示是不对头的，不种小麦和群众的利益也是不对头的。今年冬天不种小麦，明年吃什么？因此他就帮助干部组织在家的老弱劳力和儿童种小麦，外调劳力回来组织抢种，直到霜降后共抢种 162 亩。同时他根据小麦种得晚，面积减少的情况，耐心说服教育群众，加强田间管理，争取一亩顶两亩。162 亩平均每亩追上万斤肥，最终小麦亩产 190 斤，比 1958 年亩产 93 斤增长一倍以上，总产 30780 斤，增长 22.6%。在去年冬小麦追肥时，该村在每亩追施万斤肥后，打算转上花生地压土。当时公社根据全社情况，仍然提出以小麦追肥为中心，管理区机械地执行了公社党委的指示，不准该村进行压土，强调小麦追肥。这时社员的情绪不高，一度消极怠工，在此情况下，苗生太根据村里的实际情况，请示公社党委批准去花生地压土，为春耕播种打下了基础。在播种花生中，他根据公社提出的合理密植要求，分析了村里的土质条件，分出好坏地，分别按 8 寸∶6 寸，9 寸∶6 寸，1 尺∶8 寸进行播种。对党忠诚，对上级对群众不欺瞒说假，不图虚名，是苗生太同志一贯的高尚品质。今年麦收时，有些村干部思想下坠，产量越报越低，小麦估产 160 斤，实打 190 斤，苗生太立即向公社如实汇报。他说："一个共产党员应该对党对群众忠实，不能三心二意，不能说假话。"

在领导生产中，苗生太对每项工作都是首先考虑怎样做能够达到增产，对群众有利，从不盲目行事。他以身作则，带头搞试验田。可贵的是他搞试验田不是随大流、应付形式，而是有目的有要求，用来教育群众指导生产，所以他在试验中，始终采用对比的方法，突出规格对比和品种对比。他从领导办初级社以来，共进行了 20 余次新旧品种对比和多种多样的密植规格试验对比，并将试验成功的经验用到第二年生产上，并随时随地教育社员。如，栽百号地瓜时公社要求每亩栽 2800～3000 棵，有的社员主张栽 2000 棵，苗生太就以试验对比，用密植增产的事实对他们进行教育。就这样通过逐年试验和推广，全村完全达到优种化，作物全部实现密植，社员普遍反映"合理密植好"。

苗生太扎实的工作作风还表现在能够主动到困难的地方改变落后局面。1953 年办社后，第五小队因干部能力弱、经营管理不善，比其他队连年减产 20%左右，劳力的价值也比别的队低。他不计较个人得失，1955 年主动要求到第五小队，亲自帮助安排生产，抓增产措施，很快改变了该队的落后面貌，当年由下游变为中游，1956 年跃居上游，产量比其他队高 10%以上。

在走群众路线方面，苗生太善于运用群众教育群众的方法，每当贯彻上级指示和改革一种技术规格时，都是首先打通干部思想和向老农进行访问，特别是访问在群众中有威信的老农。他说："通过这样的访问，一能摸到群众的思想情况，二能为顺利贯彻上级指示培养骨干力量。”如，在改良高粱播种规格时，过去老一辈的习惯是每亩种2000多株，现在准备增种到4000株，要改变这个习惯是不容易的，特别是老农不易接受。他看到这个问题后，就访问了村里苗万宝、苗万芳、于金荣等这些在群众中有威信的老农，通过试验田的事实和算账对比教育，打通了他们的思想，然后在社员中进行贯彻，顺利解决了这个问题。从1954年改良后，高粱获得连年丰收，亩产500斤以上，较改良之前增产30%左右。

1956年办大社后，他同样是每当贯彻一种操作规格都是首先在干部中进行研究，找出这样的好处和不这样的坏处，取得思想一致，然后再全面实施。他经常说：“不论什么工作，必须首先打通干部思想，否则是行不通的。”在办大社时期，各队播种的规格很不一致，特别是对稀密之争很大，苗生太就抓住典型，做出样子，召集各队干部开现场会议，就地讨论，解决思想问题，全面推行。正由于他掌握了“问什么，讲什么，学什么，就地决议什么”，因此队干部反映“苗社长领着上山开会比在家听上一上午报告还解决问题”。

苗生太同志在工作中能够把党的指示和群众的要求在实践中统一起来，认真贯彻执行党的方针政策，凡事和群众商量，工作讲求实效，获得社员的称赞和拥护，根本原因是在党的培养教育下，他具有一个共产党员为党为群众负责的优秀品质，忠诚地遵照党的指示，依靠群众，并在领导生产过程中积累了比较丰富的生产经验，发挥了共产党员的应有作用。

（本文根据档案《认真贯彻党的政策，善于走群众路线的总支书记苗生太》整理）

改革开放和社会主义现代化建设时期
(1978 年 12 月至 2012 年 11 月)

陈克祥

陈克祥,1926 年生,男,汉族,山东省济宁市人。1949 年 7 月,毕业于北京辅仁大学,教育学学士。1949 年 8 月至 1950 年 10 月,在济宁市第一中学任教;1950 年 10 月至 1951 年 7 月,在北京师范大学师训班学习;1951 年 8 月至 1958 年 10 月,在山东农学院速成中学任教;1958 年 10 月至 1960 年 4 月,在山东教育出版社做编辑;1960 年 4 月,在蓬莱一中任语文教师。1963 年,被评为蓬莱县社会主义建设积极分子;1982 年 10 月,被授予山东省劳动模范称号;1983 年 5 月,被评为烟台地区优秀教师;1984 年 9 月,荣获山东省人民政府授予的"园丁奖";1988 年,被评为中学高级教师。

模范事迹

忠诚党的教育事业
多为祖国"四化"建设做贡献

陈克祥同志热爱教育事业,在长期的教学实践中,他精钻细研,积累了成套的、行之有效的语文教学经验。党的十一届三中全会后,他深感党的关怀和重托,更加废寝忘食地工作,除了担任正常的教学工作外,还为全省全区全县编写了《中学语文复习题解》《高中语文双练习》《议论文练习二十题》等9 种教学资料,共计 150 万字,还在省级刊物《教学研究》上发表了长篇论文《讲清文体特点,提高读写能力》,博得了广大师生的一致好评。他写出 44 本"教学笔记",共计 146.9 万字,为教学工作做出了贡献。1980 年被山东省政府批准为中学特级教师,1981 年被选为山东省中学语文教学研究会理事。为了工作,他晚上从来没有在十点钟以前睡过觉。他常说:"春蚕到死丝方尽，我虽然年老体衰，也要为'四化'献出全部力量。"在他的带动下，蓬莱一中语文教研组的教学成绩，总是在全区名列前茅。

陈克祥同志努力做好本职工作，对党的教育事业勤勤恳恳，兢兢业业，几十年如一日，像老黄牛一样默默奉献在第一线。他家住在离校3里路的农村，子女多，家务重，爱人又有病，但为了集中精力搞好教学，他一直坚持独自在校食宿，从没误过一节课，也没休息过一个完整的星期天，即使节假日回家，皮包里也常是装满学生的作业本，一有空就伏案批改。1981年夏天，爱人生病，本来约定星期天用自行车带她到15里外的一个大队去扎针，但由于工作繁忙，他一拖再拖。当学校领导和同事们知道他爱人病情日益严重后，再三催促，他才挤出时间带爱人去就诊。但在工作上他是不吝啬时间的，有时为了上好一堂作文指导课，事先要思考一个星期，然后写出讲稿，反复修改，最多改过4稿。

陈克祥同志的忘我精神还表现在对学生的耐心辅导方面。特别是十一届三中全会以来，为了多出人才，早出人才，他更是干劲倍增，对学生满腔热情，循循善诱，对后进学生总是有计划地一个一个地当面辅导，使本来对学习丧失信心的同学迅速提高了成绩。仅1981年和1982年上半年统计，陈克祥同志单独辅导学生2750人次，用去休息时间840个小时，等于105个工作日。通过大量艰苦劳动后进生的成绩也很快提上去了。陈克祥同志的辛勤劳动，博得了同学们的爱戴和崇敬，毕业后升入大学的频频来信致谢，参加工作的常常到学校探望。陈克祥同志经常收到同学们热情洋溢的来信。有的同学在信中深情地说："您对我们的要求像父亲般严格，像母亲般慈爱，您用自己的心血辛勤地浇灌着我们，使我们迅速成长。"

陈克祥同志重视实践经验，探索教学规律，使教学质量稳步提高。他虽然业务知识丰富，业务能力很强，但同"四化"建设培养人才的要求相比，他总是感到知识还很欠缺。因此，他刻苦好学，既能纳人善言，又肯谆谆教人。和他共事的同志们都愿意向他请教，他不管自己工作多繁忙，总是停下来耐心答复。每年外县、外地区都有十余位来访者听陈克祥同志的课，他都热情接待，既毫无保留地传授经验，又虚心地向大家请教。有些请教者来信向他索取教案、讲义或提出疑难问题，他不管自己多忙，都是一一回信，想方设法地满足他们的要求。

1981年以来，陈克祥同志把自己在教学实践中积累起来的经验又进一步丰富、完善，使之更加条理化、系统化。这些经验简要概括起来，就是以下三点：

第一，认真备课，深入钻研教材是教好语文课的基础。

陈克祥同志备课的一般方法是：通读全册教材熟悉每篇课文的内容→找出重点难点→细致考虑教学步骤和方法→写出较详细的教案。在备课时，他肯于在三个字上下功夫：一是“广”，广泛查阅资料，详细占有资料，文章的背景要搞清楚，节选的课文要看原文、查原著，力求讲解有据，文句有着落；二是“深”，对课文内容钻研得深，理解得透，在讲解时深入浅出；三是“熟”，熟悉讲课的内容，熟练掌握教学步骤与方法，对教学各个环节的安排心中有数，课堂上尽量不看教案，以免分散学生的注意力。

第二，在讲读教学中，注意研究不同文体文章的教学规律，摸索不同文体的教学步骤和方法。力求让学生抓住要害，能举一反三，触类旁通。

第三，在写作教学中，全面批阅，注意讲评，提示规律，反复练习。他认为作文不同于其他作业，不能用千篇一律的公式，必须对学生的作文全面批阅，发现各自的特长和弱点，具体指导，因材施教。

指导学生写作，他注意集体评讲与个别指导相结合。集体评讲解决一般规律性的问题。个别指导，他坚持当面批改，对症下药。每次评讲，他只解决一两个问题，决不面面俱到。在训练学生构思能力方面，陈克祥同志抓了两个重点：一是具体分析范文，以范文为例；二是分析学生作文中存在的问题，从学生的写作实际出发，指出问题的关键。

这些经验，尤其是写作文方面的经验，深受广大师生的欢迎。蓬莱教师进修班、县委干部学习班、驻军文化干部学习班，都多次请陈克祥同志专题讲授写作问题。每次讲授都受到广大干群的好评。

陶振生

陶振生(1928～1988),男,汉族,蓬莱登州街道武霖村人。中国共产党党员,初中文化。1949年10月至1950年12月,参加中国人民解放军。1951年1月,复员务农;5月,到中国人民银行蓬莱县支行工作,历任会计、副股长、股长。多次被山东省、烟台市人民银行授予金融系统标兵、红旗手等荣誉称号。1982年,被山东省人民政府授予劳动模范称号。

模范事迹

陶振生同志自1951年参加银行工作以来,一直是勤勤恳恳,刻苦钻研业务工作,成绩显著。1979年被评为烟台市银行系统标兵,1981年被评为银行系统省级红旗手。

陶振生同志在平凡的会计工作岗位上做出了不平凡的事。30多年来,他总是早上班,晚下班。他虽家住县城,但很少休星期天,行里的同志给他算了笔时间账,合计起来多上了3年多的班。1976年的一天晚上,他下班回家不慎跌进3米多深的桥底下,跌伤了脚骨,摔成了脑震荡。三天三夜处于昏迷状态,脚伤未愈他借了拐杖,拄着拐杖上班。他从1956年开始做银行会计辅导工作,经他处理的每一个问题都被详细地记录在笔记本上。虽然经过十年浩劫,但他这种严、细的工作态度从未改变,并且把笔记本依次编号,妥善保管下来,现在已经编到46号。这些普普通通的笔记本,现在起到了会计档案的作用。如徐家集公社徐宋大队社员宋某某,因为1969年的期票没有给他兑付,于1980年上诉到法院,经查证陶振生同志的笔记本证明现在仍不应兑付,为法院正确处理此案提供了事实依据。陶振生待人宽厚,但执行会计制度一丝不苟,不讲情面。经他揭露查清的信用社内部贪污盗窃案件4起,金额19210.35元;社会案件2起,金额4292.97元。如为了查清信用社曲某某、周某某两个贪污盗窃分子的案件,每个案件他都查对了12年的账目、数以万笔的凭证。做到证据确凿,不冤不漏。他对工作严要求,而对自己的事想得很少。如1970年他家盖房子，他没请一天假。在家里，他是独生子，又很孝敬老人，1980年他母亲患病住院，由于当时工作忙，他和母亲讲明了情况，让他妻子和妹妹轮班守护。老人不幸病故，他只请了一天假，料理丧事。他家庭生活困难，欠债700多元。1971年、1972年银行每年都救济他50元钱，他都亲自送还单位。他说："国家和同志们也有困难。"硬是退了回去。

陶振生同志热爱党的金融事业，努力钻研业务。他原是初小文化，参加工作后，坚持自学，虚心求教别人。党的十一届三中全会后，他学习的积极性更高了。1981年，他学习理论，联系实际，写出了会计结算、会计基本制度、联行核算等几万字的讲稿。多年来他在理论的指导下，在搞好调查研究的基础上，为县行写了《会计工作岗位责任制》《农村结算的调查报告》《农贷管理制度》《信用社财务管理制度》等有关金融系统改进会计工作的制度和办法。这对提高县金融系统会计核算质量发挥了积极的作用。1981年县银行会计差错率仅万分之0.206（上级规定差错率不得超过万分之1），创历史最好水平。这个原来仅有初小文化程度的人已自学成才。1981年，参与了省银行《会计基本制度补充规定》的编写工作。1980年、1981年，两次到烟台地区中心支行举办的会计学习班讲授有关会计课程。1981年1月，被吸收为山东省会计学会会员。1982年2月，被授予会计师的职称。

会计股从1979年底以来先后招收了14名青年。这些青年的学生生活是在"十年动乱"期间度过的，学历与水平不相称，进取心差。陶振生同志对他们言传身教。1981年陶振生被提为股长后，又抓了四项工作：第一，做好政治思想工作，仅1981年就找这些青年同志谈心几十次；第二，以身作则，做到"三先"（要求他们学的自己先学，要求他们想的自己先想，要求他们做的自己先做），给青年人做出榜样；第三，由他主讲专业基础知识，使这些青年尽快地通晓业务；第四，组织开展"一帮一"的练功竞赛活动，并定期测验，鉴定学习成绩。这样，在青年中逐渐形成了学业务、学理论、讲进步的好风尚。1979年、1980年入行的8名青年已全部胜任工作，1981年、1982年入行的6人也基本上能够胜任工作，其中1979年底参加银行工作的女青年赵艳在1981年9月份全省银行系统会计100笔记账比赛中获得了第二名的好成绩。

刘玉章

刘玉章(1933～2014),男,汉族,蓬莱大柳行镇芦头村人。中国共产党党员,高小文化,经济师。1955～1956年,参加鞋业社;1956年8月,在蓬莱县布鞋厂工作;后任该厂厂长、党支部书记。1986年,被山东省人民政府授予劳动模范称号。

劳模事迹

刘玉章同志在蓬莱鞋厂工作30多年,担任厂长工作多年,由于他能长期自觉坚持学习马克思列宁主义、毛泽东思想,刻苦改造思想,严格按照党员标准要求自己,处处起模范带头作用,特别是十一届三中全会以来,与党中央保持政治上一致,坚定执行党的路线、方针、政策,多次被评为先进工作者、模范党员,企业被评为文明工厂。

刘玉章富有进取精神,在事业上不甘落后,在产品的发展上有独特的风格。1973年注塑布鞋的生产方式取代了落后而笨重的生产方式,解放了生产力,提高了劳动效率,蓬莱鞋厂是全区首批生产注塑布鞋的厂家之一。公而忘私是刘玉章的宝贵精神,他的公休日几乎全用在工作中,即使是逢年过节他也坚持值班,让别人休息。为了解决职工住房问题,为企业积蓄了多年,房子盖好后,自己不占一间。

为了跟上社会形势的发展,刘玉章刻苦学科学,学文化,很快提高了专业知识水平,他认模号造型、学习设计、机械维修,样样精通。

1972年布鞋厂仅有厂房1300平方米,工人不足百人,每年产量只有10万双,工人平均收入不足500元。到1984年在刘玉章的带领下,鞋厂发展到210人,厂房面积4300平方米,产量140多万双,职工宿舍1800平方米,职工平均收入800元。工厂发展了,经济收入提高了,可是刘玉章的体重却减轻了(不足百斤),他用行动教育了大家,职工们说:“企业如此变化与刘厂长艰苦奋斗是分不开的。”

张宜鼎

张宜鼎，男，汉族，1934年生，蓬莱紫荆山街道西关村人。中国共产党党员，高中学历。1949年3月至1955年，在蓬莱县人民医院任护理员、医生；1955～1979年，在蓬莱县卫生防疫站任医士、医师；1979年后，在蓬莱县卫生防疫站任主管医师、流行病科主任。1983年，被评为全国卫生先进工作者。1986年，被山东省人民政府授予劳动模范称号。

模范事迹

热爱本职　自学成才

张宜鼎1955年由蓬莱县人民医院调到蓬莱县卫生防疫站工作。来到新的工作岗位，工作的困难、社会舆论的压力都没使他动摇，他说："干一行爱一行，党和人民的需要就是我的志愿。"

工作后，他认识到自己知识的不足，就开始自学医学方面专业课程。当时和他条件相同的同志去大学课堂，而他因条件限制不能去。他暗暗下决心，一定要靠自学学完大学课程。在学习中，他掌握"挤"和"钻"两个字。"挤"就是不论工作多忙，一天要学习两个小时，一切空闲时间都利用起来，二十年如一日，从不间断。"钻"就是要钻研，要循序渐进，一本书一本书地读，遇到不懂的问题要知难而进，不懂就请教别人，经常为一个问题钻研到深夜。通过自学与进修，掌握了越来越多的专业知识。1955年，自修传染病学、流行病学、病原微生物学、卫生统计学、环境卫生学、儿童少年卫生学、营养卫生学等课程，当年晋升为医士。1958～1961年，参加上海第一医学院卫生系函授大学学习，通过函授他学完了大学卫生学全部课程。1975年，晋升为卫生医师。

随着专业知识的增加，他越来越感到卫生防疫工作的重要，更加热爱卫生防疫工作。他积极钻研业务，坚持不懈地进行自学，并将学到的知识应用到实际工作中去，平时工作中注意深入基层调查研究，不断总结经验，积累知识。他非常喜欢爱因斯坦的一句话——“热爱是最好的老师”。只有热爱才能有理想,有事业心,才能有追求,去攀登。从只有高小文化程度到学完大学专业卫生课程,他经历的困难和挫折可想而知。长期孜孜不倦地学习钻研,技术水平不断提高,1979 年经过上级业务部门的考核,张宜鼎晋升为主管医师。

探索规律　刻苦攻关

流行性脑脊髓膜炎(简称流脑),发病急,传播快,病死率高,对人民的健康危害极大,当时没有很好的预防办法。张宜鼎看到许多群众因患暴发性流脑抢救无效去世,内心感到很愧疚。他下定决心要找出流脑的有效预防方法。他在认真学习马列著作、毛主席著作,积极参加各项政治活动的同时,克服文化水平低、科学知识浅薄的困难,认真学习业务,刻苦钻研技术,努力攻关。在经常下乡,时间紧、任务重、工作环境不固定的情况下,他挤出休息时间,利用一切可以利用的空隙,经常半宿半宿地看书,翻看阅读解放以来国内各种医学书和刊物上有关传染病、流行病方面的报道。就这样,他先后看了 300 多本有关流行病、传染病的书和刊物,重要的都写了笔记和摘要,写了 10 本读书笔记,300 多张读书卡片。他通过学习别人的经验,经过实践变成自己的东西。经过几年的努力,他的专业知识逐渐丰富起来,具备了搞科学实验的理论基础。

流脑传染性强,短时间内就会传染几十到几百个人。防疫组就像一个“抢救大队”,哪里有病人就到哪里去,虽然在防治工作上出了不少力,但还是按下葫芦瓢起瓢,工作很被动。张宜鼎想,刮风下雨这样的天气现象虽受各种因素影响,但还是有规律的,流脑发病虽受人群带菌、免疫状态、气候变化、人口流动、卫生状况等各种因素影响,但也一定会有规律的,是可以预测预报的。若能有个办法,像预测天气那样对流脑也进行预测预报,防病工作就有主动权了。于是他把这一想法向党支部做了汇报,得到了党支部的重视和支持。组织站内一部分同志协助他把 20 多年来的疫情资料全找出来,共同查资料,做统计,制图表,找线索,摸规律,对 9000 多名病人的发病地区、发病时间、发病年龄等数据进行分析归纳,扎扎实实做“笨”的工作,初步发现了些规律性东西。如,流行的周期性,小流行年儿童发病占多数,大流行年成人发病也增多,每年 3～4 月是流脑发病的高峰季节,每年 12 月至来年 1 月的发病数对全年发病率有密切影响等。掌握了这些规律,他们就开始摸索预测预报方法,连续试验了 4 种不同的预测方法,预测出的数字不是太高就是太低,不符合发病实际数,结果失败了。但是,张宜鼎和同志们并没有灰心，决心继续试验下去。他们又将 20 年的疫情资料重新进行统计，把 9000 多名病人按发病时间算出月平均发病数，再用这个月平均数与当年每月发病数进行比较，求出上升或下降系数，再利用上升或下降系数把历史资料和现实发病数进行对比，采用环比的方法终于摸索出一套流脑预测方法。以后又通过不断总结经验，不断研究改进，经过 5 年预测实践，预测准确率越来越高，可以提前一个月推算出流脑发病数，争取了防病工作的主动权。

在成绩和胜利面前，张宜鼎没有停下脚步，在预测预报流脑发病频率的基础上，1975 年他又开始搞"预测流脑可能发病地区"的科学试验。他和同志们把近 10 年发病的数千名流脑病人，按公社、大队、发病时间绘到全县流脑发病分布图上，分析流脑由一个公社向另一个公社流行，由一个村庄向另一个村庄流行的规律，用历史资料、流行规律和现实发病密度、人群免疫状况，来进行分析推理，可以在每年流脑发病高峰期前，预测出当年流脑可能在哪几处公社，哪几个村庄流行。经过两年实践，预测流脑可能发病地区与实际发病地区也基本上是符合的，为流脑的预防工作争取了更大的主动权。

相信科学　依靠群众

张宜鼎总说："开展一项预防疾病的科学实验研究，不是一个人的力量能完成的，必须在党的领导下，人人动脑，一起动手，开展群众性科学试验活动。"就像毛主席所说："什么工作都要搞群众运动，没有群众运动是不行的。"在搞"流脑人群带菌率及菌型分布调查"时，防疫站党支部反复做了动员，严密组织，发动人人出主意，想办法。在党支部领导下，张宜鼎和化验室的同志以敢想敢干的革命精神与严谨的科学态度相结合，自力更生，土法上马，自制了土保温箱，土法制造了二氧化碳环境，创造了长距离采样运输菌种不死，检出率较高的经验。

为了研究"各种药物消除咽部流脑带菌效果观察"，党支部组织了全站同志去采集牛筋草。试验失败后，又在党支部的鼓励下，同志们克服了犹豫迷茫的情绪，在于家庄公社医院领导大力协助下，经过一个多月的继续研究、努力奋战，终于完成了对于家庄公社流脑发病村的流脑带菌者的调查和对 4 种药物咽部消菌效果的观察，并分离出 300 多株菌种，进行药物敏感试验，取得了比较客观的科学数据。

在对流脑发病村查治出血点感染对象时，单纯依靠专业队伍，一天只能查一二百人，效率很低。后来在于家庄医院党支部大力支持下，在同志们的配合下，举办了防治流脑的赤脚医生学习班，把方法教给赤脚医生，实行专业队伍与群众运动相结合，结果不到 3 天完成了 10 个流脑发病村的查治任务，取得了查治出血点感染控制流脑发病的成功经验。

张宜鼎同志在党支部的支持和同志们的协作下，开展调查研究，探索疾病流行规律，先后完成了人群流脑带菌率与菌型分布定期观察、八种药物消除流脑咽部带菌效果观察、乙型肝炎带毒者自然消长规律调查、甲型肝炎在农村流行规律调查、人群甲肝抗体水平调查、中药地榆治疗菌痢效果观察、几种不同浓度敌鼠钠盐效果观察等科研题目。在每一项调查研究科学试验中，张宜鼎都能主动给领导当好参谋，查找各种科学资料，掌握先进科学信息，亲自深入第一线，掌握第一手资料，哪里有困难就到哪里去，团结同志共同做好工作。

在成绩面前，张宜鼎同志非常谦逊，他总是说："成绩的取得应归功于防疫站党支部，归功于群众，我个人的力量是很微小的。"

张子远

张子远(1938～2001),男,汉族,蓬莱大季家镇芦洋村(现烟台市经济技术开发区)人。中国共产党党员,初中文化,1958年参加工作,曾在大季家公社红专学校任教,后回村务农,任大季家镇芦洋村党支部书记。1986年,被山东省人民政府授予劳动模范称号。

模范事迹

1986年7月,胶东半岛渤海岸边的蓬莱县大季家镇芦洋村的西山上出现了全国最大的村办啤酒厂——蓬莱县芦洋啤酒厂,这家啤酒厂年产啤酒2万吨!同年12月8日,芦洋啤酒厂举行了隆重的开业典礼。热烈的掌声中,一位虎背熊腰的彪形大汉"咚咚"登上了主席台,他扬起蒲扇般的大手用力一挥:"啤酒厂的建成,使我们看到了农民的力量,我们要用我们的智慧,我们的拼搏,我们的成果,给八亿中国农民改换招牌,给'农民'这个概念注入新的内容。"他就是山东省劳动模范、蓬莱县大季家镇芦洋村党支部书记,被誉为蓬莱"新八仙"的农民企业家张子远。

一、弄潮儿

1970年,张子远挑起了芦洋村党支部书记的重担。全村1000多户、3500多人,是全县屈指可数的大村,但也是一个穷村、乱村。面对重重困难,张子远知难而上,带领干部群众治穷治乱,决心让全村家家户户都过上好日子。虽说全芦洋村东临大海,西靠群山,但依山面海的自然优势却不能得到开发利用。3500多人,死打死挨地捆在几千亩土地上,捧着"金碗"要饭吃。张子远看在眼里,急在心上。

1978年的一天晚上,张子远从广播里听到十一届三中全会的文件,激动得彻夜难眠。早晨,张子远兴奋地带领村干部们一起来到了大海边。芦洋村有5公里长的海岸线,发展海上捕捞大有可为,特别是芦洋村有600余亩海面用于人工养殖,是不可多得的海上牧场,被人们称为胶东半岛的“黄金海岸”,这是芦洋村得天独厚的一大优势。张子远指着面前烟波浩渺的大海风趣地问大家:“这是什么?”“海呗。”村干部们不解地答道。“不,这不是海,”张子远庄重严肃地说,“这是银行,是咱们芦洋村的渤海银行,我们的钱存在这里已经很久很久了,现在到了咱们连本带息一块取回来的时候了。”

1979年清明刚过,芦洋村捕捞队首战渤海湾的日子来到了。那一天,滩头上人声鼎沸,人们欢天喜地地往渔船上装着猪肉、鲜菜、淡水和白面……张子远激动地把满满一碗白酒撒向大海,用微微有些颤抖的声音高喊:“弟兄们,祝你们马到成功!”接着他一挥蒲扇般的大手:“开——船——”

马达响起来了,白帆升起来了,震耳欲聋的鞭炮声中,2对30马力的渔轮,6对20马力的渔轮和几十只小马力的机帆船排开一字长蛇阵,像矫健的海鸥,瞬间便消失在海天相接的地平线上。

丰收连着丰收,喜讯接着喜讯,网网不空,船船满载。沉睡了多年的海湾终于复苏了。由于实行了联产承包和个体承包责任制,渔民的生产积极性一下子被调动起来。春秋两季渔汛,全村捕捞量高达100万斤!这在芦洋的捕捞史上是空前的,但张子远并不满足。为了尽快获得更大的经济效益,他和捕捞队的干部群众,一方面,夜以继日地改进过去以打小鱼为主的拖网、以打大鱼为主的流利网和以打对虾为主的加拖网;另一方面,从人力物力各个方面大力支持发展了100多户个体户和联合体的50多只渔船。同时,他又大胆地投资23万元新上了一对185马力的大铁壳船,以增加远海作业的能力。在上这一对185马力的大铁壳船的时候,有些人担心投资太大,怕收不到效益,有些犹豫。但张子远看得很清楚,没有大船就征不了远海,征不了远海就不能获得大的经济效益。张子远真的看准了,这对185马力的船下水第一年便收入18万元。从这对185马力铁壳船的身上,张子远看到了丰收的未来。接着,1984年他又投资26万元上了一对185马力铁壳船。这样一来,芦洋村的捕捞业很快形成了一张大、中、小船相结合,远海近海相呼应的捕捞网。到1987年,这个捕捞队的年捕捞量已达400万斤。八年的时间,产量提高了4倍,这在芦洋村的捕捞史上,不能不说是一个惊人的奇迹。

正当芦洋村的捕捞业蓬勃发展、一展兴旺的时候,张子远把他的眼光转向了海水养殖。他清楚地看到海上资源日趋枯竭,单靠捕捞一条腿走路后果不堪设想,必须做到捕捞养殖并举,方能实现水产业的长远发展。十一届三中全会以前,他们也有过一点点养殖业,由于生产关系的束缚,他们只是偷偷摸摸地养殖了500多亩海带，而且产量不高，亩产不过1500斤左右，500亩海带年产值也不过30万元，去掉生产费用，获利寥寥无几。1982年来，他们加快了养殖步伐，养殖队由过去的5个小队增加到11个小队，每小队配有10艘12马力机帆船，每艘船上又配有毛网和流利网，用来间作捕捞。到1983年，海带养殖面积增加到900亩，新发展贻贝养殖面积500亩，扇贝30亩，并建立了扇贝育苗厂，扩大了海参放养面积。同时，他们还投资3万多元，向海中投石300余方，建立了人工鱼礁和人工海产礁20余亩，为鱼和海参提供了休栖的良好环境，大大提高了海产资源的繁殖量。另外，他们还积极进行科学养殖，大力推广贝藻间养的新技术，因此在海带价格连年下跌的不利条件下，保证了经济效益的稳步增长。到1987年，芦洋村的养殖业年产值已超过200万元。

面对海产品数量的成倍增加，品种的不断增多，一个新的致富方案在张子远的头脑里逐步形成。他和村干部们算了这样一笔账：全村捕捞、养殖各种水产品达到了600万斤，不用多，加工200万斤，每斤增值0.25元，就是50万元，全村人均收入就可再增加150多元。这一算把大家算服了。他带领群众因势利导办起了储藏量200吨的冷藏厂和水产品加工厂，产品有鱼、贻贝、海带丝等20多个品种，由于他们的产品鲜度好、成本低，因此销路大开，供不应求。建厂的第一年便创产值80多万元，获利20多万元。这样一来，全村形成了捕捞、养殖、加工一条龙的生产体系，收入成倍增长。

二、致富路上再起步

张子远虽然带领全村百姓打开了"渤海银行"的大门，芦洋的日子较前几年大有好转，但群众要求进一步致富的浪潮却一天比一天高涨，特别是落实家庭承包责任制以后，这股要求尽快致富的浪潮终于冲击得张子远坐立不安了。芦洋村中有500多人没活干！

无事生非。芦洋村街头出现了酗酒的、传瞎话的、骂街的……张子远家中每天都有人找他要活干，有的怒气冲冲，有的悲悲切切，有的可怜巴巴，搅得张子远一刻不得安生。这些现象使张子远不得不静下心来认真地思索：是啊，芦洋村子大，劳动力资源雄厚，这对芦洋村说来，为发展商品生产提供了有利条件，可是生产责任制以后，却出现了500多人没活可干的局面，作为芦洋村的一把手，怎么能忽视了这个大问题呢！他从这件事中掂出了自己作为一个村党支部书记肩上担子的重量，看到了在新形势下自己面临的新任务，就是尽快把从土地上解放出来的劳动力转移到商品生产上来，让群众尽快富裕起来。张子远心里豁然开朗。大海是芦洋村的致富路，办工业同样也是芦洋村的致富路啊！经过严密的考察和精心的筹备，张子远带领群众一股脑儿地办起了印刷厂、修配厂、糕点厂、罐头厂等8家企业，所有剩余劳力全部有了归宿，这8家企业，就像8个“聚宝盆”，每天源源不断地为芦洋村招财进宝。1983年底，年终决算的算盘一响，出现了一个令人振奋和鼓舞的数字，全村总收入达到343万元，人均分配400元，这对于长期人均分配在百十元上下的芦洋人来讲，确实是太了不起了！

三、要干就干个像样的

正当人们喜笑颜开欢庆富裕的时候，张子远却皱起了眉头。他看到全村虽然发展了海上生产，办起了七八家企业，社员们初步迈上了富裕之路，但全村还没有一个像样的工业，没有一种像样的产品，还有很大的劳动潜力没有充分发挥出来。张子远心里急啊！他还没有来得及领略一下胜利的欢乐，便又踏上了新的征途，开始了新的探索、新的拼搏。他踏上列车，闯东北，下江南，转遍了全国大中城市的几百个单位。到处游说芦洋村发展商品生产的优势，到处向人家请教能带领芦洋人民致富的经验。就凭着他两片厚厚的嘴唇，竟把全国范围内80多名专家学者和技术人员请到了芦洋村，为芦洋村的进一步致富献出了灵丹妙药。

村委会接待室里，专家学者济济一堂，他们刚刚考察完了芦洋村的山山水水，这会儿要出方献计了。会议开得热火朝天，专家学者们普遍对村西山上的11眼大机井很感兴趣。这些大井是当年学大寨时，张子远带领全村干部群众打的。经受住了十几年干旱考验，水量蕴藏丰富，可供工业性用水。更主要的是泉水甘冽，含人体需要的多种矿物质，实属难得的矿泉水。经化验用来生产啤酒极为理想，且生产啤酒的废水可以用来浇地，酒糟可以用来养猪，形成农业的良性循环。专家们提的建议大多数集中在啤酒生产上。专家问：“建啤酒厂工程大，投资高，困难多，你敢干吗？”张子远一挥蒲扇般的大手，说：“只要能让芦洋村富起来，困难再多我也不怕，投资再大我也敢干。”张子远认为，农村要闯出一条企业化、商业化、专业化的道路，就必须有一个骨干企业作为龙头，带领全村经济的腾飞。他们经过反复研究，反复论证，觉得建啤酒厂，以啤酒厂为全村经济发展的龙头，此举可行。“建多大规模的呢？”专家们又问。“要干，就干一个像样的，建全国村办第一流的。”“不行，不行，建全国村办第一流的起码要年产2万吨，按国家投资标准计算需要2000万元，你们一个村，到哪里弄这么些钱？再说，弄好了行，弄不好，把你们整个芦洋村全部卖了也不值2000万啊！”专家说。是啊，一个村一下子投资这么多，这可不是闹着玩的，弄不好是要倾家荡产的。张子远同村干部们反复合计过，土地自己有，不用花钱；土建自己动手，省钱；村里这几年还有一部分资金积累，再贷点就行。为了慎重起见，他又请来了十几位工程技术人员，从交通运输、供水、原料、资金来源、技术设备和产品销路等方面，进行了反复的考察论证。论证的结果表明，芦洋村建啤酒厂万事俱备。

1984 年 10 月的一天晚上，制定了芦洋村具有历史意义的决策：争分夺秒抢建龙头骨干企业——啤酒厂。这个决策意味着张子远将从一个粮食书记成为一名农民企业家，意味着芦洋村党支部将带领芦洋村人搭上现代化、商品化的列车，奔向一个新的前程，开辟一个新的天地。

四、张子远"失踪"之谜

芦洋村要投资 2000 万元办啤酒厂，这消息不但在芦洋村引起了强烈的反响，就在整个蓬莱也像油锅里撒了一把盐——噼里啪啦地炸响了。有人不理解："芦洋村山珍海味要啥有啥，是全县的先进单位，张子远又是全县屈指可数的先进人物，既是土地爷，又是海龙王，守着老摊子不蛮好吗？何必冒那个风险。"有人怀疑："一个村子办那么大的啤酒厂，贷那么多的款能行吗？"有人撇嘴："张子远是有了个黄豆粒支着牙，不知天高地厚。"有人讥诮："张子远是黑瞎子睡凉炕——楞充好身板，想当啤酒大王啊，嘻嘻……"有人算命："弄不好，张子远就得背着一身债跳海。"

人们的这些议论不是没有理由，上啤酒厂，投资一两千万，蓬莱的几个经济实力比较雄厚的乡镇吵吵了好几年，都没有敢干，芦洋一个村子干上了，能不叫人们震惊、议论一番吗？面对社会舆论的压力，张子远一拍胸脯："让人们去评头论足吧，怕这怕那就什么事也别干，要干就不能怕担风险，有风险我张子远一人担了！"这样的流言蜚语，他经历得多了，对他来说可谓张飞吃豆芽——小菜一盘。可是，天有不测风云，信贷部门停止了对他的贷款！

1985 年 5 月，上级农业银行审查啤酒厂的贷款来了，他们到啤酒厂工地转了一个圈，不吸烟，不喝茶，径直回到了大季家镇党委。尽管张子远详尽细致地申诉了自己的理由，郑重其事地立了军令状，贷款还是被冻结了。怎么办？继续干，还要好几百万资金，哪里弄去！要下马，更下不来，已经投入 700 多万元。3 个施工队同时施工，10 多个供销人员在外跑设备、订原料，4 层的糖化大楼已完成 3 层，发酵罐群座、包装车间厂房、工艺楼房、制冷压缩车间土建都已基本结束，全套制酒设备已交押金订购，锅炉和自制设备的原材料已运进厂内，整个施工场地成了一个砂石的天地、钢铁的世界。要下马可下不起呀！他越想越烦恼，不由自主地来到了大海边。

他在沙滩上徘徊着，想到了自己的父亲——抗日英雄张学万。父亲

18岁就参加了当时胶东的抗日组织“三军二路”，1939年在掖县攻打日本鬼子据点时壮烈牺牲。当时父亲是连长，年仅21岁，父亲从19岁同母亲结婚到牺牲，只回家同母亲团聚了两次，还没见到儿子面，就离开了人间，父亲到底图的是什么？他想到了上级领导的支持。他忘不了在办啤酒厂遇到外界舆论压力时，县委书记和县长握着他的手，鼓励他说：“老张，看准了，你就大胆干吧，有困难找我们，县委、县政府支持你，我们把蓬莱县啤酒厂的牌子送给你。”这是多么大的信任，这是多么热情的支持啊！他想到了自己年逾古稀的老母亲。当她听说上啤酒厂，嘱咐说：“远儿，为了全村过上好日子，豁出来干吧。”他又想到了妻子。自己常年东跑西奔，整个家务和5亩口粮地全部撂给了她，她默默地挑起了家庭的重担，支撑着整个家庭，让自己能把全部精力用在村子的事业上，多么难能可贵的理解啊。他想到了芦洋村3500名干部群众，这些朝夕相处的乡亲，尽管自己有时批评他们，甚至有时错怪他们，但他们从不记在心上，打心眼儿里拥护他的工作，不管什么工作，一呼百应。他忘不了，在开村民大会的时候，他问村民们上啤酒厂敢干不敢干时，村民们异口同声地说：“你领头，我们就敢干。”有个小青年对他开玩笑说：“你敢领着我们下海，我们就敢擒龙；你敢领着我们上天，我们就敢摘月。”这是多么好的村民，多么好的乡亲啊！他越想越坚定了一个信心：干！

开弓没有回头箭，认准了就要干到底。停了贷款，豁上脸皮借。连日的焦虑操劳，他身上的皮肤病又犯了，浑身上下痒得难受。他索性脱得一丝不挂，一头钻进海里，奋力向前游去。“张子远跳海了！”“张子远失踪了！”社会上流言四起，消息一传十，十传百，风一般传遍蓬莱县。不少人都为张子远着急，有的打电话找他，有的写信给他，还有的亲自跑到他家，张子远确实“失踪”了。因为从那天夜里起，多少天来人们谁也没见着他的影子。可是啤酒厂工地上的土建工程仍在热火朝天地干，各种设备还在源源不断地往厂里进。这真是一个谜！那么张子远究竟在何处呢？原来那天夜里他畅游大海回来，连夜给村干部们布置了工作，接着便带病去了青岛、北京、大连、广州。10天以后，张子远又出现在啤酒厂工地上，他怀揣着100多万元资金，解了燃眉之急。在国家压缩贷款的困难时期，保证了酒厂的正常建设。

五、难忘的日子

对于芦洋人来讲，1986年7月16日是个难忘的日子，也是值得庆祝的日子。占地面积100亩，建筑面积21000平方米，有制麦、制酒、包装、瓶盖等7个车间、490名工人的酒厂建成投产了。一年多来，为之拼搏、为之奋斗400多个日日夜夜的芦洋啤酒开始装罐了，当人们看着那洁白细腻的泡沫，尝到那清冽醇美的酒香，心中充满了难以言表的幸福与欢欣。在场的一位青岛啤酒厂的工程师说："这啤酒我不敢说比青岛啤酒强，但也绝不能说比青岛啤酒差。"芦洋啤酒的色度、味道、泡沫，经过化验和专家品尝、鉴定，都达到了国家标准。投产后仅仅几个月就在北京、济南、青岛、西安、太原等地打开了销路，产品供不应求。1986 年 11 月，芦洋啤酒厂以其上乘的产品质量被中国食品工业协会、啤酒专业协会接收为会员。在 1987 年的春季深圳国际食品贸易会上，芦洋啤酒受到了日本、加拿大等客商的好评。芦洋啤酒一次试产，一次成功，销路大开。芦洋村建啤酒厂成功了！

啤酒厂土建工程量大，张子远亲自带领 200 多名干部群众顶风冒雪，苦战一个冬春，用蚂蚁啃骨头的精神，靠镐刨、小车推，运土石 20 多万立方米，啃平了一座小山头，平整土地 100 余亩，仅这项基础工程就节约开支 10 多万元。啤酒厂设备比较笨重，搬运安装十分困难。外雇起重设备花钱多，时间还保证不了。张子远带领安装工人们，发扬艰苦创业的精神，苦干、巧干。一台 27 吨重的锅炉，张子远带领 17 个人硬是用土法安装成功，节省资金 6500 元。他们自制一个土吊，把一台 3 吨重的粉碎机吊装到 15.8 米的机架上，又节约资金 1000 多元。

为了这座啤酒厂，张子远和村干部们严格压缩非生产性开支，明确规定，不准借外出之机游山玩水和探亲访友，不准住高级宾馆，对不合理的交通、食宿费用不予报销。张子远更是处处带头，他每次外出都是拣着便宜的旅馆住。有一次张子远领着 5 个人到深圳参加国际食品工业技术设备展览会，本镇的一位在这里工作的老乡给他在宾馆里安排好了床位，但他却住进了一家很普通的小旅馆。

为了节省时间和资金，张子远外出办事常常自己带着干粮、水壶，饿了就吃一点，渴了就喝一口。1985 年 10 月的一天，张子远在北京办完事后，急急忙忙赶到火车站，准备乘夜间的 247 次列车回家。刚要检票，喇叭里广播了有关部门的一则启事，要他再留一天，还有事情要商量。等他办完退票手续以后，地铁已经收车。按理说，他完全可以雇一辆出租车找地方住下。可他一算，这样少说也得花几十元钱，于是，他便从提包里找出两张旧报纸，铺在地板上，在火车站过了一夜。

办企业需要有胆量和气魄，更需要有共产党员对人民负责的高度责任感和全心全意为人民服务的精神。张子远正是这样，为了让啤酒厂早日建成投产，他只争朝夕，日夜不停地奔波。出差回来后，就一头钻到工地上，组织土建、指挥安装。在建厂施工的紧张时刻，他连续十几天没有回家，日日夜夜在工地上，饿了啃两口干粮，困了找地方打个盹。干部群众过意不去，劝他休息，他说："我们的前辈为了人民过上好日子连命都搭上了，我们吃这点苦算得了什么。"

张子远常说一句话："人的一生是短暂的，人生在世干一番事业，要干就要干出个样来。"张子远明白，要生产出高质量的啤酒，就必须有高质量的大麦芽，要生产高质量的大麦芽，就必须有自己的麦芽车间。为此，张子远一不做，二不休，于 1986 年投资 200 万元建起了一座占地 2400 平方米、年产麦芽 4000 吨的 6 层车间大楼。1987 年，麦芽车间正式投产，一级麦芽成品率高达 90%，超过了轻工业部一级标准。麦芽车间的建成，不但满足了本厂的需要，还可对外实行来料加工，每年可增加收入 100 多万元。

麦芽车间的建成，使芦洋啤酒厂如虎添翼。1987 年 8 月，联邦德国海门工程咨询有限公司经理，德国啤酒专家海门先生考察了芦洋啤酒厂的规模，品尝了啤酒后连声称赞："想不到一个农民能办这么好的啤酒厂，中国人了不起。"双方经过两天的亲切交谈，初步达成了联合生产无酒精啤酒的协议。临走时，张子远送给他两捆啤酒，他说："我要带回去，让我父亲尝尝中国农民酿造的啤酒。"

六、彩色的展望

张子远是新时期的创业者，他始终站在新的起跑线上展望未来，不断进行新的探索，新的拼搏。

芦洋啤酒厂每年获纯利 400 多万元，一下子抱了个大"金娃娃"。与此同时，一座座养猪场建起来了，一池池酿酒废水灌入了粮田，芦洋村的工农业生产走上了良性循环的轨道。张子远并不满足，他围绕着为啤酒厂服务的中心，一鼓作气上了彩印厂、纸箱厂、瓶盖厂、养猪场等十多个项目。啤酒厂这个"龙头"，带动了全村经济的腾飞。围绕"龙头"芦洋村建有工副业项目 30 多个，有 1000 多人从事商品生产。1987 年，全村总收入达到 2500 万元，人均分配 1000 元。

经过张子远带领全村干部群众的艰苦奋斗，芦洋村变了，集体家底厚实了，社员们吃得比过去好了，穿得比过去俊了。但张子远仍然心事重重。他说，芦洋村的住房都是 20 世纪 70 年代初造的，街道很乱，现代化的社会主义新农村总不能像这个样子吧。眼下形势这么好，现在不干何时干，现在不变何时变。张子远又在规划未来的新村庄……

在张子远的家里，有一幅著名书法家送给他的条幅"旷怀"，两边写着"千秋笔墨惊天地，万里江山入画图"，这或许就是张子远带领乡亲们建设中国特色社会主义现代化新农村的真实写照吧。

周裕久

周裕久，男，汉族，1938年10月生，蓬莱登州街道长裕村人。中国共产党党员，中专师范毕业。1954年8月至1976年11月，在徐家集镇任教；后调至蓬莱易三实验小学任小学高级教师、校长。先后被评为县、市、省优秀教师和市劳动模范，获得烟台市“十杰”校长、优秀共产党员、专业技术拔尖人才、山东省优秀教师等称号。1986年，被国家教育委员会评为教育系统劳动模范并授予人民教师奖章。

模范事迹

周裕久同志忠诚党的教育事业，工作一贯勤勤恳恳，任劳任怨。从1976年调到易三实验小学，任职10多年来，他在摊子大、任务重、人才不足的状况下，团结全校师生，积极工作，不断创出新成绩。

执行政策的模范

周裕久同志有较高的政治修养。党的十一届三中全会以来，他坚定地在政治上与党中央保持一致，在贯彻落实党的知识分子政策中，他胸有胆识、珍惜人才、爱护人才、使用人才。学校有位有才能、有实干精神的副校长，任教30多年，一直表现不错，本人迫切要求加入中国共产党。受“左”的影响，拖了多年不能解决。周裕久同志珍惜这位副校长的才能，保护他的政治上进心，曾多次跑到县里和镇里阐明自己的观点，并协助组织查清问题，终于实现了这位副校长要求入党的多年夙愿。这位副校长敢于负责，拼命工作，经常说：“和老周同志一起工作，心情舒畅。为了报答党的恩情，我要生命不息，努力不止，把全部的光和热献给党的教育事业。”

为了充实加强教师队伍，适应教学需要，周裕久同志还广求有才干的人到校任教。有位业务有专长的民办教师，因父亲的历史问题，“文化大革命”期间被赶回家，周裕久同志摸清情况后，担着风险反复向上级请示，做村里的工作，几经周折，把这位同志请到学校里任课。后来，他又大胆地安排他为教研组长，使这位教师放下了思想包袱，发挥了业务专长，倾心于教育事业，做出了显著成绩。这位教师1983年被评为全国优秀班主任，1984年被选为县人大常委，1986年又被提拔为学校副教导主任。

指导教学的模范

周裕久同志有丰富的教学经验，他在教学的总体指导上，坚持从自身做起，从教师做起，面向全体学生，全面提高教育质量，从而使学校的各项工作不断取得新成绩。学校各科考试成绩及各种智力竞赛成绩连续多年名列前茅。为了指导好教学工作，多年来，周裕久同志坚持多方涉猎，广为采撷，学习教育理论，学习先进教学经验，摘编教育教学篇目，努力充实自己，做到学以致用。他坚持和其他老师一样备课、上课、批改作业、参加教研活动。同时还坚持平均每周听两节课。10年来，他听遍了所有教师的课，日积月累，小学的全部教材和教学方法，他基本上样样精通。一次，他听了由初中刚调来的赵老师给五年级讲的一堂数学课，发现赵老师以初中学生的理解水平给小学生讲课，结果学生吃不消。课后，周裕久同志亲自指导赵老师重新备课，并请数学教研组长给他讲了示范课，这使赵老师明白了备课必须备学生的道理。后来，赵老师成了数学教学骨干，还经常讲示范课。

为了使教育教学改革的步子迈得坚实一些，在宏观上，他坚持不懈地研究，不断探索，不断实践，不断总结，初步建立了“一条龙”教育教学改革实验体系，试办了学前教育课、学前教育班和各年级的实验班。在微观上，他一方面请人给教师讲教育学、心理学、儿童心理学，组织教师学习苏霍姆林斯基、赞科夫以及布鲁纳等外国教育家的著述；另一方面，精心安排教师互相听课、评课，开展教学实验活动。在他的指导下，这个学校先后写出了十多篇教学实验报告。另外，他还十分重视对教师的培养提高工作，定期组织教师进修，外出参观，让教师开阔视野，增长学识。1986年，他与北京教师进修学院联系，先后派出15名教师去北京进行语文、数学、教育理论进修学习，有效提高了教师的教育理论和课堂教学水平。

为人师表的模范

周裕久同志是一个品德高尚的好校长。他对学校工作殚精竭虑，尽心尽力，对于同志的困难牢记心中，竭力相助，而对自己的事情却很少考虑。他严于律己，宽以待人，苦活、脏活、累活和师生一起干，有了福利他却优先分配给老师们。他长期对自己严格要求，养成了严守纪律、不以权谋私的优良品德。1985 年，上级领导决定分给周裕久同志一套单元住房，但他想到有的教师住房更紧张，就坚决拒绝，硬是让给住房最困难的同志。这位同志接到搬迁通知时激动地说："领导这样照顾咱，咱更应好好干工作。"

周裕久同志的时间是属于学校的，每天到校最早，回家最晚。周末、节假日总是安排别人休息，自己却致力于学校工作。每次到县里或镇里开会，散会后不论是中午还是晚间，总是径直返校，从不回家办自己的事。在他的影响下，有的教师外出学习，头天深夜回来，第二天一早就到学校上课，学校教师的满勤率超过 95%。有一年夏天，山东省教育部门组织劳模去苏杭疗养，游览祖国名胜，领导决定让他去，他却硬是把这个机会让给在第一线工作的优秀教师。那个教师回来说："去疗养的人不是书记就是校长，只有我跟着周书记沾了光，我绝不辜负学校领导和上级党组织对我的期望。"

周裕久同志就是这样，兢兢业业，埋头苦干，一心扑在党的教育事业上。他坚持正确的办学方向，开拓进取、锐意创新，教育教学改革成果显著，让易三实验小学成为蓬莱市的窗口学校，受到上级和社会的广泛好评。他还主持完成了"和谐教学法"省级课题的研究，学校被国家教育委员会基础教育司定为实施"愉快教育"试点学校，被山东省教委命名为山东省艺术示范学校、山东省电化教育示范学校、烟台市素质教育明星学校，连年被评为烟台市文明单位、烟台市先进基层党支部等。

丁宝贤

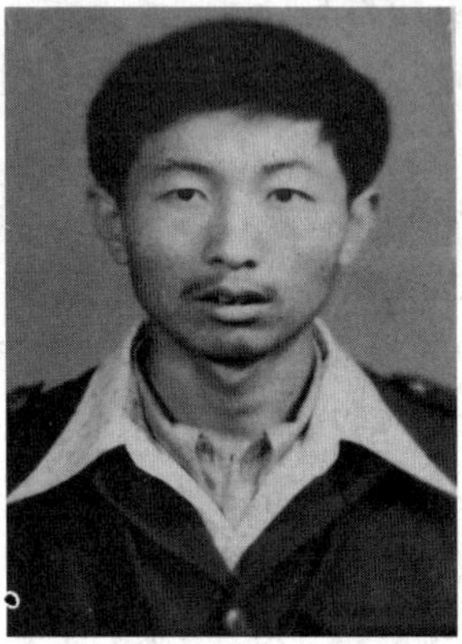

丁宝贤，男，汉族，1962 年 8 月生，蓬莱南王街道羽山小丁家村人。中国共产党党员，中专文化。1984 年在蓬莱市酿造厂工作，历任该厂化验室组长、助理工程师、工会主席等职。1989 年，被山东省人民政府授予职工劳动模范称号。

模范事迹

丁宝贤同志酷爱学习、钻研酿造技术，带领本组技术人员和其他工人一起试验，选出适合本厂使用的菌株，使甜酱和还原糖含量超过了部颁标准；还找出了影响本厂酱菜保质期的因素，使产品质量不断提高。他主持完成了省、部级研究课题 6 顶，其中芝麻辣酱、酱甘露、酱油海带丝 3 项产品荣获商业部优质产品称号；“紫菜酱”产品填补了山东省空白；“浆状合成洗涤剂”产品达到山东省同行业先进水平，并获得蓬莱市科技进步三等奖；“仙阁牌腐竹”被评为山东省商业系统优良产品。他坚持深入生产第一线，攻关改进多项生产工艺、解决工艺中的疑难问题。他写下了 30 多万字的笔记和实验记录，改进一项生产工艺，减轻职工劳动强度 50%。他还利用业余时间举办培训班，向职工传授先进技术，本厂名优产品连年增加，企业的经济效益跃居山东省同行业先进行列。

魏明深

魏明深，男，汉族，1933 年 4 月生，山东龙口人。中国共产党党员，毕业于山东省龙口师范学校，历任小学教师、主任、校长，县文教局科员，团县委副书记、书记，文化局局长，电业局局长，电业公司经理等职。1986～1988 年连续 3 年被山东省、烟台市电力局评为农电先进生产工作者，被烟台市评为劳动模范，1989 年，被山东省电力局评为优秀企业家，同年被能源部授予全国电力系统劳动模范，1999 年，再次被能源部授予劳动模范称号。

模范事迹

魏明深从事领导工作多年，积累了丰富的工作经验，在工作和生活中始终坚持以邓小平理论指导，以党的建设为重点，进行深入的理论探索和宏观的经济研究，坚持理论与实践相结合，使所领导的蓬莱电业公司于 1984 年被水利电力部评为先进集体，颁发铜牌一块。

在魏明深任职期间，1986 年电业公司被山东省评为优质服务达标单位和农电竞赛优胜单位。1988 年公司又晋升为山东省“先进企业”，安全生产达到国家特级企业标准。其事迹曾在《光明日报》《经济日报》《人民日报》《烟台日报》上登载，并被中央电视台于 1989 年 6 月在《新闻联播》节目中播放。其撰写的论文多次在国内外公开发表。论文《深化改革不断探索计划用电的新路子》被收入大型文献《画说邓小平理论》之论文卷《邓小平理论的实践》，并被评为征文优秀作品。该文还于 1992 年 5 月在美国太平洋经济导报社出版发行的《中国工商管理》一书中，以英文发表于全世界，6 月魏明深出席了在美国的首次发行仪式。

陈亮

陈亮,男,汉族,1941 年 2 月生,蓬莱登州街道长裕村人。1971 年 1 月,加入中国共产党,高级工程师,高级经济师。裕华实利总公司总经理兼村党总支书记,蓬莱"新八仙"。1982 年以来,先后四次被授予县级模范共产党员称号;1987 年,被选为人大代表并当选为人大常委;同年,当选山东省农民企业家协会副会长;1988 年,选为山东省人大代表;1990 年,被农业部和人事部授予劳动模范称号,出席了在北京召开的表彰会,受到李鹏、王震等领导的接见。

模范事迹

楔　子

他是蓬莱第一个盖楼,第一个穿西服,第一个买汽车的庄稼汉!

他的名字上了《人民日报》,他的形象上了中央电视台,他的事迹被著名声乐演员郁钧剑编了歌唱出来,他被冠之为"农民企业家",名片上的头衔是裕华实利总公司董事长兼总经理。

他的裕华实利总公司,拥有 30 多家下属企业,总产值达 3000 多万元,利润实现 800 多万。全村 900 户人家,光住房就有 1500 套。每个三口之家的普通家庭,至少都有两万块钱的存款,有的竟达几十万。这一切都离不开长裕村的大掌柜——陈亮。

有人曾经问他:"陈亮,你现在拥有这么强的实力,这么多的荣誉,在所有这些露脸的事中,你觉得最自豪的是哪一回呢?"陈亮说:"最自豪的一回,就是 1982 年县里开劳动致富表彰大会,我戴着大红花从县委大院走到人民剧场,当着全县人的面宣布长裕的吃饭问题解决了那回。"

在那么多荣誉的光环下,陈亮为什么把荣誉和家乡父老的温饱紧紧地系在一起呢?还是让我们寻着这位创业者的足迹去找答案吧!

磨难·增智篇

1965 年,当时在长裕村驻点的干部夏桂初在巷子里叫住赤膊挑水的陈亮。“陈亮啊，挑水吗？啧啧，看这一身腱子肉多结实！我说，年轻人往后可得挑重担哪！”“挑重担？行！不就是多干点活吗？”善良憨厚的陈亮一咧嘴，傻乎乎地说：“行呵，你放心，我有的是力气，多干点没关系！”

晚上，队里开选举会。一唱票，满屋子净是“陈亮”。原来是让我挑这个重担啊！陈亮慌了：“不行，我不行！”陈亮急得语无伦次。“行，你行！”乡亲们异口同声。“我——”陈亮的申辩被乡亲们热诚的目光退了回去，他是个红脸汉子。陈亮拉着长裕的车在“学大寨”的路上忠实地走了十多年，始终没能沿着“七沟、八梁、一面坡”走到一个崭新的世界。

2000口人，1000亩地，吃的穿的都从这里抠，什么时候才能抠出个饱肚子来！眼看不少人背井离乡外出谋求生路去了。陈亮心里似刀剜。怎么才能让群众填饱肚子？怎么才能让老百姓弄个零花钱？他在田埂地头上不知转悠了多少遍，怎么也没能从垅沟沟里看出个生财的道道来，还得另寻出路哇！

他单枪匹马地去闯天津，背着100多斤苹果徘徊在楼下，为的是办一台电动机……

他带人过海去了大连，买了一个工厂的旧卡盘。190多斤的铁背在肩上，绳子勒进肉里，骨头被硌得生疼，脖子抻得老长，好不容易挨到轮船检票口，人家怀疑东西来路不明，非要证明不可。陈亮急了，“哧啦”一声用刀子划开草袋包装，说：“我是山东蓬莱长裕大队的党支部书记，到这来买人家工厂的旧卡盘，家里边2000张嘴等着从这上要吃喝，请让我们上船吧！”一身旧军装，一双塑料鞋。船员们上下打量着这条汉子放行了。

听说有人能给指出个发财的好道道，陈亮带上全村人凑的290元钱再次到大连，没承想在公共汽车上被人偷个干净。陈亮眼全黑了，疯了似的在人群中挤出挤进，见了和自己一样的包就拽，一拽拽开一个妇女的包，里面齐刷刷的一叠卫生纸。陈亮差点休克。这290元钱，是全村人的依靠，怎么向大伙交代？硬梆梆的汉子被磨难撂倒在炕上躺了整整一个月。这一个月中，他绞尽脑汁，挖空心思，病好后，硬是上了磨坊、草编、木杆秤等几个项目。

开天辟地头一回儿，老百姓手里攥了个零花钱，陈亮却被挂上了“走资本主义道路的当权派”的牌子，被按到台上好一顿斗。磨坊的机器停了，草编厂的草散落一地，木杆秤也失去了准星……长裕人刚刚见到的希望之光稍纵即逝，老百姓的心冷了。陈亮却从中更深刻地总结了农村无工不富的道理。

少小离家老大回，一个13岁就离乡到香港去谋生的老华侨回长裕省亲来了。没想到家乡的父老们仍然辗转在磨道的狭窄和悠长之中。老华侨要为家乡捐赠一台拖拉机。拖拉机?!长裕人把眼瞪圆了。捐拖拉机?陈亮也好像听到了外星人的声音。在当时的长裕人眼里,拥有一台拖拉机简直就相当于现在拥有一架飞机的水平了。不能吧?可是,提货单真的送到了长裕!长裕人惊呆了。陈亮也没了章程。这么一个庞然大物如何摆布得了?整整几天,长裕村笼罩在一片不知所措的茫然中。队委们憋在屋里,旱烟蒂攒了一小堆,终于做出决定将这台崭新的"铁牛"送到公社拖拉机站代管。等长裕人认识到自己把个"金牛"白白送走,想起把它接回来时,它已成了一堆废铁。"咱愚啊!"陈亮的肠子都悔青了。大把钱扔进水里连个响也没听着,一台"金牛"交了学费。我这学费不能白交!我要见花、见果!陈亮的心在呐喊中寻觅着,等待着,盼望着农民的转机。

1984年,在北京新源里,披红挂绿的"醉仙阁"饭庄前,各式轿车长龙似地排成了队。国务院各部委的同志走来了;首都各界知名人士在这里下车了;电视台、广播电台、各报社的记者们高举着摄像机、照相机,蜂拥而至;八一电影厂的30多名演员等候在这里。他们同受一位农民企业家——裕华实利总公司董事长兼总经理陈亮的邀请,来参加"醉仙阁"的开业典礼。此时邀请和被邀请的双方都在经历着难忘的一刻。

主人出场了。他,西装革履,风度翩翩,彬彬有礼,大方坦然。这是一位农民吗?好家伙,他把触角伸到北京来了!"女士们,先生们!"餐厅里鸦雀无声,他一出场就显示出了力量。"蓬莱是神仙居住的地方,海珍是神仙享用的佳肴。今天,我们能把神仙享用的美味奉献给各位来宾,奉献给北京市民,作为农民,我们感到无比的荣幸和自豪。"

"哗——"排山倒海的掌声。闪光灯争先恐后地记下这历史崭新的一页。就在好多城市人还对"董事长""总经理"之类的称呼感到神秘、陌生、遥远的时候,这个胶东农民已经以其雄厚的经济实力,以"董事长兼总经理"的身份站到了企业家的行列,通过摄像机、照相机的镜头把中国农民几千年来的传统形象给扭转了过来,用改革开放的大笔给"农民"二字刷上了灿灿金色,送上了党的机关报,送进了中华民族的大辞典。

北京的一位女青年后来在信里说:"我从报纸上看到过你的事迹,亲友们也把你传得神乎其神,你一个农民,如何就懂得办企业,做买卖呢?难道你真有'仙术'不成?"既为"仙人",自然有"仙术",那"仙术"是付过昂贵的学费的。

创业·开拓篇

党的十一届三中全会召开了，飞到陈亮耳朵里的净是好消息。无工不富，无商不活，这些年不知在心里重复了几遍的道理，眼看就有实现的可能，摆在眼前的，不正是一条金光大道吗？干！陈亮心里当下拍了板。农民的手脚被束缚了这么多年，等的就是这一天！咱不能学法门寺的贾桂，让他坐，他说站惯了。现在不干，更待何时？干，干什么？木杆秤？草编厂？当然，在一没有技术，二没有厂房的情况下，手工业作坊还是要上的，但这只是开个头，以后还要干大的。

就在许多人还在质疑、猜测、徘徊、观望的时候，长裕的商店、作坊已在噼里啪啦的鞭炮声中诞生了。陈亮已经南下北上地搞市场调查去了。

第一批拖拉机棚从摆弄土坷垃人的手里站起来了，换回了咔吧咔吧响的"大团结"。咦？咱庄稼人搞经济不是也行吗？老少爷们的眼睛笑成一条线。咱家大掌柜的还真有两下子哩！大掌柜的这时候在哪？早跑到宁波去了。有人指点化工厂赚钱，他带人去学生产硫酸的技术。"我说伙计们，"陈亮站在那间缺窗户少门的房架子里说，"咱们现在的家底还不厚，出差的条件艰苦一些，我看咱就因陋就简，在这打个地铺，自己立伙房，我当炊事员，你们看怎么样？"谁也没有说的。当初揣着大饼子出民工的时候谁都有过，有碗热汤一泡就算奢侈的了。如今，几个人是来学艺，来讨致富方子的，全都一个心思，早把技术学到手。谁还会对食宿挑挑拣拣的？福还是留着富了以后再享吧。人家大掌柜的还不是照样和咱一块在草窝里滚！

眼看学期要满了，厂方提出配方中缺可乏料，要他们自己去买。一帮老农昏了头。什么是可乏料？上哪去弄？人家也不告诉。老实的农民想起这个项目的指点人，风风火火地跑到大连去请教，一打听才知道这东西那个厂就有的是。一小手绢包的可乏料让人从宁波支到大连，几个农民被激愤了。陈亮不声不响地跑了15里路去割回半斤肉，撅了段树枝把皮剥光做了根杆面杖。中午下班回来，陈亮把一碗碗热气腾腾的三鲜馅饺子送到伙计们手里，说："都不用赌气，谁让咱不懂呢？全当又交了一次学费。这些日子大伙辛苦了，再坚持几天咱就赢了。来，伸筷，伸筷，吃饺子，等咱的化工厂上马，我给大伙摆席！"半斤肉馅的饺子轮到每人碗里不过是几个肉星星，可伙计们从这碗饺子里尝出的是大掌柜的心意，谁不想抡圆膀子干呢？

大掌柜带人回来了！长裕人眼巴巴地等着修炼过的泥腿子能像凤凰一样下出金蛋来。化工厂投资20万，干了一年不但没挣，还赔了8万块！"我说吧，出头的椽子先烂！""啧啧，农民要能办厂，黑老娃（乌鸦）也能成凤凰了!”一时间,本村的,外村的,全蓬莱县没有不知道陈亮办厂办赔了的。陈亮的背上像压了一座山。

进进出出,长裕的村民们总想从大掌柜的脸色中看出什么来,可整整一星期,人们都看见大掌柜净陪着一个人到处转。就在第七天早晨,陈亮向那人摊牌了:“兄弟,不瞒你说,这次请你来,是让你看看长裕,看看这儿的人行不行。党现在有了好政策,农民都巴望着混个饱肚子。搞工厂我们没有经验,盼你能把技术留下,长裕人能不能打开富裕大门,眼下全凭你一句话了!”

原来,这个人正是当初到宁波学习时那个厂的技术员。他万万没料到当初打地铺当厨子的竟是这里的大掌柜!他佩服陈亮的为人,也早被长裕人的创业精神所折服,没二话,留下。留住一个技术员,当年挣回8万,第三年挣回20多万,化工厂起死回生了。现在,这个厂的硫酸钴、硫酸镁、硫酸铜等产品已经打入了国际市场,为蓬莱县挣回了外汇,成了会生金蛋的金凤凰。陈亮从中总结了深刻的教训:农村办企业,没有自己的技术力量不行。于是,送出去,请进来,一鼓作气又上了水暖、建筑、铝合金制品、木材加工、贝雕、地毯、聚仙楼饭庄等项目。

长裕的企业阵容已经形成规模了。长裕村村民的脸上一天比一天滋润了。长裕村的住宅也一年比一年宽敞、讲究了。如果说化工厂是长裕企业初具规模的标志,那么药厂就是长裕企业成熟,陈亮的经济指导思想成熟的标志。

“以前上项目,只要看到能赚钱,能安排剩余劳动力就干,有点钱就想扩大再生产,在经济效益和管理上考虑得不多。现在可不同了。”现在,人们的生活水平在不断提高,逐步从温饱走向小康,消费的种类也在调整。怎样能使企业占领市场,产品畅销国内外呢?

陈亮又走了。这次出差,不是为了哪个项目。他的口袋里揣满了聘书。他要在全国各地的大专院校和研究部门广招贤士,专门为他搞市场调查,提供可靠的信息。他心中有数,信息就是企业的生命。为这花钱值得,陈亮坐在总经理办公室里,每天都能收到来自四面八方的经济情报。他一件一件地看,一个一个地琢磨,当他发现“海参滋补精”这几个字时,像有魔力一样,马上被吸引住了。这是一种高级滋补品。他当即断定这是一个有广阔前途的项目。好,办药厂!办药厂?农民也能办药厂吗?能的!陈亮信心百倍,没有一丝一毫的犹豫。20世纪80年代就是意识更新的年代,谁的意识能飞跃上去,谁就赢了!南洋兄弟烟草公司的哥俩,当初不过是上海滩捡烟头的,我们80年代的农民比他们少什么?

他认准了的事，就一定要干，不管别人怎么看。是的，陈亮第一次穿西服的时候，是这么想的；第一次盖楼的时候，也是这么想的；第一次买汽车的时候，还是这么想的。敢想，敢干，一定要干成，正是这个汉子的脾气。可是，真的要办药厂，陈亮的面前还有多少个难关要过啊！

这边按着高标准施工建厂房，那边他就驱车上了北京。哪知道，这是一个研究了8年的攻关项目，属于国家一级机密，门口有公安人员站岗，根本就别想进去。陈亮围着高墙转了好几圈，偶然打听到这个项目是天津医药研究所的，所长是个山东人。是山东人就好！他一定会记得那贫脊土地上曾经出现的荒芜，会记得他的父兄辈去闯关东时面对家乡热土洒下的泪水，他也一定能理解老家农民兄弟对新生活的憧憬。陈亮不顾一身的疲劳，驱车奔了天津。许是乡音触发了所长的乡情，许是这条山东汉子的质朴牵动了这位高级知识分子的寻根之心，所长并没把他拒于千里之外，却也不相信这位农民有实现这个项目的实力。所长告诉他，想要这个项目，得经过国家医药总局的批准。知道地方就好办，不管多高的机关，陈亮都敢进。本来么，开放搞活之年，哪个部门不是在积极执行党的政策？八亿农民不富，国家何时才能富裕起来？

总局领导详细听取了陈亮的设想和经济实力的汇报，最后答应了，但必须和县医药公司搞联营。“行！”陈亮一口答应，转过身就奔天津医药研究所，一天天地蹲在人家门口讨要配方，回过头又去省卫生厅……长裕的药厂办起来了。经过严格筛选、训练出的一批高中毕业生，原先只有回家种田的份，继续父辈们面朝黄土背朝天的辛苦，现在却怀着惊喜、新鲜、自信感重新品尝着命运的滋味。怪不得他们很少有自卑感！怪不得他们脸上都洋溢着青春的活力！和同龄人相比，他们没有其他好羡慕的了：他们亲手生产出来的海参滋补精，1987年获利150万，为国家挣来了外汇。在繁荣自己生活的同时，他们懂得了什么是创造，什么是贡献。

药厂搞赢了。陈亮又通过办药厂发表了颇有见地的论述：“咱们的乡镇企业现在是钻了国营企业的空子。党的十三大后，国营企业的路子放宽了，人家的管理、技术、设备、材料厂房都要比咱胜出一筹，到那个时候，乡镇企业是不堪一击的，要想站住脚，一是发展稳妥项目，二是要上高、精、尖产品，要在国内外都能站住脚，三是服务行业要提高质量。”所以，当他们在报纸上看到青岛的一位教授研制成PSS时，马上驱车前去了。PSS是一种新研制的药物，专治脑血管和心血管病。这种药物取材自资源丰富、造价低廉的海带。而心血管和脑血管病属当前世界四大疑难病症，PSS销路很广。再说，海洋药物在咱们国家目前尚属空白。这个项目有干头，一定争取拿到手！

陈亮早在心中掂量好几轮了。

到了青岛，一亮名片，农民企业家陈亮的大名早已如雷贯耳，当即初拟协议，只等通过省卫生厅和药政厅办理手续就行了。谁知第二次去青岛，那里已经又有5个厂家在竞争，而且净是上海、广州等的大厂，其中还有一个是香港来的，宁愿先交付500万美元，生产后利润对半分成。无论怎样排，陈亮都是最后一个。怎么办？年轻的药厂厂长急得一夜间起了满嘴泡，一个长途电话打回家告急。“不要慌，沉着，冷静，无论如何把对方请来做实地考察，这是没有办法的办法，也是唯一的办法！”大掌柜的一番话像颗定心丸，小厂长有了主心骨。

经过一番实地考察，海洋渔业部的领导感慨地说：“长裕的生活已经达到超小康水平，超都市水平，各种企业都具备规模，是中国农村的希望啊！我们决定以好的项目支持改革中的农村企业，就这么定了！”

陈亮又赢了。谁也没想到陈亮的心中早已孕育出另一个想法：办纺织厂。“兄弟，咱办事也得见好就收，可别贪大求洋，到时候骑虎难下啊！”有人劝陈亮。“这可不是一般的项目，这属于国家统筹安排的，机器、厂房、原料先不说，光人就得一两千，上哪去找这些技术力量去？”有人给他算了笔账。陈亮的心里，早就有账了：“中国自从有企业那天起就是纺纱织布，从来没亏损过。而且，国际市场行情好，是个稳妥项目。”原来如此，难怪胸有成竹。

“我要搞一个规模为10000锭纱，1000名工人，1000万产值的棉纺厂，计划3～5年产值达到1亿至1亿5000万！”这并非空话，他已经五进北京，七赴济南，闯过一道又一道的关口，轰轰烈烈地干起来了。

陈亮的“野心”真大，光在家里干还不行，他又把眼睛瞄向了首都，要凭着农民的身份，到中国政治、经济、文化的中心——北京去占一席之地！那一天，陈亮到北京去办事。嚯！北京的饭店可真够多的。三步一个小酒家，五步一个大饭店，真可谓比比皆是。可是，推开这个门座无虚席，迈进那个门拥挤不堪，陈亮一连进出了十几家饭店，最后还得站在人家身后，看着别人一点点把饭吃完才算腾出座位。饭吃完了，一个大胆的设想也诞生了，陈亮高兴得一拍大腿，才想起根本没搞清楚刚才吃的饺子是什么馅。管它什么馅，等着让北京人来吃咱的鲅鱼水饺、三鲜水饺吧！“什么？到北京开饭店？能行吗？”“就凭咱，一个农民，到首都去支门户？”不少人听了他的设想直摇脑袋。“行！山东的鲁菜本来就是一大菜系，蓬莱的海味更有特点。北京那个地方流动人口多，开多少饭馆都会赚钱。咱有守海的条件，还有现成的厨师，你们只管筹备别的，地皮和执照我去跑！”

闯北京对于陈亮来说，早已是轻车熟路，何况这事一定要办，就更没有能难倒他的地方。于是，就出现了前面“醉仙阁”开业的隆重场面。结果是，三年之后挣回23万，更重要的是，它成了安插在首都的信息反馈中心，通过它，又引进两个生产项目，一举多得。现在，这个“醉仙阁”饭庄以其饭菜味道鲜美、价格稳定、环境优雅、服务周到而闻名北京市，《人民日报》(外文版)还专门对它做了介绍，中国农民到北京城里办饭店的佳话已经漂洋过海了。“俺的家乡出了个好带头人！陈亮这个人到香港也能赚大钱!”老华侨再次回来省亲，看到短短几年的功夫，家乡人民家家楼台瓦舍，户户彩电冰箱，开开衣柜，新衣摞到顶，打开冰箱，鱼虾往外淌；再看看村办企业个个生机勃勃，产、供、销样样畅通，不由从心底发出了赞叹。

其实，陈亮岂止是长裕村的带头人，陈亮已经学会考虑中国农民的事情，考虑国家大事了。那一天，市委通知他去参加一个座谈会。入场后，他觉得奇怪，2位县委书记，4位村支部书记，还有2位曾相识的领导人，这是哪一级座谈会呢？市委书记王济夫同志告诉大家，这次中央派万里和胡启立两位同志带着4号文件的草稿到胶东来，为的是听听农民的声音，征求农民的意见。陈亮的心呼啦一下子热了，多少年来创业的艰辛、成功的喜悦一起涌上心头，只有一个心思，党的眼里有咱农民，咱就应该掏心窝子说亮话。他满怀激情地说道：“现在乡镇办企业，摊子越大，周转越大，管理人才越难得。建议咱们党也像重视办党校一样办一些培养乡镇企业管理、财务管理和技术干部的学校。乡镇企业还很幼小，税收过重会把它扼杀在摇篮中。相反，如果放宽政策，扶持它，发展它，国家收益会更多，这是一个辩证关系。还有，乡镇企业全靠自己找门路，不得已的时候就要动用手段，这样下去势必影响党风，所以，乡镇企业的产、供、销也应列入国家计划内。再有，为了发展经济，杜绝不正之风，经济应该立法。”不久，4号文件带着大红字被送回农民手中，陈亮从党中央那里听到了自己铮铮的回声，开拓的意识更加坚定，步子迈得更大了。

司继双

司继双，男，汉族，1945 年 6 月生，蓬莱登州街道司家庄人。中共党员，大专文化，高级经济师。山东振兴集团总公司党委书记、董事长，司家庄社区居委会主任。他多年来为振兴集团做出了卓越的贡献，使集团荣获全国最佳效益企业、山东综合经济实力百强企业、中国专利山东明星企业等称号。集团公司多种产品被列为山东星火计划银奖，荣获国家产品奖，其中双华DHA心脑灵、智力宝荣获中国专利金奖。多年来集团公司被山东省评为文明单位、先进党组织。他个人荣获全国优秀企业家、山东省模范优秀党员、山东省优秀企业家、烟台市拔尖人才等称号，获得全国"五一"劳动奖章、全国改革功勋奖章，享受国务院特殊津贴。1990 年，被山东省人民政府授予农业劳动模范称号。

模范事迹

与时俱进写春秋

司继双，山东振兴集团总公司董事长，栉风沐雨近 30 载，经受住了市场经济对乡镇企业近乎残酷的冲击，以自己非凡的眼光和胆识，带领企业闯过沼泽，涉过险滩，终于使一个糊水泥袋的小作坊变成拥有固定资产 3.6 亿，集塑料化工、纺织服装、保健饮料、机械制造、汽车维修于一体的国家大二型乡镇企业集团。振兴集团保持着强劲的发展势头，振兴集团的辉煌饱含着司继双辛勤的汗水和超人的经营谋略。

抓住机遇乘势起　兴办工业铸辉煌

1975 年，司继双上任司家庄大队党支部书记。当时村里的资金积累不足 6000 元，会计抽屉里只剩 4.8 元的现金，村民出大力，流大汗，仍摘不掉"穷帽子"。骨子里透着开拓精神的司继双，觉得再不也能让农民守着"一亩三分地"过穷日子了，在"割资本主义尾巴"的连天呼声里，他冒天下之大不韪，顶住多方压力，率先发展起工副业，仅五六年时间，便办起了塑料厂、电器开关厂、轧钢厂和针织厂,产值达到350万元,利润70余万元。

不甘于现状,矢志进取,司继双成为经营企业的常胜将军。“不谋万世者,不足谋一时;不谋全局者,不足谋一域。”司继双经常用这句话警示自己:千万不要做一个目光短浅的企业家。几年创办小企业的尝试,让司继双看到了希望,积累了经验,摒弃了那种小打小闹、年吃年用、只求温饱的小农意识,坚定了“干大事、创大业”的信心。进入20世纪80年代后,从黄土地上长成的乡镇企业,刚刚挣脱计划经济的桎梏,如何在商品经济的大潮中继续扬帆远航?这一问题令所有的企业家思虑甚深,司继双先人一招:依靠本地企业优势,搞横向联合,借助外力提高企业竞争力。

“好不容易创下的家业,日子刚好过,怎么又要折腾呢?”

“搞联营,这不明摆着把自己的钱往人家兜里塞吗?”

面对大家的不解,司继双耐心劝慰:“市场竞争就是弱肉强食,如果守着这点家业,不借助外力提高自己企业的竞争力,可能不久的将来,我们就会被别人吞食掉,船小难抵大风浪呀!”说服了众人后,司继双立即起程,去济南,进北京,到沈阳,上哈尔滨,说不清几番周折、几多忧患、几度山穷水尽和几度柳暗花明,用了两年时间,终于与北京第三机床厂、邮政总局、中国社会科学院、沈阳自来水厂进行联营,引来工程技术人员60多人,引进国内一流设备和外来资金300万元,企业竞争实力猛增,产品质量上去了,销路打开了,产值一举突破千万元大关。

在企业界,司继双被誉为觉醒一代的农民企业家,但他总是在自我否定中,不断摆脱旧观念和旧思想的束缚,从心理状态、思维观念、行动方式上进行着“脱胎换骨”式的改造,使自己成为一个用新观念、新思想经营企业的新型农民企业家。历史的车轮进入20世纪90年代,迅猛而又近乎残酷的市场经济大潮无情地荡涤着乡镇企业:生产力得到解放,社会产品由少到多,市场逐步由卖方市场转变为买方市场,作为新生事物的私营企业以其运营灵活焕发出勃勃生机。而国有企业过去统得过死、“婆婆”过多、自主权太小、吃大锅饭等问题正逐一解决,其原料充足、设备先进、技术雄厚的优势得以凸显,它像雄狮出笼一样伸展手脚,对乡镇企业摆出了一副挑战姿态。

面对企业间异常激烈的竞争,司继双开始时也呛了几口苦水。企业产品大量积压在库房里,也压在司继双的心头上。他知道光靠“你无我有、你有我优、你优我廉”的市场秘诀,不丢掉农民企业家传统经营理念,企业就永远没有出路。司继双认识到这个问题后,决心奋力闯过这个“瓶颈”,消除这种不正常现象。于是司继双一口气跑了清华大学、北京大学、中国科学院等十多家高校、科研单位,向有关专家学者寻诊问药。最后决定依靠企业特色应对市场挑战，这种特色就是高科技。对此，司继双如是说："企业的竞争是通过产品展开的，产品科技附加值如何，决定了企业在市场竞争中的实力。要使企业立于不败之地，首选要扛起的就是科技这杆大旗。"他与北京营养研究所合作，研制开发了"智力宝"和"心脑灵"保健品，产品上市后，备受消费者欢迎，供不应求。"智力宝""心脑灵"荣获中国专利金奖，"智力宝"甚至享有"南有健力宝，北有智力宝"的美誉；他与美国万达机器制作公司合作，研制开发的颅脑抢救仪荣获山东省科技进步奖，入选山东省火炬计划和国家级鉴定计划；他从美国天为技术公司引进医用聚丙烯手术修补网项目，投入600万美元进行合作生产，产品填补国内空白。科技为企业腾飞插上了金翅膀，司继双自豪地说："科技为我赚下了半数多家业。"

群众冷暖记心上　一心带民奔小康

发展经济是为群众服务的，发展成果要由全体村民共享，司继双深刻理解这句话的含义。在任司家庄"一把手"的30多年时间里，他始终将村民的利益放在第一位，以群众是否满意作为自己工作成功与否的标准。

为了给群众创造良好的生产生活环境，20世纪80年代，那时司家庄集体经济刚有起色，司继双就开始为改善村容村貌忙碌，从村路硬化到村容美化、亮化、绿化，先后投资350多万元，为村里硬化了道路，安装了路灯，通上了自来水和煤气。20世纪80年代初期，司家庄是胶东第一个用上自来水和煤气的村庄。为了维护村庄的绿化美化，司继双让人在路旁和房前屋后都种植景观树、冬青和花草，并组建起村环卫队，专门负责日常维护和清运垃圾，保证了社区干净整洁。村里兴建了3座平塘，改造浆砌了8000米河道，修了500米环山路，并新建了节水型的滴灌设施，改善了生产条件；投资264万元，对村里的建房户予以补贴，让群众早日住上了宽敞明亮的楼房；投资600多万元，建起了省级规范化小学、幼儿园；投资6万多元，扩建了社区文化活动中心，及时更新了学习、活动设施，丰富了社区居民业余生活。对群众的生活福利，司继双更为关注。社区每年拿出100多万元对60岁以上的老人给予生活补贴，重阳节给80岁以上的老人送礼品，为百岁老人祝寿；对参加全市统一的新型农村合作医疗的村民，每人每年补贴30元，解除了村民因病致贫的后顾之忧。

即使平时工作再忙，他也坚持抽空到村里转转，到村民家里走走。村里的大事小情，村民间的家长里短，他都了然于胸，群众有什么心里话都愿意跟他说，有什么困难都愿意找他解决，大到修房盖屋，小到供水供电，他都热心帮助解决。

有一年，司家庄一位村民得了白血病，到北京做骨髓移植，需要手术费30多万元，村民家庭无力承担。得知此事后，司继双当即捐赠1万元，同时发动村"两委"成员、党员和全体村民捐赠，剩余费用由村党委兜底。不到一天时间，就筹到了30万元，司继双当即派人专程送到北京，成功挽救了这位村民生命。

在司家庄，像这样的事例还有很多，以至于许多村民把这句话挂在嘴边："没有司书记创业的本事，就没有司家庄今天的发展；没有司书记的热心肠，就没有我们村民今天的好日子！"

人过六十自压担　马不停蹄未歇鞍

2004年，司继双已近花甲之年，且身体状况欠佳。集体经济发展的成就和纷至沓来的荣誉，本来可以让他安于现状。然而，司继双工作劲头不减，创业步伐不停，他要在新的机遇面前实现司家庄的再度腾飞。

司家庄社区位于蓬莱城郊西南部，南靠206国道，北依市南环路，周围河流环抱，依山傍水，交通和自然环境得天独厚，是理想的居住区，并极具潜在开发价值，适应新农村建设的大环境。在深入分析论证的基础上，2004年，司继双果断做出决定，在旧村改造上搞投入，在土地增值上做文章，通过开发建设，进一步增加集体收入和改善群众生活条件。为此，他拖着生病的身体，一边和社区"两委"干部研究制定拆迁补偿方案，测算补偿资金，一边广泛联系开发商来村投资。他先后与十多家开发商进行了几十次的磋商与谈判，最终成功引进了长江国际投资公司，投资4.5亿元建设杏花苑农民小区，并于2007年4月29日破土动工。

杏花苑农民小区项目开发总面积达30万平方米，2007年开发建设一期97幢、10万平方米住宅楼，当年"十一"前完成200户住房封顶，第二年"五一"200户居民回迁入住。三年内完成会所、商场、医院小学等共30万平方米的开发建设。杏花苑农民小区的开发建设，彻底改善了群众的居住条件，为集体和村民带来很大的经济收益。司家庄社区以322亩土地入股，项目建成后，集体可获得4000多万元的利润，并可以置换出300多亩土地用于招商引资。社区居民回迁后，既享受优惠的换房政策，也获得社区集体资产量化后的分红和更为优厚的福利待遇，生活得到更可靠的保障。

有效整合利用资源建设新村，是新农村建设的一个成功经验。围绕这一发展思路，司继双又快人一步，依托杏花苑小区开发建设，逐步将周边秦沟、西沟、李庄、史家沟、宗沟等5个小村统一合并，实现了优势互补、互惠双赢，让更多的群众享受到新农村建设的成果。

蔡志敏

蔡志敏(1935～2015),男,汉族,蓬莱潮水镇富阳蔡家村(现烟台市经济技术开发区)人。中国共产党党员,大学文化,1957 年 8 月参加工作,蓬莱第二中学教师。1991 年,被国家教育委员会授予教育劳动模范称号。

模范事迹

蔡志敏,1957 年中专毕业后在蓬莱夏侯小学教学。由于知识水平低,工作能力差,因此教学成绩和班级纪律都比平行班级差,从那时起,蔡老师就下定决心,要努力学习,把教学工作做好。他早起晚睡,每天坚持学习 3 个小时,先后自学了《算术千题详解》《初等数学复习与研究》《高中数学复习资料》《中学算术课本》《初等数学基础知识手册》《初等几何作图》《几何证明与解题》等 30 多本数学书,还把初、高中课本重新复习了一遍,做了 4000 多道数学典型习题。通过学习,知识逐渐得到充实,教学成绩不断提高,组织上将他调到初中任数学教师。1960 年蔡老师参加了高师函授教育,学习了《高等数学》《高等代数》《数学分析讲义》等大学教材,做了上万道数学习题,1964 年获得了大学本科学历。1968 年组织上将蔡老师提升为高中数学教师。此时他对自己的学习要求更加严格了。他仍旧坚持自学,周末、节假日都用来学习,晚上 11 点前很少睡过觉。他购买了 14 个省市以及国家正式出版的数学学习资料,根据这些资料的要求,他认真做了 21000 多道数学习题,并按各书的不同特点,总结知识内部的规律,寻求有效的教学方法,不断提高教学水平,为数学教师工作以及班级工作积累了先进的经验,取得了优异的成绩。

蔡志敏老师坚持自学,不断进取,勇于探索,提高知识水平和工作能力,因此多年来取得了优异的成绩,得到了各级领导以及学生家长们的好评。1960 年他光荣地出席了蓬莱县群英会。多年来,他为县市编写数学教学经验材料,为全县数学教学多次进行观摩授课,9 次在县市级经验交流会上发言，连续 6 年被评为学校先进工作者及模范班主任，3 次出席县级先进教师代表大会，2 次被评为市级积极分子。1985 年被评为山东省优秀教师，同年 8 月 27 日山东省广播电台向大家广播了他的事迹，10 月 22 日《光明日报》报导了他的教学成绩。

1979 年，蔡老师担任两个重点班的数学教师，工作量大，压力重，1980 年全市统考两个班的数学平均成绩 90.4 分(百分制)，位列全市第一名；1987 年蓬莱县第一届数学竞赛时，蔡老师的学生团队获得全县总分第一，单人最高成绩也是他班的学生；同年蓬莱县南片十处中学共 40 多个班举行统考，他的学生考 90 分以上的比其他班的总和还多 2 名，数学总成绩第一。

蔡老师任教 30 年来，担任班主任 29 年，同时教两个班的数学课，送高中毕业班。尽管工作量大，担子重，但他刻苦学习，勇于探索，数学教学成绩不断提高，从 1981 年以来他教的六届高中毕业生，高考成绩连年名列前茅，不论是数学单科成绩、平均成绩、及格率还是班级考取高等学校的总人数均为全县第一。1981 年，他的学生数学高考成绩满分 1 人，全县仅有 2 人；1982 年，他的学生数学最高成绩 98 分(百分制)全县第一；1983 年，他的学生 68 人参加高考，100 分以上的 51 人，满分的 4 人；1984 年满分的 1 人，全县第一。从及格率看，1981 年 91%，1982 年 99%，1983 年 100%，1984 年 100%，4 年平均及格率达 97.5%。从数学平均成绩看，1981 年 80.2 分(百分制)，1982 年 81.4 分(百分制)，1983 年平均 105 分，全市第一，1984 年平均98 分，高出全省平均成绩 34 分。

蔡老师不仅抓重点班卓有成效，同时对基础差的学生也循循善诱，耐心启发，使后进同学迅速赶上去。1981 年他教的非重点班 46 名学生中，有 33 人考上大学，在全县名列第一；1982 年全县有 10 个文科班，其他 9 个文科班共考取 36 人，他教的一个班共考取 34 人，占全县近一半；1983 年考取大学的学生 41 人；1984 年考取大学的学生 50 人，4 年平均每年被录取 40 人。一位宁同学，曾三次高考，三次落榜，数学成绩三年共得 79 分，蔡老师教了她一年，高考时数学成绩 83 分(百分制)，考上了大学。刘某和李某两位同学，过去数学成绩从未及格过，蔡老师教了他们一年，高考时分别得了 101 分与 105 分的好成绩，被大学录取。从 1981 年到 1984 年有 74 名入学时成绩不满 60 分的学生，到高考时都取得了 100 分以上的好成绩。

蔡老师在培养人才时，不仅重视智育，而且重视德育和体育。多年来，他努力学习政治、教育理论、心理学、教育学等。从 1977 年到 1987 年的

11年中，他担任班主任的班级10次被评为先进班级与文明单位，多次荣获文体活动与卫生工作先进奖。同时，蔡老师还注意做好毕业班的思想工作，升学者能服从国家挑选，为祖国努力学习，考不上学的，能够愉快地听从组织分配。现在他教的学生有的在农村担任技术员、会计、党支部书记，有的当了乡镇党委书记、人民教师，还有的在机关、学校、部队等单位做领导，可谓是桃李满天下。

刘禄远

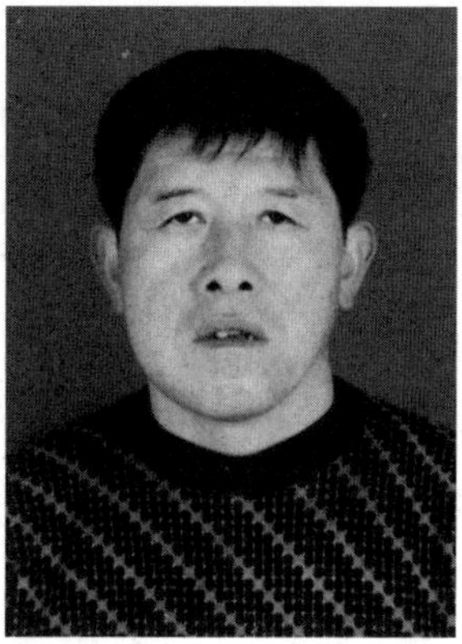

刘禄远，男，汉族，1965 年7 月生，蓬莱南王街道石庙石家村人。中国共产党党员，中专文化。1981 年在蓬莱市酿造厂参加工作，后任该厂大曲车间班长、古井蓬莱酒业有限公司清洁班班长。1983～1989 年，连续 7 年被评为厂先进工作者，并被授予山东省优秀班组长称号和“富民兴鲁”劳动奖章。1992 年，被山东省人民政府授予劳动模范称号。

模范事迹

刘禄远同志有强烈的事业心，对自己高标准严要求，认真学习科学文化知识，努力钻研酿酒技术，先后学完中专发酵全部课程，取得毕业证书，并完成中级、高级工的培训，达到高级酿酒工水平。为了提高自己的酿酒水平，他多次到全国名酒厂参加学习，刻苦钻研业务，利用业余时间阅读了大量的有关酿酒技术的书，并写了近 10 万字的读书笔记。

1986 年他担任曲酒车间“敬八仙”班班长以来，带领全班职工大胆改革创新，进行技术改造，组织 QC（质量控制）活动小组，研究如何降低“敬八仙”酒杂醇油的含量，经过多次试验，采取高温入窖，抑制蛋白酶的微生物生长与繁殖，减少了由蛋白质生成氨基酸、脱羧脱氨生成杂醇油的数量，从而降低了“敬八仙”酒中杂醇油含量，使其由原来的 0.24g/100mL 降低到 0.12g/100mL，同时增加了蒸粮温度，使其由原来的 70℃提高到 85℃，并且缩短了蒸煮时间，节约了热能，降低了吨酒标煤，出酒率由原来的 29％上升到 39％。三年来，利用这一成果，超额完成了 30 多吨优质酒，价值 40 多万元。他还提出15 条合理化建议，被采纳 7 条，他发表的《降低杂醇油含量，提高敬八仙酒质量》的 QC 成果，每年可创产值 5 万元左右，受到了烟台市科技部门的奖励。

孙希民

孙希民，男，汉族，1948年12月生，蓬莱新港街道大皂孙家人。中国共产党党员，大专学历。1965年9月，在大辛店兽医站参加工作；1980年11月，在蓬莱县家畜改良站工作，任站长；后任山东民和牧业股份有限公司董事长。1992年，被山东省人民政府授予劳动模范称号。

模范事迹

写在农民心中的辉煌

孙希民，中国畜牧业协会常务理事、禽业分会副会长，中国畜牧工程学会常务理事，山东畜牧业协会副会长，山东民和牧业股份有限公司董事长兼总经理。

20世纪60年代初，在那场连续3年肆虐全国的灾荒中，给孙希民留下的最深印象不是吃用玉米棒、花生壳磨成粉做成的窝窝头时那难以下咽的苦涩滋味，也不是凛冽寒风中衣不蔽体的颤栗瑟抖，而是大年三十的上午，爷爷对着刚刚贴上的春联，嘴角翕动着，眼里盈满的苍老泪花，"五谷丰登就有饭吃，六畜兴旺就有好日子过"，正是这副春联，这行老泪，这种期盼，在孙希民幼小的心灵刻下了深深的烙印，同时也植下了浓浓的农民情结。孙希民那时就发誓，长大后一定要让爷爷过上好日子，一定要让乡亲们过上好日子！

1965年，孙希民以优异成绩从蓬莱一中初中毕业。虽然当时已不再挨饿，但面对家庭的困境，面对父母未老先衰的容颜，他婉言谢绝班主任的劝告，毅然放弃读高中的机会，义无反顾地回到村里，挑起了挣工分养家糊口的担子。

人生有了机遇，命运就多了一次选择。正当孙希民铁了心要在农村扎下根的时候，深为孙希民惋惜的班主任，托人捎来蓬莱县农业局的招生简章：县里要成立公社兽医站，其中12个名额从应届初中毕业生中按成绩挑选，蓬莱一中分到两个名额，一旦录用，先到公社兽医站报到，然后去莱阳农学院学习两年，每月有24元生活补贴。孙希民一听，这比在村里挣的工分多多了，重要的是干兽医不就是能使六畜兴旺吗？想起爷爷面对春联时的老泪，想起自己年少时发过的誓，孙希民瞒着父母去县里报了名。就这样，孙希民被录用到大辛店公社兽医站。经过莱阳农学院两年的学习，孙希民成了蓬莱最年轻的兽医技术员。

孙希民在莱阳农学院学的是大家畜配种专业，因此在兽医站的主要工作是给马驴配种。当时，这种工作是被人瞧不起的"下三滥"，即使休班回家，孙希民也讳莫如深，很长时间都没敢告诉父母。热情勤快的孙希民，有时在工作之余到食堂帮厨，想不到有人竟嫌他的手是"掏马腚"的，吃了恶心。自此，帮厨不去了，但他心中的犟劲却上来了，人家越是瞧不起，他就偏要干出点名堂来。

从此，年轻气盛的他不懂就问，不会就学。白天认真观察操作要领，夜晚对着书本进行总结。当时烟台地区每年召开一次技术交流会，孙希民十分珍惜这个提高技术水平的大好时机。他会上认真听，仔细记，会下逢人就问，见人就学。同时，他暗暗下了决心，早晚有一天自己也要登台讲给大家听。功夫不负有心人。当年年底，他就完成了由新手到业务骨干的转变，成为全县首屈一指的技术能手，配种成功率直线上升。1968年，当孙希民第二次参加烟台地区技术交流会时，便如愿登上讲台做经验介绍，这一年他刚刚20岁。

少年得志的孙希民没有被成功所陶醉，更没有被当时席卷全国的"文革"潮流所左右，而是以那个时代年轻人罕有的沉稳和理智，把简陋的马棚当作"象牙塔"，为着心中的农民情结去寻觅更大的梦。经过七八年的不懈努力，1975年，他攀上了事业的第一个高峰：全站年配种620头，成功率95%以上，达到全省一流水平，由此他登上了全省会议的讲台。

六畜马为先。自古以来，马不仅是人类的帮手，更是财富、地位的象征。那时，一匹好种马价格近万元，一匹骡子也要四五千元，可谓金贵。为使马驴给农民带来更多的财富，在马驴配种操作技术领域已成为专家的孙希民，开始了第一次攻关：提高马匹良种利用率。短短几个月，他便成功创造出将马驴精液用井水储存一天继续使用的土办法。

令孙希民没有想到的是，自己的一个小小创意，竟为全国首创！此举震惊了山东省畜牧兽医局的领导和专家，此生可畏！1977年，省畜牧兽医局点名派他到山东农业大学脱产进修3个月，专攻这项技术。这3个月，是孙希民从“土专家”到“洋专家”嬗变的转折点。学习期间，他第一次知道了冷冻精液配种这个概念，也第一次知道，当时国外只有牛冷冻精液配种这项先进技术，其他全是空白。机智聪明且对马驴情有独钟的孙希民，眼前不禁一亮，豁出去，坚决攻下马驴冷冻精液配种这个世界难题！

有志者事竟成，更何况孙希民不仅仅是有志者，更是有心人。仅一年时间，孙希民凭着顽强的毅力，克服重重困难，终于找到马驴精液冷冻的最佳技术指标，攻下了这一世界难题，为我国大牲畜人工配种填补了一项空白。1977年，孙希民光荣出席蓬莱县首届科学技术大会，被评为全县科技标兵，并在大会上做了典型发言；1978年，他又参加了烟台地区第一次科学技术大会，荣获烟台地区科技先进工作者称号。

为将科研成果迅速转化为第一生产力，让更多的农民兄弟受益，孙希民想到了推广。他给上级领导算了一笔账，此技术仅在烟台地区推广，就可每年节省资金40万元，社会效益相当可观。在省、地、县三级领导的大力支持下，1980年全省第一个马驴冻精站在蓬莱成立，孙希民告别了大辛店，来到城西赤山脚下的蓬莱家畜配种站，组建起蓬莱县家畜改良站，他成为第一任也是最后一任站长。1981年，该技术在烟台地区全面开花；1982年，省里在蓬莱举办培训班，全省推广；1983年9月，全国养马协会委派河南农业大学教授、养马专家谢成侠，带领13位专家来进行成果鉴定验收，专家组当场决定在全国推广。

一时间，地处城西不毛之地的家畜改良站门庭若市，俨然中国畜牧界的“朝拜圣地”，北方14个省市纷纷组团前来取经学习，蓬莱家畜改良站当之无愧地成为全国畜牧界的一面高高飘扬的旗帜，孙希民也成了山东省畜牧界一匹昂首飞奔的“黑马”，冲出了齐鲁大地，在长城内外的万里原野上尽情驰骋！

“金鸡”独领风骚

识得潮头行大船。面临改革大潮带来的巨变，孙希民仍然固守着浓浓的农民情结，他以敏锐的目光捕捉着商机，创出引领中国肉种鸡产业化发展的第一家龙头企业。

正当孙希民和他的伙伴们摩拳擦掌，准备把家畜改良事业推向更高的巅峰时，伴随着改革开放的大潮，农业机械化进程迅猛加快，农民的耕作方式发生了巨变，马拉驴驮的乡村风景渐行渐远，悄然淡出了人们的视野。农村大牲畜饲养量的急剧锐减，不仅给孙希民的事业带来了危机，也给整个家畜改良站的生存带来危机。

是故步自封、坐以待毙，还是振奋搏击、另辟蹊径？从不言败的孙希民，当然选择了后者。然而干什么，孙希民却一时拿不定主意。夜深人静时，孙希民想起了心中那副遥远的春联，想起了爷爷那句至今仍萦绕在自己耳边的话，于是，他将奋斗目标依然锁定在畜牧养殖业上。

决心已定，从不乐意出差的孙希民，竟拿出3个月的时间，亲自到北方各地对马牛羊猪鸡的养殖、市场等情况进行考察，并对各自的发展前景进行了预测。通过对比，他发现长期以来曾给农村千家万户年年挣来不少零花钱，被农民当作“活银行”的养鸡业蕴藏着无限商机，特别是肉鸡产业，全国刚刚起步，而整个烟台没有一家成规模的企业，外贸出口全靠农村散养户。从养殖上看，农村无疑有着巨大的潜力可挖；从市场上分析，国外供不应求，国内远景更是可观。更重要的是，这件事倘若成功，农民奔小康就又多了一条致富新路，这对落实党中央有关“三农”问题的政策具有不可估量的现实意义。于是，“白手起家搞肉种鸡养殖，当好农民致富二传手”，一个宏伟的设想在孙希民心中渐成蓝图，一台气势磅礴的创业话剧由此拉开了帷幕。

“刚刚起步时，真的相当艰难，相当艰难。”谈起创业之初，秉性刚强乐观的孙希民眼睛湿润了好几次。当时，难题一是无资金，经过考察和测算，养殖规模最低要在5000套鸡以上，再低就无法生存，上到这个规模需要资金29万，在20世纪80年代初，这个数字简直能吓倒人；难题二是体制不理顺，家畜改良站是事业单位，人事管理框框多，有用的人进不来，没用的人无法安排；难题三是无技术，隔行如隔山，搞养鸡一切得从零开始；难题四是人为的刁难和排斥。

所幸孙希民赶上了好时代，遇上了明智领导。孙希民知难而上，他从4个单位借来28万元钱，于1985年建起了蓬莱第一个肉种鸡养殖场。鸡场建成后，却买不着鸡苗。孙希民通过同学等关系，好不容易在北京以每只9元钱的价格“挖”来5000只种鸡苗。没想到运输途中不得技术要领死掉一部分，运回后育成房没按期完工又死掉一部分，最后只剩下3000只。正是这宝贵的3000只种鸡，成就了孙希民的一个又一个辉煌。

在此后的时间里，孙希民日日夜夜和技术人员同吃同住在鸡场，在最短的时间内，掌握了肉种鸡的生活习性和生长发育规律。经过一年多的精心呵护，3000只种鸡终于孵化出32万只鸡苗。1986年4月，鸡苗交给外贸放养，获纯利12万元。孙希民看到了事业的曙光，他信心百倍地扩大养殖规模。1990年，父母代肉种鸡存栏量已达到2.5万套，年孵能力1500万只，直接经济效益稳定在100万以上，被农业部纳入全国五大肉种鸡示范场项目之一，并被定为国家重点扶持对象。

肉种鸡示范场的诞生，为孙希民提供了一个技术创新的广阔平台。他充分利用自身优势，全面加大肉种鸡笼养技术的研究，相继有“肉种鸡人工受精技术”“顶采光连栋纵向通风鸡舍”“肉种鸡笼养配套技术”等处于国内领先地位的技术问世并应用。其中“肉种鸡笼养配套技术”为世界首创，饲养规模至今保持世界第一，该成果荣获山东省科技进步二等奖。

孙希民在多年的苦心经营中，发现肉鸡生产是技术含量高、管理复杂、利润薄、风险大的产业，要想稳定发展，必须要整合优化产业链中的每一个环节，建立起饲料加工、肉种鸡饲养、商品鸡孵化、商品鸡饲养、屠宰加工一条龙的生产体系。2000年，孙希民引进荷兰施托克(STORK)公司最新的肉鸡宰杀设备，与美国合资成立了子公司——蓬莱民和食品有限公司，取得了自营进出口权，产品迅速走红国内各大城市及日本、中东等十几个国家和地区，获得“中国农业博览会名牌产品”称号。就这样，山东民和牧业股份有限公司一步一个脚印，从3000只种鸡起步，发展到拥有23个种鸡场、7个孵化场、1个大型商品鸡饲养基地及饲料厂、生物有机肥公司、食品公司、进出口公司等32个分厂和3个子公司，年存栏量达100多万套种鸡、孵化商品雏鸡1亿多只、出栏商品肉鸡1800万只、生产饲料40万吨、生产生物有机肥8万吨、屠宰加工商品鸡3000万只，其肉种鸡饲养量居全国第一。从此，“民和”稳坐全国同行业第一把交椅，成了全国肉种鸡行业的第一品牌。

昔日纵横驰骋的“黑马”，变成了今日展翅高飞的“金鸡”，他一飞冲天，飞出了国门，翱翔在五大洲的蓝天上。

“民和”大爱无边

随着企业的不断壮大强盛，孙希民心中的农民情结也不断地升华——“公司＋经销商＋农户”的民和模式，圆了数以千计农户的致富梦想。

“公司为什么起名‘民和’？我们的宗旨就是与农民和谐相处，有风险帮农民扛着，有利益跟农民共享。”站在山东民和牧业股份有限公司的牌子下，孙希民这样回答我们。朴实的语言透出的不仅是孙希民的宽广情怀，也是“民和”人大爱无边的农民情结。

早在选定肉种鸡养殖业这个项目时，孙希民就把经营模式定格在“公司＋农户”上。由于当时的条件限制，只能为农户提供鸡苗和技术服务，不能保证回收农户的肉鸡。这样，在风云变幻的市场大潮中，农户的切身利益得不到强有力的保障，随时随地会陷入风险漩涡之中。企业发展到一定规模后，孙希民斥巨资建起饲料加工、种鸡饲养、鸡苗孵化、屠宰加工的一条龙产业链条，“民和”与农户的关系由“松散型合作”转变为“统一供鸡苗、统一供饲料、统一供药物、统一技术指导、统一回收毛鸡”的“一体化、五统一”的“紧密型合作”，将农户从市场风险中解脱出来，由此带动更多农户搭上了“民和”快车，行驶在致富的金光大道上。

随着公司规模越来越大，带动的农户越来越多，“公司＋农户”模式渐渐跟不上企业发展的步伐：一方面公司与农户逐个签订合同，面对的法律主体众多，每天接洽不暇，耗费了大量人力、物力、财力；另一方面，农户的法律意识比较淡薄，趋利性较强，很容易单方违约，给公司经营带来了一定风险，加上农户分布地域广，管理难度大，质量也难以保证。

在日趋激烈的市场竞争中，没有企业的良性运转，带动农民致富就是一句空话。现实中，一幕幕企业倒闭导致农户倾家荡产的悲剧不时上演，这引起了孙希民的深深思索和高度警觉。经过一番深谋远虑，善于应变、精通市场经营的孙希民又亮出一个新招，将“公司＋农户”模式进一步完善，中间加上“经销商”这一环节，即公司根据一定的原则选择经销商，由经销商发展合同养殖户，公司技术人员协同经销商为养殖户提供全程技术指导，公司对合同养殖户实行“一体化、八统一”(产供销一体化，统一供雏、统一供料、统一用药、统一防疫、统一回收、统一屠宰、统一销售、统一结算)的管理，通过经销商与公司进行结算，经销商根据合同的约定，将收益分配给合同养殖户。

“公司＋经销商＋农户”产业化经营模式形成了公司承担市场风险，经销商承担资金风险，养殖户承担养殖风险，利益三方共享的利益共同体，做到三方共赢，在生产经营中取得了良好效果。不管市场发生多大变化，“民和”始终坚持按合同价收购成鸡，利益共享，风险同担。当公司和农户利益发生分歧时，“民和”首先保证的是农民的利益。

2005 年，禽流感疫情在全国蔓延，全国肉鸡行业遭受沉重打击，一度处于低谷。合同养殖户人人恐慌，给社会带来了极不稳定的潜在因素。面对如此不可抗力和困境，不少同行背弃了与农户的肉鸡饲养合同，但“民和”想到的却不是自己，而是农户的损失，是社会的稳定，是行业的发展。最终，公司和农户的合同全部兑现。这样，尽管损失资金 3000 多万元，却保证了农户的收益，更赢得了农户的信赖和支持。

“公司＋经销商＋农户”经营模式，经过时间的考验，愈臻完美。2006 年，公司销售鸡苗 1 亿只，仅蓬莱就带动农户 1000 余户，提供就业岗位 15000 余个，创造社会综合效益 10 亿元。同时，民和公司立足山东肉鸡养殖业，指导农户建立笼养基地 72 个，发展经销商 20 余人，并带动河南、辽宁、山西等省发展养鸡户5万多户，饲养量高达7000万只，为养殖户创纯利2亿多元。

“民和”大爱无边，孙希民大爱无疆。民和牧业总部坐落在蓬莱城西赤山脚下，周围山峦起伏，其间散落着十几个自然条件恶劣的小村庄。虽然在“民和”的带动下，不少村民靠养鸡发了家，致了富，但村集体经济十分薄弱，村内各种基础设施匮乏。看到这种状况，孙希民主动与这些村结成帮扶对子，出资100多万元帮助各村修路架桥、改水通电。同时，孙希民把爱心延伸到各项公益事业中：自2000年起，每年出资10万元成立“助学专项基金”，资助贫困生完成大学学业，到2006年已资助了22人；2004年出资30万元成立“企业特困职工基金”，同年为残疾人捐助10万元；2005年，捐助烟台慈善总会10万元。2006年，孙希民被评为烟台十大慈善家。

迟祥坤

迟祥坤，男，汉族，1952 年 5 月生，蓬莱大辛店镇辛店一村人。中国共产党党员，毕业于莱阳农学院。1971 年参加工作，历任蓬莱市大辛店镇工业办公室副主任、蓬莱特种漆包线厂厂长、蓬泰股份有限公司董事长兼总经理、高级工程师。其开发的新产品中 2 种填补了国内空白，10 种填补了省内空白，研制的新型节能干式变压器、电抗器、节能电器开关等科技含量高、附加值高的产品列入山东省科学技术委员会火炬计划。1989 年，他研制的聚酯亚胺(QIY)、聚氨酯(QA)、缩醛(QQ)等特种漆包线在国家星火计划成果评比中获金奖，获山东省科技进步三等奖；1990 年研制成功的“QANY 醇溶自粘直焊漆包线”荣获山东省科技进步三等奖；1991 年研制成功的“QZNCS 热溶合直焊漆包线”荣获山东省科技进步二等奖；同年他研制的“TQA(QACH)特种聚氨酯漆包线”、“QZNCS 热溶合直焊漆包线”、“QANY 醇溶自粘直焊漆包线”获山东省星火计划二等奖。1995 年，迟祥坤被山东省人民政府授予劳动模范的称号。1998 年，被国家批准享受政府特殊津贴。

模范事迹

科技铺就成功路　勇立潮头展宏图

当人们走进山东蓬泰股份有限公司的大门时，“聚贤才、争第一、创大业、求效益”这十二个金光闪闪的大字便映入眼帘。这是曾任国务委员、国家科学技术委员会主任的宋健到公司视察时题写的企业精神。二十多年的风雨兼程，二十多年的艰苦拼搏，山东蓬泰股份有限公司，在董事长兼总经理迟祥坤的率领下，艰苦创业，开拓进取，依靠科技进步，广招科技精英，使一个面临倒闭的集体小企业成为中国北方颇具盛名的特种漆包线生产厂家，成为山东省重点企业集团、山东省高新技术企业和国家大二型乡镇企业。该公司共承担国家科技计划 10 项，山东省科技计划 11 项，其中有 9 项科技成果获省级奖励。1990 年，公司被烟台市委、市政府授予“明星企业”；1991 年进入全国电子元件业“百强企业”行列；先后被山东省委、省政府授予省级先进企业、明星企业、守合同重信用企业、特级信用企业等荣誉称号。他本人也先后被授予烟台市优秀企业家、烟台市劳动模范、山东省优秀厂长(经理)、山东省劳动模范、全国农村青年星火带头人、电子部青年科技拔尖人才、全国优秀企业家等多种荣誉称号,并享受国务院政府特殊津贴。让我们沿着“蓬泰”的创业发展历程,去探寻他的心路历程和人生追求。

临危受命担重任

1952年,迟祥坤出生在蓬莱市大辛店镇的一个农民家庭,艰辛的童年生活,磨炼铸就了他吃苦耐劳、奋发自强、积极进取、敢于拼搏的优良品格。初中毕业后,他进了当时的镇农机站当了一名普通工人,在工作中他勤奋好学,认真求索,虚心请教,受到领导和同志们的称赞。短短几年,就从一名普通工人成长为大辛店镇经济委员会副主任。党的十一届三中全会以后,随着改革开放的不断深入,乡镇企业的改革迫在眉睫,企业急需一批领导能力强、年轻有为、思路清晰、具有一定市场经济意识的带头人担当重任。正是在这个时候,他临危受命来到了当时的县农具二厂,走马上任挑起了厂长这副重担。县农具二厂始建于1971年,当时只是一个生产小农具和简单农业机械的小作坊,有30多名工人,年产值只有几万元。由于缺乏技术和管理人才,产品质量差、档次低,滞销严重,到20世纪70年代后期,工厂已朝不保夕,面临倒闭。县里只好将这个“包袱”“甩”给了大辛店镇。上任伊始,面对如此多的困难,年仅28岁的迟祥坤感到肩上的这副担子是如此的沉重。但是,为了救活企业,为了让信任他的员工们吃上饭,他带领一班人经过广泛的市场调查,得出这样一个结论:要想占领市场必须上有发展前途的新项目,必须有好的产品,要生产出好的产品,就必须有好的技术和好的管理。为此,他果断决定企业转产当时国内市场紧俏的漆包线。可以说,在当时一没设备,二没技术,三没资金的情况下,做出这样的决定是冒有一定风险的。但是开弓没有回头箭,退缩逃避不是他的性格,“没有条件,创造条件也要上”这是他在职工大会上向全厂职工发出的总动员令。在他的带领下,全厂员工硬是发扬“蚂蚁啃骨头”的精神,“啃”出了3台大型漆包机,又在年内建成了3000平方米的厂房,使漆包线厂步入了良性发展的轨道。他那高度的责任感和运筹帷幄的壮志,赢得了职工的信任。经过全厂职工的艰苦奋斗和奋力拼搏,终于生产出了高质量的产品,并占领了市场。到1984年,实现利润35万元,该厂走出了低谷,有了新的起色。在成绩和掌声面前,他没有沾沾自喜。他清醒地认识到,市场经济的竞争,归根到底是人才的竞争,没有一支过硬的技术人才队伍,企业就很难发展壮大。为此,他在厂部领导会上提出了“聚集科技精英，广纳科技人才”的用人决策。为求人才，他利用半年的时间，七赴天津，招才纳贤，受聘人深受感动。为了培养人才，留住人才，在资金困难的情况下，他毅然拨出专款，建设了一幢较高水平的招聘大楼，并每年安排几十人到有关大专院校和科研机构接受培训。短短几年，他从社会上招聘技术人才14人，自己培养技术员、工程师30多人，企业的人才队伍不断发展壮大，为不断开发高、精、尖产品奠定了坚实基础，为企业的发展注入了新的有生力量。

科技创新铸名牌

漆包线产品的开发和技术人才的引进使濒危的工厂生存了下来。自1982年转产漆包线以后，由于企业注重产品质量和市场开发，企业效益明显增加，工人的生活水平不断提高，产值飞速增长。迟祥坤并未满足于现状，他用那远见韬略和深刻的洞察力审视变幻莫测的市场形势。1985年以后，我国的电子产品，尤其是高档家用电器，及新型电子、电器元件正向着超小型、超薄型以及微型化的方向发展，亟需具有耐高温、耐高压、醇溶、热熔自粘等各种特种性能的漆包线来实现电器产品的更新换代。但当时国内绝大多数中小型企业由于受技术、资金等方面的限制，只能望洋兴叹。机会就在眼前，稍纵即逝。上还是不上？上，一旦不成功，几年来的努力就可能付诸东流；不上，企业就只能原地踏步。但这时的迟祥坤，经过几年的创业实践，积累了许多成功经验，已经在市场经济激流中逐渐走向成熟，显露出他那勇往直前、敢闯敢试创大业的气魄。他毫不犹豫，果断做出决定，以生产特种漆包线为突破口，抢抓机遇，占领市场。在他的带领下，厂里成立了技术攻关小组，夜以继日、废寝忘食地工作在生产第一线。渴了，喝一口自来水，饿了，啃一口冷馒头，困了，在机台旁打个盹。由于连续超负荷工作，许多技术员累倒在机台前。功夫不负有心人，经过他们的艰苦努力，克服了各种困难，终于在1986年开发完成了聚酯亚胺、缩醛、聚氨酯三种新产品，填补了国内空白。“牛刀小试”就取得成功，他们的信心更足了，干劲更大了，迟祥坤又把目光瞄准了下一个新产品的开发。针对彩电行业急需的耐热型自粘性漆包线完全依赖日本进口的局面，他们下决心攻克这个难关。经过广大工程技术人员的辛勤研制，1987年12月底就拿出了合格的样品，结束了中国不能生产此种漆包线的历史，使得国内同行大为惊叹。此种漆包线的研制成功，引起了电子工业部的高度重视。1988年3月，“蓬泰”带着研制出的新产品参加了全国彩电配套会，新产品的上市受到了国内外电子行业用户的欢迎和高度评价。

为了使企业得到更大发展，迟祥坤进一步扩大生产规模，不断加大招商力度。1991年与华栋香港有限公司合资，组建了“山东蓬泰特种漆包线有限公司”，引进台湾漆包机4台，之后又相继引进日本、意大利的漆包机和微型拉丝机18台，同时对原有的老设备陆续进行了更新改造，使漆包线的年生产能力达到了3000多吨，特种漆包线也成了公司的主导产品。1996年，公司“扩大特种漆包线出口的生产能力”的技术改造项目，被国家经济贸易委员会和电子工业部列入国家专项技术和“双加工程”计划，成为电子工业部重点扶持的电子原材料生产基地。1997年8月，国家电子工业部部长胡启立亲临公司视察，并为公司题写了“发展基础材料，振兴电子工业”12个大字，极大地鼓舞了全厂广大职工。在短时间内公司通过两期国家星火计划的实施，先后研制开发了醇溶、热熔自粘漆包线和聚氨酯系列等8个填补国内空白的新产品，有8种产品通过了美国UL标准认证，公司成为国内规格最全、认证品种最多的企业。1998年3月，公司又通过了ISO9002质量体系认证，质量保证体系得到进一步健全和完善。2003年，公司的“蓬特牌”商标被评为山东省著名商标，2004年，漆包线系列产品被评为山东省名牌产品。这些令人瞩目的成就，无不浸透着迟祥坤的心血和汗水。

与时俱进迎挑战

历史车轮已进入21世纪。经过十几年的奋斗，公司不断发展壮大，取得了令人振奋的成绩，迟祥坤个人也获得了许多荣誉。岁月的流逝和创业的艰辛已使他的两鬓染上了缕缕白发，多年的顽强拼搏也给他留下很多疾病。对于年过半百的迟祥坤来说激流勇退是最好的选择。但是，面对各级领导的期望和全厂400多名职工一双双期待的眼睛，一种崇高的社会责任感使他的信念更加坚定。他不能停滞不前，不能满足于已取得的成绩，迟祥坤暗暗表示决不辜负党和职工的期望和信任。中国加入世界贸易组织后，面对新的经济形势和发展机遇，一个更大的计划和目标已在他的脑海中酝酿成熟。第一，加大投入，扩大规模。他筹措资金扩大特种复合漆包线的生产规模，形成年产1万吨的生产能力。2004年，企业投资2000多万元，建成了2座现代化生产厂房，引进了12台具有国内先进水平的漆包线生产机，为扩大产量、提高市场占有率打下了坚实的基础。第二，加强人才队伍建设，为企业持续发展提供强大动力。十几年的创业经验使他深刻认识到，没有一支好的科技人才队伍，企业就很难在激烈的市场竞争中立于不败之地。为此，他拨出专款安排中层干部到烟台大学等高等院校进修，并在2004年加盟北京金蓝企业管理集团有限公司，成为会员。在抓好内部人才选拔培养的基础上，还定期去蓬莱、烟台人才交流中心和利用上网招聘的方式，招收具有大中专以上学历的毕业生和有一定管理经验的人才，逐步充实到领导、技术岗位，使企业的人才队伍建设步入了良性发展的轨道。第三，转变观念、创新管理。针对部分员工中存在的“小成即满、小富即安”的不良思想倾向和对企业的粗放式管理，他在全厂职工大会上提出了“有为才有位，无为必淘汰”的新思路，要求每一名员工都要有危机感和忧患意识，要富而思进。为把企业做好、做大、做强，使公司的生产经营活动协调、有序、高效地运行，他亲自指导有关部门制定、修订了竞争上岗、奖惩分配、绩效考核等一系列规章制度，使公司的管理工作走上了制度化、规范化、程序化轨道，强化了广大员工的竞争意识，调动了工作的积极性和主动性，增强了员工的紧迫感、责任感和事业心，公司呈现出勃勃生机。第四，以卓越的品格凝聚力量。迟祥坤作为董事长兼总经理，他一身正气，德高望重，始终以共产党员的标准严格要求自己，以身作则，模范带头，吃苦在前，享受在后，心里始终装着员工，时刻把员工的冷暖挂在心上，诚心诚意地为员工办实事，以崇高的人格魅力赢得了广大员工的衷心爱戴。无论工作多么繁忙，他都要抽出时间和员工们谈心、交心，了解他们的思想情况，把温暖及时送到员工的心坎上。同时，他还十分重视丰富员工的业余文化生活，经常开展各种文体活动，增强员工们的集体荣誉感，使员工们充分体验到公司大家庭的温暖与快乐。

发展不忘百姓恩

奉献爱心，回报社会，扶贫解困，又是他的一个美德。多年来，他积极参与社会公益事业，向失学儿童、困难职工、残疾人、贫困户等社会弱势群体和敬老院、贫困村捐款，充分体现了迟祥坤的高尚情操和无私奉献精神。

在大辛店镇乃至整个蓬莱，只要提起迟祥坤，人们无不竖大拇指。这不单单是因为他生意做得大，创建了国内一流的特种漆包线厂，更重要的是，他心里装着老百姓。迟祥坤时时刻刻不忘，是家乡的沃土养育了他，是家乡的父老支持着他，没有父老乡亲，自己就是一条龙也难以驾云腾飞！

2004 年，夏侯村有个儿童不慎被大面积烧伤，本来就是一个清贫的家庭，面对巨额医药费，孩子的父母陷入了痛苦的深渊，不仅有了放弃治疗的念头，而且也无力再供孩子上学了。迟祥坤从外地出差回来得知这件事后，二话没说，直接开车到了这个孩子家里，掏出 2000 元钱塞到孩子父母手中，并当场告诉孩子父母，他今后每年资助 3000 元钱供孩子上学。崮寺店贫困学生葛仁超，由迟祥坤资助直至大学毕业；南孙沟小学有一部分学生，因家庭困难上不起学，迟祥坤毫不犹豫地捐助了 5 万元。迟祥坤还拿出十几万元，捐助给全市的“希望工程”和“春蕾计划”，使很多失学的孩子重温“学子梦”。

迟祥坤情系百姓，全力支持小城镇建设和新农村建设。几年来，他先后资助大辛店中心小学28.5万元，用于校舍改造和购置微机等教学设施；资助蓬莱市第二人民医院25万元，用于扩建病房；资助11万元，为大辛店镇修建了电视转播塔；捐资90万元协助政府修路，每年支持农业的款项多达20多万元。当得知木兰沟村硬化村路筹不到资金时，他马上资助5万元，并为村里垫付农村合作医疗保险金3000元。村里集镇南官山村要增设防火设施，他送去了3万元。

生命对每个人只有一次，让生命闪光，让生命放歌，是迟祥坤毕生的不懈追求，正是他这种甘于牺牲自我，乐于奉献社会，勤于探索、勇于创新的时代精神和人格魅力，才铸就了“蓬泰”的辉煌！

顾建寿

顾建寿，男，汉族，1954 年 12 月生，蓬莱大辛店镇夼沟村人。高中文化，1977 年 5 月参加工作，在蓬莱汽车改装厂工作，担任冲压车间下料班班长。1993 年，被山东省总工会授予“富民兴鲁”劳动奖章。1995 年 4 月，被山东省人民政府授予劳动模范称号。

模范事迹

顾建寿同志工作兢兢业业，勤勤恳恳，吃苦耐劳，无私奉献，识大体，顾大局，舍小家，顾大家，一心扑在生产上。他所领导的班年年、月月超额完成生产任务，人均完成工时 1990 年 2850 个，1991 年 3111 个，1992 年 3196 个，1993 年 2830 个，1994 年 2940 个，分别比年计划工时超额 16.8％、27.5％、31％、15.9％、20.5％。

顾建寿所带领的班是第一道工序，也是全厂最苦、最脏、最累的工作岗位。十几年来，他刻苦钻研业务技术，积累了丰富的生产实践经验，围绕增产节约、革新挖潜、提高劳动生产率、降低消耗积极提出合理化建议，平均每年为厂里节约资金 1 万多元。他以极高的责任心和较强的组织能力为厂子增产和耗材节能做出了突出贡献。全班共有剪板设备 3 台，而每月要干 100 台黄河自卸车的任务，如何组织好生产，合理调配工作人员，他确实下了一番功夫。在实践工作中，他用科学方法安排生产。为提高设备利用率，他采用一班半作业方式，定级分组，歇人不歇马，使生产进度大大提高，1992 年劳动生产率创了建厂以来的最高纪录。1992 年他又向厂里交了一份合理化建议书，为了使厂钢材能得到充分利用，他用图纸工艺和材料规格进行合理排料，主动与供应部门联系，对卷板开平尺寸，使单车车板耗材明显降低，仅此一项为厂节约资金 5 万元。他先后获得烟台市劳动模范等称号及山东省“富民兴鲁”奖章，1995 年 4 月，被山东省人民政府授予劳动模范称号。

李玉璞

李玉璞(1935～2016),男,汉族,蓬莱刘家沟镇安香于家村人。中国共产党党员,中专学历。自1962年担任安香于家村党支部书记,40多年来任劳任怨,勤勤恳恳,为于家村的发展做出了巨大的贡献,带领村民走上了文明、团结、富庶的康庄大道,安香于家村连续7年被评为省级文明村。他本人也先后获得蓬莱"新八仙"、烟台市农民企业家、山东省优秀共产党员等称号。1995年,被山东省人民政府授予劳动模范称号。

模范事迹

黄土地上起宏图

上自国家领导人,下至中外普通游客,都怀着向往、好奇的心理从四面八方赶到蓬莱城东10公里的安香于家村,要领略一下被誉为"蓬莱八仙"之一的党支部书记李玉璞的风采。看他哪里来的那么大神力,用什么招法把一个800多人的穷山村在土山荒坡、盐碱薄地上建起了文明富庶的乐园?哪里来的那么大魅力,使群众抓住这个年过花甲的老人不放,连选连任,硬是让他领着于家人干下去?

百闻不如一见,这里有优美的自然风光和田园般的恬静,透出都市般的现代化气息。一个玲珑剔透的村庄囿于围村墙之中。林荫十字大街把村庄划成四个区,大街小巷横平竖直,街街相通,巷巷相连,清一色的硬化路面。排排整齐划一的农舍,室内装修别具一格。房前屋后绿草如茵、树影婆娑,村南的桃花盛开怒放,梨花竞相争艳。清淡的花香,使人心胸开朗,不是仙境,胜似仙境。

村内有一流的学校,有灯光球场、文化大院,有健身公园、老年活动室。少有所教,青有所学,老有所娱。

这里有众多工厂,有千亩果园,安香于家村人亦工亦农,过着饮食讲营养可口,穿戴讲时尚高档,住房讲美观舒适的神仙般的生活。难怪英国太古旅游公司驻香港办事处的一位女士有感这里的风光美好,民风淳朴,风趣地对李玉璞说:“我喜欢这里,给我介绍个对象吧!”

这一切都在向人们展示着,李玉璞带领泥腿泥胳膊的“乡巴佬”,几十年如一日在这片黄土地上起宏图硬拼硬干的一番天地。

李鹏总理到村里来视察,他走街串巷,参观工厂,同大家交谈,满意的微笑挂在嘴角。原中共中央政治局常委宋平看了于家村的变化,亲笔题词“走共同富裕之路”。国务委员彭珮云来视察时,充分肯定了村里的发展变化,并亲笔题词表彰安香于家村是“两个文明建设模范村”。

64位国家的外宾到村里参观,无不竖着大拇指称赞安香于家村是“香格里拉”。一个美国人感慨地说:“东方,是太阳升起的地方,在安香于家村,我目睹了另一轮太阳——伟大的中国农民!”

慕名而来的人们,无不流露出羡慕的眼光。他们希望从这位神乎其神的李玉璞身上一探他的神奇本领和特殊招法。谁知这位四方大脸、身材魁梧的山东大汉,却不善言谈,腼腆得像个大姑娘。追问急了,他嘿嘿笑道:“于家村发展到今天,不是靠我的本事,是党的改革开放政策好,还有我和村民们太爱脚下这方热土了。大家把自己的汗水浇灌在这片土地上,它才给你以回报。”

走上致富之路

1998年底,安香于家村召开了纪念党的十一届三中全会20周年报告会。李玉璞用安香于家村今昔对比的事实,歌颂了十一届三中全会精神,彰显了改革开放的巨大威力。当讲到全村经济发展大好形势时,台下有几位老人不停地称赞:“这都是咱‘萝卜’队长的功劳呀!”语音虽然不高,却被一边的几个年轻人听到了,他们惊奇地问:“谁是‘萝卜’队长?”老人们悄悄告诉了他们一个故事。那是1960年的时候,安香于家村白茫茫的盐碱地里一亩地收的庄稼一小车就推走了,有的连种子也搭上了。社员们断粮了,连山里的野菜也挖光了。那时李玉璞刚从部队转业回来,当上了生产队长,他看着心里难受,挺身而出,领着第二生产队社员,抢在秋天前种上了100多亩萝卜。从此,他一心扑在萝卜地里,从早忙到晚,妻子说他对萝卜比对儿子还亲。土地不负辛苦人,100多亩萝卜获得了大丰收,不仅解了社员口粮之急,还拿出一部分到市场卖了个好价钱,社员手上有了零花钱。从此,社员们称他是“萝卜”队长。

李玉璞的报告越讲越有劲。“如今,全村产值比20年前的1978年增加了714倍,公共积累增加了70倍,人均收入增加了20倍。全村群众存款超千万元,户均3万元。”“20年来,于家村发生的翻天覆地的变化是怎样来的?

20 年前，村还是这个村，人还是这帮人，党支部书记还是我李玉璞。那时力没少出，活没少干，为什么就是富不起来？这不能不令我们深思。”几十年前的一幕又展现在人们面前。那是 1962 年秋天，朦胧的早晨，在老村的南边经常站着一个年轻人一会儿看看养育了他的村庄，一会儿看看脚下贫瘠的土地，一会儿又陷于沉思。他就是被安香于家村党员和群众公认的能脚踏实地干事业的李玉璞，刚刚被选上党支部书记，年仅 27 岁。他多少天来吃饭不香，睡觉不沉，不得不正视目前的状况，全村 1400 多亩耕地，一部分是村南的山薄地，一部分是旱涝不收的酥石硼，剩下的是白茫茫的盐碱地。尽管安香于家人向这块赖以生存的土地献尽了殷勤，尽管安香于家人向这块寄予希望的土地付出了努力，可是越想填饱肚子越是填不饱。想到这些，李玉璞心潮起伏，感慨万千。俗话说“民以食为天，粮以土为本”，“手中有粮，心里不慌”，李玉璞终于理出如何带领全村党员群众脱贫的头绪来了。

一个 200 人的创业队伍建立起来了，李玉璞任队长，早晨 5 点上工，晚上 9 点下工，一天 3 顿饭吃在山上，只有大年初一才能跟家人吃顿团圆饺子。他带领创业队伍硬是拼搏了 14 年，彻底治理了盐碱地，改造了山田。但是，要达到稳产高产，还面临着水源不足的问题。李玉璞从 1974 年开始一鼓作气打了几十眼机井，修建了 1 座平塘，铺设了 1500 米地下管道。连自古以来上不去水的村南，通过地下长龙，水也流进了地里。从此全村 1400 多亩耕地全部实现了水利化，变成亩产吨粮田。

当年李玉璞曾向群众发过誓：“治好坡就治窝。”李玉璞创业的风尘还没来得及抖抖，又领着群众迁建村庄，整整苦干了 4 年，一个美丽整洁崭新的村庄建起来了。

群众吃上了饱饭，住上了新房，但手中没有钱花。群众不是不想富，在那“以阶级斗争为纲”和被计划经济束缚的年代里，有劲使不上。李玉璞曾经领着群众办过粉坊，被当作资本主义尾巴砍掉了；办过骨胶厂，被扣上与国有企业争原料、挖社会主义墙脚的帽子被迫下马。

改革开放的春风，终于唤醒了安香于家村这片沉寂的土地，多年憋在李玉璞和群众心里致富的愿望终于迸发了，他们的胆量和谋略有了用武之地。李玉璞带领党支部一班人，重新审视脚下这片黄土地，决心带领群众冲破小农经济的羁绊，用抡镢头的双手创造富裕之路。首先利用靠近公路、车站的地理优势，办起了服务型的旅馆、饭店，利用 20 世纪 70 年代迁建村庄时锻炼出来的建筑工程技术骨干，组建起建筑队，还建起了小塑料厂。1980 年的秋天，在一片锣鼓声中，一个农工贸型的经济实体——“永昌实业公司”的巨大牌子高高挂起来了。李玉璞被推举为总经理，他的一番就职演说，道出了他对改革开放的深刻理解和无比热爱，表达了他要大干一场的决心。几年的功夫，小小的塑料厂由十几人发展到上百人，产值上百万元。建筑队由盖平房到盖楼房，由村内干发展到村外干。旅馆、饭店不仅年年有盈利，还通过这条渠道获得了全国许多经济信息。

李玉璞从办小企业的尝试中看到了希望，积累了经验，坚定了信心。他不满足于眼前的小打小闹、年吃年用的温饱状态。他的眼光瞄准市场，寻找社会需求，经过多方考察，决定要办大工厂，生产矿井导风筒。可是一没技术，二没人才，谈何容易。而李玉璞就是这么个人，他认准的路，十头牛也甭想拉回来。1980 年，他走出家门，到大城市找合作伙伴，终于找到天津橡胶厂，横向联合，谈判成功，共投资 250 万元，建起了占地 8865 平方米的橡塑三厂，投产后第一年产值 300 万元，获利 40 万元，安香于家人第一次抱上了金娃娃。李玉璞作为从穷山村闯出来的第一批农村致富带头人，上了中央电视台，在《人民日报》上也露了脸，从此被誉为蓬莱"新八仙"之一。

插上腾飞翅膀

李玉璞要远走高飞了。他要到哪里去高就发财？不！这话要在 20 年前还真有点影子。那是 1979 年，上级决定将他转为国家正式干部，一时村子里他的家庭里像开了锅一样，沸腾起来了。老婆孩子劝他："走吧，别在家里受累了。"镇党委韩书记亲自登门催他快去办手续。群众心里慌了，李玉璞走了，咱村工作怎么办？可李玉璞心里装的是于家村的一山一水一草一木，他离不开这方土地，断然拒绝了县里的决定。如今，李玉璞远走高飞，是要走出家门，到全国各地寻找致富门路，要为村里的经济发展插上腾飞的翅膀。

进入 20 世纪 90 年代，跻身于市场经济的村办企业，面临着严峻的考验，在竞争激烈的大潮中，李玉璞喝过苦水摔过跟头，也长了见识。他清楚地看到，村办企业在技术设备、人才上，比起活跃的城市经济，都处于劣势。要在市场竞争中获得生存、发展，唯一出路是发挥本地资源优势，依靠科技发展高新技术，增加企业的科技含量。

李玉璞到了化学工业部橡胶研究所、中国科学院技术条件局、大连橡胶研究所、山东省劳保研究所等几十处科研单位，同他们建立了横向联合，还招聘了 60 多名高科技人员，通过他们为本村企业培养了 200 多名技术骨干，并对橡塑三厂老产品矿井导风筒进行更新换代，研制成功了以涤丝纺、尼丝纺等织物为面料，挂胶厚度在 10 丝以下的超薄型防水胶布产品。这种防水胶布色泽艳丽，质地优良，穿着挺括舒适，比日本同类产品还薄 3 丝。一些来参观的外国专家都不敢相信这种世界一流的产品竟然是中国农民生产出来的。产品获国家星火二等奖，企业被山东省政府命名为“高新技术企业”。企业由小变大，年产销收入上亿元，产品覆盖全国26个省、市、自治区，并远销俄罗斯、泰国、马来西亚等十几个国家和地区。

李玉璞，看起来十分斯文儒雅，可他办起企业来，胆子却十足。1992年，他充分运用聪明智慧，同福善（香港）贸易公司老板谈判成功，联合投资5600万元人民币，建起了“蓬莱福昌塑胶实业有限公司”，引进了国外先进的PVC生产线，生产出国际一流的PVC涂层布和各种制革，一举成为全国同行业的佼佼者。多年来，双方合作得十分愉快。1993年，他又同香港峻诚实业公司合资办起了“蓬莱诚昌塑料有限公司”。1997年，李玉璞把企业办到了昌邑。当他得到昌邑是全国最大的印染基地和市场的消息时，立即带领党支部一班人到昌邑进行考察，为了使福昌公司生产配套，解决甲地买布乙地染耽误时间、影响生产、增加成本的问题，同昌邑鹏亿织布有限公司合资建起“昌邑福鹏染织有限公司”，当年施工当年投产，第二年获利400万元。

李玉璞作为一个农民企业家，他一时一刻也没有忘记养育他的这方土地。他把当年带领创业队伍花了14年时间建起的稳产高产田，全部实现了耕、种、管、收、运、脱机械化，为群众实行产前、产中、产后一条龙服务。多年来，不论旱涝，粮食亩产稳定在1吨以上，山、沟、坡建起了千亩果园，实行了企业化经营管理，不断引进新技术新品种。请来外国果树专家授课、指导。先后引进了美国、日本红巴梨等6个新品种，引进日本“红富士2001”新品种，引进“北京26号”“金童5号”“明星”等早、中、晚熟高产桃新品种，创造了大面积高产、早熟的科技成果，被省农业厅授予“优质高产果园”称号。果园年产量为170万斤。

李玉璞在果品产量的增加、深加工增值的“诱惑”下，又“离家出走”了。这次他先后跑了5个省市20多家大专院校科研单位，引进了山楂制品生产的新技术，聘请了高科技工程技术人员，投资400万元建起了年产3000吨果品综合加工的“山楂制品厂”，研制开发了各种果品共5个系列40多个产品品种，在国内销售至20多个省、市、自治区，还出口到德国、日本、新加坡等地，获中国食品工业十年新成就展示会“优秀新产品奖”，是山东省果品加工“星火计划”项目。有人说，李玉璞从“萝卜”队长到企业家，一直都是个有灵气的人，他办企业和下象棋一样，走一步看三步。为了使果品加工不受水果季节性的影响出现生产的淡、旺季，他参观访问了市内外许多建有冷风库的单位，从中获取经验。在1997年建起了一座1500吨的高水平的冷风库，为生产、加工储存了足够的果品，保证了果品生产加工常年不断线。同时，还为外单位代储各种蔬菜水果。

2002年，安香于家村已拥有橡胶塑料、种植加工、灯具、建筑等10家企业，职工1200多人，年产值超2亿元，利税超千万元，固定资产7000万元，成为全市闻名的富裕村。李玉璞先后被授予山东省模范共产党员、劳动模范，烟台市优秀企业家等称号。

扬起文明风帆

踏进安香于家村，有一种生机勃勃、蒸蒸日上的感觉。这不仅因为它是个美丽的花园式村庄，更主要的是安香于家村有着高度文明的社会氛围，安香于家人有着安定团结、人心思上的精神境界。走进工厂看到工人们统一着装，在聚精会神地认真工作。不论冬夏，晚上华灯初上，文化广场上，男女老少伴着录音机播放的动人旋律载歌载舞。如果大年初一上午来到安香于家村，看到的不是人们走家串户地拜年，而是全村男女老少聚集在一起举行迎春体育运动会。李玉璞带领着群众，上至80岁高龄的老者，下至6岁孩童，进行环村长跑比赛，这已经是十几年如一日了。许多人奇怪“安香于家人搞集体活动为什么这么齐心，这么热心?”李玉璞回答得很简单:“那是安香于家村的村庄精神支撑的。”

改革开放的深化，市场经济的发展，使安香于家人富了，人们的思想观念、价值取向、行为方式也发生了变化。有的人认为市场经济就是各人顾各人，凭本事挣钱，企业兴衰与己无关；有的人口袋里的钱多了，头脑空虚了，不愿意艰苦奋斗了。李玉璞很清楚，这是转轨过程中群众思想缺乏正确引导的结果。贫穷不是社会主义，但是只讲物质富有，不讲精神文明，也不是社会主义。如何在于家村培育出常开不衰的精神文明之花，李玉璞到群众中找答案。

李玉璞深入群众广泛调查研究，发动群众积极参与，群策群力，终于把蕴藏在群众心中的理想、信念、意志统一为群体意识，升华为村庄精神，这就是“村兴我荣，村衰我耻；艰苦奋斗，开拓务实；文明建村，造福后人”。村庄精神形成了，李玉璞非常兴奋，几夜没睡好。他想村庄精神来自群众，还必须落实到每家每户每个人头上。他在群众中开展了讲“三史”、看“三天”、比“三多”活动，即讲村庄发展史、讲家庭变化史、讲个人成长史，看贫穷落后的昨天、看丰衣足食的今天、看前景辉煌的明天，现在的新房比过去的旧房多、现在驸马比过去的光棍多、现在外来打工的比过去外出打工的多。在李玉璞的指点下讲讲、看看、比比，农民的思想豁然开朗了。一度滋生这样那样不健康私念的村民，纷纷“竹筒倒豆子”，有的捶胸自责，有的流下羞愧的眼泪。

根据村庄精神的内涵和时代的要求，结合现实，李玉璞在群众中开展了爱党、爱国、爱集体、爱家、爱人、爱自己的六爱教育活动，使群众知情达理，遵纪守法，团结互助，关心集体，为村庄精神注入了活力。在思想教育上，李玉璞还有许多特殊招数：定期开展法律知识竞赛活动，提高村民法制观念；企业举办各类夜校，提高职工文化技术素质；组织党员到烈士陵园宣誓，不忘先烈功绩，缅怀烈士英灵；组织青年去贫困地区参观学习，体验艰苦奋斗，自强不息的精神实质。他还组织人编写了10万字的村史；编写了10万字反映本村经济发展史的小册子《太阳从这里升起》(一、二集)，制印成书，每户一册；编写了于家村歌《我们是一代新农民》，配合村庄精神宣传教育。

李玉璞心里明白，要使村庄精神成为村魂，成为村民的精神支柱，就要在思想教育的同时，辅之以制度、条例等硬性规定，建立起监督、激励和约束机制。他和党支部一班人发动群众制定了12章116条的《村规民约》，建立了《文明教育守则》《计划生育规定》《治安管理条例》等制度条例，做到人人事事都有章可循，交给村民每人一把量人量己的尺子。同时，为村民订立了4条家规：一是遵纪守法，勤劳致富，不要“人无横财不富，马无夜草不肥”；二是无私奉献，帮贫解困，不要“各人自扫门前雪，莫管他家瓦上霜”；三是以邻为友，和睦相处，不要“鸡犬之声相闻，民至老死不相往来”；四是赡养老人，教育子女，不要“对老人以其疵多而弃之，对子女以其恶少而纵之”。4条家规为于家村民树立了文明、公德、仁爱、奉献的标准，自我约束，自我管理。村里结合检查家规，开展评比文明户、五好家庭、好婆婆、好媳妇、好丈夫等活动，全村每年都涌现出大批典型，文明户占全村90%以上。全村多年没有刑事犯罪的，没有不赡养老人的，没有超计划生育的，没有偷盗赌博的……

多年来，安香于家村通过开展村庄精神活动的实践，铸就了开拓进取、艰苦创业的村魂，铸就了党员干部廉洁从政、无私奉献的浩然正气，铸就了安香于家人多年来脚步不歪的历史。安香于家村党支部被评为山东省模范党支部，安香于家村连续15年被评为省级文明村。

做清正廉洁的带头人

一位报社的记者久闻李玉璞的大名，看过许多报刊登载他的事迹。李玉璞几十年如一日廉洁勤政，令这位记者难以相信。你李玉璞再廉洁，也不至于当了几十年书记一尘不染。以安香于家村的经济实力来推断，不腰缠百万也该有几十万元吧！他出于好奇，以采访李玉璞为名来到安香于家村。他看到李玉璞的三间平房和家里的摆设极为俭朴，和普通群众别无两样，先是一愣，继而便深入走访了12户，调查了30多名干部群众，可大伙像事前准备好了一样，讲起李玉璞清如水明如镜的故事是一嘟噜一串，他彻底服气了，伸出大拇指说："像李玉璞这样冰清玉洁、一眼望到底的干部，少有，少有！"

李玉璞从当书记那天起，就和干部们订立了一个"严把三关"的规矩：一是严把口关，不吃请，不请吃，群众请客一律不到；二是严把手关，不以任何借口和形式贪占国家和集体的便宜、群众的利益；三是严把权力关，绝不用手中的权力，为个人搞特殊谋私利。多年来李玉璞没有破例，上级来客一律清茶一杯，食堂里吃便饭，或是他领回家让老伴做顿便饭。他的两个儿子结婚，没请一桌客，没收群众一份礼，每次办喜事，都是由老伴擀块面，炒几个菜，全家一聚。

安香于家人都知道和李玉璞一起出差是个苦差事。他每年出差上百天，从来都是住便宜旅馆，吃便宜饭。有一次去天津洽谈业务，同行三人第一顿饭花了 18 元吃包子。后来他发现天津的烧饼便宜，第二顿就让司机花了 1.68 元钱买了 12 个烧饼，于是顿顿都吃烧饼，同行人吃腻了就抽空出去买点好吃的偷偷吃。这事回村后很快被传开了。好心的人劝李玉璞说："咱村也是个远近闻名的富裕村，不能太'掉价'，再说出门在外吃不好，睡不好，身体受不了，你这么大岁数了享受享受并不过分。"李玉璞却说："富了也要当穷日子过，花集体的钱就像花自己的一样，一分钱掰成两分花。"可李玉璞对自己的钱看得并不是很重要。李玉璞的年薪是镇党委根据村里经济收入而定，每年他都只领取八成，收入比企业的正副厂长还低。1996 年，因业绩突出，按市里的规定镇里奖励他 1 万元，他分文不要，全部送给村小学做了奖学金。有一次李玉璞患病住院花了几千元。出院后，这个企业要给他报销，那个企业要给他报销，党支部委员异口同声地说："故去副书记于某某患病住院十几万元都报销了，你的药费为什么村里就不能报销。"大家的好意都被李玉璞婉言拒绝。为了避免麻烦，在一次支委扩大会上，他将住院的药费单据，当着支部委员和各位厂长的面撕毁。

李玉璞有句口头禅——"干部太爱钱，群众离得远"。李玉璞和群众贴得很近，群众也很爱他。2002 年他以绝对优势再次被村民选上了村委会主任。人们讲起他廉洁自律的故事如数家珍，滔滔不绝。村里安装自来水管道，河北一家施工队为承揽这项工程，包工头深夜登门送去 5000 元，却被严厉斥责赶出门外。村里要建设花园式村庄，有南方养花专业户承包了这项工程，该专业户趁李玉璞不在家送去两瓶酒一封信。李玉璞回家拆开信封一看内装 2000 元，李玉璞朝老伴发了脾气。老伴说："我并不知道信封内有钱，两瓶酒我没来得及拒绝，他放在桌子上就走了。"李玉璞当即拿着钱、酒找到这个专业户，说："都给我拿去，再这样干我就辞掉你。"

李玉璞对自家人一向要求严格，绝不许老婆孩子做出给自己脸上抹黑的事情来。就拿计划生育来说，按政策他儿媳妇可再生一胎，然而他亲自做儿子儿媳的工作，在全村第一个领了独生子女证。市里给村里的合资企业5个农转非指标，他的多年农民合同制的儿媳再三要求留出一个指标，老伴也劝李玉璞："你是合资企业的总经理，留下一个指标也不为过。"李玉璞再三做了老伴和儿媳的工作，终于将指标全给了合资企业的正副厂长。干了40年党支部书记的李玉璞，头发白了，身上的疾病多了，可是村里的企业也多了，安香于家村也富了，群众手里的钱也多了。昔日贫困的安香于家村，今日捧上了金饭碗，过去太阳不从门前过，如今太阳从这里升起。于家人彻底告别了野蛮、无知、愚昧的昨天。是啊，这一切的变化，群众心里都有一本账，谁也不会忘记他们的好带头人——李玉璞。

纪遵义

纪遵义，男，汉族，1955 年 9 月生，蓬莱北沟镇下寺夼人。中国共产党党员，高中文化。1976 年参加工作，在华电（蓬莱）铸石有限公司任弯头班班长，先后获得烟台市劳动模范等荣誉称号及烟台市“五一”劳动奖章。1998 年，被山东省人民政府授予劳动模范称号。

模范事迹

纪遵义同志工作勤勤恳恳，任劳任怨，处处以身作则，从不计较个人得失。在引进安装捷克生产线的过程中，其妻子因糖尿病并发症住院一个多月，他没到医院照顾一天，保证了生产线的早日安装完成，为企业创经济效益 300 万元。他不顾自己因工伤而导致的腰椎间盘突出的痛苦，坚持早上班晚下班。他对待工作敢于坚持原则，大胆管理，出色地完成了领导交给的各项任务，为提高企业经济效益做出了突出贡献。在企业遇到经营困难时，他带领全班职工刻苦攻关，勇挑重担，为企业挽回信誉，节约资金 10 万元。多年来，他积极参加技术创新，提出合理化建议 130 条，每年节约资金 10 多万元，创经济效益 100 多万元，被企业领导和广大职工誉为“能工巧匠的好班长”。

刘长庭

刘长庭，男，汉族，1952 年 9 月生，蓬莱刘家沟镇刘家沟村人。中国共产党党员，大专文化，经济师。1972 年参加工作，任蓬莱市刘家沟镇刘家沟村党支部书记。1998 年，被山东省人民政府授予劳动模范称号。

模范事迹

刘长庭同志坚定不移地贯彻党在农村的一系列方针、政策，把发展壮大集体经济、实现共同富裕作为自己的职责，十几年来兢兢业业，身先士卒，以建筑业为龙头，先后办起了建材、果业、塑料、海产品加工、肉食鸡加工、饮食服务六大产业，十多家村办企业，固定资产达 1.18 亿元。1997 年，工农业总产值 1.9 亿元，利润 1520 万元，人均年收入 3000 元，出口创汇500 万美元。1993 年，与印度尼西亚合资兴办了中外合资企业，总投资 995 万元。他坚持两手抓、两手都要硬，努力建设文明富裕新农村。他不为名利所扰，不为金钱所动，廉洁奉公。他常说："奉献是共产党员的天职，我们要'先天下之忧而忧，后天下之乐而乐'。"自己有严重的心脏病，医生再三劝告要注意休息，但他依然不顾自己的身体，为刘家沟村的经济发展抛家舍业，被群众誉为"共同致富的好带头人"。刘长庭同志先后获得烟台市劳动模范和山东省劳动模范称号。

陈云昌

陈云昌，男，汉族，1957年2月生，山东省平度市人。中国共产党党员，大学文化，高级经济师。1977年参加工作，1977年8月至1988年6月，在中国建设银行烟台支行任办事员、投资科副科长；1988年7月至1991年12月，在建设银行投资公司任科长；1992年1月至1993年1月，在烟台经济技术开发区兴华经济发展公司任副经理；1993年2月至1998年12月，在烟台隆华投资发展有限公司任副经理；1998年12月，任烟台中粮葡萄酿酒有限公司总经理。2002年，被授予山东省“富民兴鲁”劳动奖章；2003年，当选山东省第十届人大代表，并被山东省人民政府授予劳动模范称号；2004年，获中国品牌建设十大杰出企业家称号。

模范事迹

依靠科技创新　筑造酒业辉煌

烟台中粮葡萄酿酒有限公司(简称烟台中粮)是世界500强之一的中国粮油食品(集团)有限公司的控股企业，生产、销售中国葡萄酒著名品牌——长城系列干红、干白葡萄酒。公司前身是一个停产6年之久的小型葡萄酒厂，欠国家贷款1250万元。1999年陈云昌通过招商引资盘活了1250万元国有资产，建立了烟台中粮葡萄酿酒有限公司并出任总经理。在他的带领下，依靠科技创新，公司实现了跨越式高速发展。公司5年来共实现销售收入305880万元，利税47780万元，其中上缴国家税收28600万元。2002年，综合经济指标跨入全国行业五强，2004年，跻身前四名，位列全省同行业第二，创造了企业发展的奇迹。“依靠科技创新，企业才能快速发展”是陈云昌总经理经常说的一句话。烟台中粮的成长轨迹也验证了依靠科技发展企业的正确性。

一、高标准建设基础设施

建厂之初，陈云昌带领筹建人员确立了高标准建厂的基本原则。基地建设、厂房设计、设备引进、人才引进等方面无不体现高科技，这为公司的快速发展奠定了坚实的基础。公司现有高标准厂房25000平方米，拥有意大利引进的国际先进的发酵、酿造等专业生产设备90台套，全自动灌装线每小时灌装8000瓶，储酒25000吨，年加工葡萄2万吨，年产干红、干白葡萄酒2万吨。随着市场规模的扩大，厂区二期工程以更高的起点进行扩建，全自动灌装线每小时灌装能力达到15000瓶，年生产能力达到5万吨。高科技设备的使用不仅保证了市场对产品产量的需求，也保证了产品质量的稳定，五年来累计生产的各类干红、干白葡萄酒从没出现产品质量问题，长城葡萄酒也成为国内葡萄酒行业率先获准使用“3·15”标识的品牌，赢得了市场和消费者的青睐。

二、高起点拓展营销网络

市场是公司发展的命脉，陈云昌深信这一点。五年来，他亲自挂帅，主抓销售。其创新的产销企业间“共同投入、同步发展”的经营理念和区域总代理特许经营的营销模式，在短短五年时间里使公司产品覆盖了国内葡萄酒消费主要地区，营销网络遍布全国29个省、市、自治区，区域总营销商多达120余家，特许营销商和分销商达到了近千家，产品还出口到香港和澳门。陈云昌成功创造出的崭新市场营销理念和营销战略，使公司营销网络从无到有，基本实现了发达地区到乡镇，其他地区到县级城市的网络分布目标，营销队伍从弱到强，初步建立起一支具有强大战斗力的营销团队。产品销量实现了倍增式增长，五年来累计销售各类干红、干白葡萄酒6万多吨，实现销售收入305880万元。

营销网络的建立为企业发展打下了坚实的基础。陈云昌认为，能否对庞大网络实行有效管理直接关系到企业能否可持续发展。他果断决策，投资500万元开发物流信息管理系统，利用高科技手段武装营销网络。通过物流管理软件的开发、电脑设施的配备，形成了以公司为管理中心，各大营销商为辐射终端，利用网络信息对营销商进行管理，公司与营销商之间共同投入、同步发展的战略伙伴关系，有效培养了营销商的忠诚度，提高了公司的信誉度和美誉度。

三、高水平建设原料基地

“七分葡萄三分酿”是葡萄酒酿造业的一句行话，即要想酿出高品质的葡萄酒必须有高品质的酿酒葡萄来保证。基于这一点，1999 年，陈云昌在厂房未动工之前，就开始筹划并着手建设自己的葡萄基地，并提出基地建设高水平、基地设施高科技、基地管理高标准的“三高”要求。在他的带领下，以构筑农业产业化龙头企业为目标，一次性规划葡萄基地 3 万亩，当年投资 3500 万元建设了国际标准化种植的一体型样板基地 6000 亩和紧密型基地 1 万亩，带动农户 1.2 万户，奠定了企业长期发展的基础。在基地建设和管理过程中开拓创新了一条“一体化经营、标准化生产”的具有烟台中粮特色的农业产业化模式。这种模式全面提升了农业生产管理的科技水平，实现了与农民兄弟共担风险、共享利益和共同发展，使农民变成了农业产业化工人，保证了农民收入，使农业生产达到了规模化，启动了农业现代化，全基地实现了灌溉管网化、施药网络化、田间生产机械化，初步实现了原料基地化、基地良种化、良种区域化、区域产品绿色化的标准。建设基地的目的就是保证取得最优质的葡萄原料，基地生产管理就必须按高水平标准化运作。为管理好基地，陈云昌经常聘请农业专家实地研究探讨，逐步建立完善了基地管理的三套工作体系：一是生产组织管理体系。由公司基地部负责全面技术指导和生产管理措施落实，基地所在乡镇成立基地管理公司(合作社)，按基地部要求把生产管理的规范落实到片长或农户，全面落实基地管理的各项规章制度和生产措施。二是绿色食品管理体系。根据葡萄每一阶段的生长规律，制定绿色生产管理标准，施肥喷药坚决按无公害化要求进行。三是风险共担管理体系。基地农户管理葡萄向公司缴风险抵押金，年底各项管理达到指标的，抵押金连同利息一并返还，使种植户和公司真正做到利益一体、风险共担。

经过几年的探索实践，陈云昌创造性地建立了富有当地特色的公司与农民一体化经营、农民按标准化生产的基地运作管理模式，无公害酿酒葡萄标准化研究课题分别被列入国家、省、市科技计划项目，并建成山东省农业科技特色园区，有力地促进了农业产业结构的调整和经济发展，走出了一条以农业产业化实现科技兴企的创业之路。公司先后被评为烟台市农业产业化十佳龙头企业、山东省先进龙头企业，2002 年被评为国家农业产业化重点龙头企业，规划建设的葡萄基地也被认定为国家绿色食品示范基地。

四、高端装备科研机构

产品是企业发展的源泉。陈云昌特别重视新产品开发和产品质量的稳定，并不惜重金装备科研机构。五年来共投入1000多万元，引进国内外尖端试验、检测设备30多台套，配备了同行业中一流的科研设施，同时，招聘和培养了10多名专业研发人员，初步配套了较完备的科研技术综合实验条件，有一支优秀的研究开发、工程设计和试验的专业科技队伍，成立了能提供多种综合性服务的科研开发中心。技术投入的不断加大和高科技试验设备的使用，使公司形成了独立的产品研发能力和完善的技术保证体系。从最初的解百纳开始，已先后开发出庄园系列、传统系列、商超系列、新品系列等27种干红、干白系列产品，产品价格从十几元到几百元的不等，建立起了能够满足不同市场需求的、具备较强市场竞争力的产品结构。产品质量始终保持出厂合格率100%，优质率99.9%的水平。2002年，长城系列葡萄酒被评为国家免检产品，并在多次行业评比中得到国内专业评委会专家的高度认可。

五、高效率管理现代企业

任何成功的企业都离不开卓越的管理，陈云昌对这一点深信不疑。形成一定的生产能力后，他就将如何管理好企业作为头等大事来抓，并提出要以创新思维和超前意识管理企业，要形成高效率的适合本企业特点的管理模式。在他的直接参与和指导下，公司按照产权清晰、责任明确、管理科学、政企分开的现代企业准则，逐步建立健全了各项基本管理制度和规章制度，从开始的粗放式管理逐步转向制度化、规范化、科学化管理，使职能更清晰、分工更明确。还优化了沟通顺畅、规范高效的业务流程，特别是针对营销、生产、基地三大经营模块的不同特点，制定了行之有效的全员绩效考核办法，这不仅有效规范了各个岗位的岗位责任和经营行为，而且提高了全体员工的积极性，真正达到了“以管理求发展”的目标。为与世界接轨，公司先后通过ISO9001国际质量管理体系认证、ISO14001国际环境管理体系认证、绿色食品认证和HACCP食品安全管理体系认证，成功引进了国际通行的先进管理模式，促进了公司高效、灵活的经营机制的形成，为公司快速发展战略目标的实现奠定了坚实的基础。

六、高科技打造酒庄航母

企业初具规模和走入规范化发展轨道后，陈云昌并没有满足现状止步不前，而是以一个现代企业家的战略眼光，描绘烟台中粮的远景蓝图。根据中粮集团在食品行业的发展战略要求，依托自有葡萄庄园和蓬莱发达的旅游资源优势，从打造企业可持续发展的战略角度出发，进一步提升长城品牌形象。其筹划的烟台长城南王山谷葡萄酒庄项目于2005年正式启动。项目一期投资138亿元人民币，建设期3年。遵循国际上建设葡萄酒庄的3S原则，即大海(SEA)、沙滩(SAND)和阳光(SUN)，酒庄选址在拥有6000亩优质酿酒葡萄庄园的山东蓬莱南王山谷，未来庄园规模将扩大到11000亩。整体规划设计通过国际招标完成，项目包括酒庄酒生产、地下酒窖、会所、葡萄酒文化观光旅游、酿酒葡萄苗木培育等。酒庄建成后，不仅能够生产富有中国特色且能够与世界顶级酒庄相媲美的高品质酒庄酒，抢占葡萄酒生产和经营的制高点，而且将成为富有产区特色的葡萄酒文化园区，成为葡萄酒文化传播与发展的基地，以文化提升品味，借文化培养市场。同时，积极开展相关科学研究，为产品研发、市场拓展和监督提供技术储备和科学依据。按照陈云昌的宏伟设想，以南王山谷葡萄酒庄的建设为契机，发挥烟台中粮的核心优势和带动作用，将南王山谷及周边地区纳入酒庄统一规划，合理有序地进行酒庄集群的建设，最终形成以烟台中粮葡萄酒庄为旗舰、众多小型酒庄拱卫的“大酒庄”体系，打造中国酒庄航母。同时，充分借鉴法国波尔多和美国纳帕谷产业集群的发展模式，通过外引内联，建设形成以烟台中粮为核心的葡萄酒庄群落，将南王山谷建设成为中国的“纳帕谷”，促进蓬莱成为世界第七大葡萄酒黄金海岸，跻身世界优质酿酒葡萄产区的行列。

“善于整合资源，精于利益链接，长于开拓创新，益于科技兴企”是对陈云昌总经理的真实写照。在陈云昌的带领下，烟台中粮葡萄酿酒有限公司已发展成为一个由葡萄和葡萄酒业为主导，集酒类加工、葡萄及苗木生产、生物工程制品、食品包装、技术研发和质量检测、生态旅游、葡萄酒文化展示为一体的现代化复合型产业集团，成为富有独特个性、具备深厚葡萄酒文化底蕴和现代企业文化内涵的文化型企业，成为代表中国葡萄酒文化和具有产业特色的范例，成为葡萄酒文化传播、葡萄酒生产销售、葡萄产品综合利用、葡萄及葡萄酒新技术研究与开发的基地，其规模和综合效益达到国内一流水平。

王德涛

王德涛，男，汉族，1956 年 5 月生，蓬莱北沟镇北王绪村人。大学本科学历，中国共产党党员。1974～1976 年，任职于北沟供销社；1976 年 6 月至 1977 年 11 月，在北王绪学校任教；1977 年 1～5 月，任职于北沟公社；1977 年 5 月至 1982 年11 月，任北沟砖瓦厂厂长；1989 年 9 月至 1993 年 11 月，任北沟水泥厂厂长；1993 年，任山东蔚阳集团有限公司董事长、党支部书记，烟台市人大代表。先后被授予全国科技星火带头人、山东省青年企业家、山东省新长征突击手等称号。2003 年，被山东省人民政府授予劳动模范称号。

模范事迹

领跑者

王德涛创建的山东蔚阳集团有限公司是个拥有 5 亿元固定资产，下设 10 家分公司、20 家单位，集建筑建材、轻工纺织、港口运输、农业种植、旅游开发于一体的大型综合集团，是蓬莱市的支柱企业。他投资 1.7 亿元建设的栾家口万吨级港口，是国家一类对外开放口岸，为带动当地经济发展和农村城市化建设奠定了坚实的基础，为招商引资、集聚人才、发展临港工业做出了巨大贡献。他是山东蔚阳集团有限公司董事长，更是蓬莱公认的民营经济“领跑者”。

是他，把一个规模不足百人的水泥厂，发展成为拥有职工 2000 人、固定资产 10 亿元的大型企业，20 余年领跑当地民营企业发展；是他，把一个沉默在渔村角落的小渔港，开发建设成联结国内外诸多港口、年吞吐量 200 万吨的国家一类开放口岸；是他，把脚下一片寂静的海滩，锻造成为朝气蓬勃、坐拥数十家临港工业企业的工业园区，引领蓬莱临港工业迅速崛起。

传奇——“小舢板”长成领航“巨舰”

2007 年 7 月 27 日，“立窑水泥厂即将拆除，过不了多久，这里将建起一条日产 4000 吨水泥熟料的回转窑生产线。"站在蓬莱市北沟镇水泥厂的大门前，王德涛告诉我们，"水泥行业必须走新型、节能、环保、高效的产业之路，立窑水泥厂已经完成它的历史使命，必须淘汰。"放眼望去，眼前是一片"灰头土脸"的混凝土厂房，很难让人把它与一个企业集团的崛起联系起来。然而，不争的事实却告诉我们，王德涛的创业之路正是从这里起步，固定资产达 10 亿元的山东蔚阳集团正是在这里孕育。凝望着一个个熟悉的角落，王德涛感慨万千。

从 1982 年开始，一个传奇被浓重地书写在这片不起眼的厂区。那一年，26 岁的王德涛调任濒临倒闭的北沟水泥厂厂长。当时的水泥厂年产量仅 1.5 万吨，设备陈旧、工艺落后、销售无门，工人们心浮气躁，整个厂区满目凋敝。用一位老职工的话说："那时大伙都心灰意冷，走的走，混日子的混日子，没有了什么盼头。"

"新厂长来了，厂子就有救吗？又是'换汤不换药'吧？"王德涛初来乍到，在厂里并没有形成太大的波澜。雄心勃勃的王德涛并没有理会流言蜚语，而是一头钻进了生产车间，从各个生产环节入手，诊治"诟病"。不久，他便对工厂进行了大刀阔斧的整顿。王德涛调整了领导班子，提出了"时间就是效益，质量就是生命"的口号，从车间入手制定劳动管理制度和奖惩制度，同时在产品质量、成本核算、市场开拓上狠抓猛打，亲自把关，对一些陈旧的设备进行技术改造，逐步使无序的生产经营走上正轨。功夫不负有心人，当年，水泥厂就实现了质的飞跃，完成 1.7 万吨产量，425# 、525# 水泥获得了省优质产品称号，并取得国家质量认证和出口商品质量许可证，工人的工资连升两级。欣喜中，全厂干部职工再次看到了发展的希望。

对于王德涛来说，这仅仅是一个开始。随着我国对外开放的深入和国民经济的复苏，国家加快了对南方沿海城市的投资开发，建材市场全面放开，到了 1985 年，水泥价格一路飙升，产品供不应求。深谙时势的王德涛坐不住了。这年开春，他便南下考察，决定扩大生产规模，放开手脚大干一场。1985 年，水泥厂年产 4.4 万吨的立窑生产线的扩建工程破土动工。9 个月后，第一条生产线建成投产，并一次点火成功，创下当时投资最少、速度最快、效益最好的历史记录。随后，王德涛又马不停蹄地上了第二条生产线，6 个月之后投入生产。到 1992 年，王德涛已经把水泥厂的生产规模从 1.5 万吨提高到 12 万吨，又从 12 万吨扩大到 60 万吨，"蔚阳山"牌水泥销往韩国、泰国、中东等十多个国家和地区。到 1989 年，水泥厂在收回投资后，实现利润 1000 万元，王德涛淘到了创业初期原始积累的"第一桶金"。

当全厂职工为眼前的成功而欢欣鼓舞时，王德涛却没有满足于此。他认为市场经济瞬息万变,企业靠单一产品闯市场风险太大,乡镇企业只有打破传统的"村村点火、户户冒烟"的小作坊式的经营模式,走集团化、多元化的路子,才能向更高层次发展。于是,王德涛把触角伸到了美国。1989 年底,他飞到大洋彼岸,详细考察了美国罗丝伦公司的设备和美方市场。经多次谈判,1992 年春与美国罗丝伦公司合作成功,成立蓬莱齐施伦化纤工业有限公司。同年,他又上马了一座装机 5000 锭的毛纺厂和一个特种电子元件厂,成立了轻纺公司,实现了漂、染、织一条龙生产。此后,运输公司、机械工程处、建筑公司、塑胶公司、石油公司等子公司相继成立,真正使蔚阳公司走上了一条集团化发展的道路。

从一个小小的水泥厂一步一步走来,王德涛和他的团队已经完成了固定资产 10 亿元的资本积累,山东蔚阳集团有限公司成为一个拥有 18 家企业、2000 名职工,集科、工、贸于一体的大型集团公司。王德涛的执着坚守,促成了一个民营企业从小到大、从弱到强的嬗变。

崛起——傍海渔村建起万吨大港

时值上午,栾家口码头塔吊林立,机声隆隆,一派紧张有序的繁忙景象。放眼望去,这个年吞吐量 200 万吨的现代化港口犹如一条巨龙,横卧在栾家口万顷碧波之中。从渔村小港到国家一类开放口岸,成就这一港口发展奇迹的,正是王德涛。

从蔚阳集团总公司驻地向北两公里处,有一个景色美丽的傍海渔村——栾家口,村子北侧有一个小渔港。历史上,这里曾是商贾云集、繁华热闹的商港,后来,由于大城市港口的建成,栾家口港逐步退缩成一个渔港,几乎销声匿迹,功能尽失。改革开放以来,北沟镇乡镇企业迅速崛起,特别是建材行业发展迅猛,仅王德涛的水泥厂年产量就达 60 万吨,其中每年由港口运送 50 多万吨。1992 年,北沟镇周边水泥年产量约 350 多万吨,水泥厂生产所需煤炭 80%需要通过港口运进,虽东有蓬莱港、西有龙口港,却由于泊位紧张及陆运距离长,经常造成货物滞压,纠纷不断。

此时,熟谙经营之道的王德涛,把目光投向了栾家口渔港。在王德涛看来,拥有一个畅通的交通环境已是大势所趋,而巨大的市场潜力又预示着可观的经济效益。经过多方调研,一个以港兴城、以港兴企的大胆设想在王德涛的脑海中形成。

"纵观人类衍变过程,横看国内外城市发展,'有其城无其港'者比比皆是,而'有其港无其城'者绝无仅有。一个港口的繁荣,必将带动一个城市的崛起。"王德涛洞悉时势,为自己定下了一个大胆的目标。说干就干,王德涛开始搜集有关栾家口港的历史、水文记载资料,多次去青岛,上北京,找专家咨询,请设计院勘察,他要拿到建港所需的所有第一手资料。经过充分考察和论证,栾家口港不仅具备得天独厚的建设万吨级大港的条件,而且其航道自然天成,常年不冻不淤,是附近其他港口所无法比拟的。

于是,在公司董事会上,王德涛力排众议,提出利用栾家口港水深港阔的自然条件,建设一个万吨级大港,营造繁华商埠,以此拉动企业成长和区域经济发展。1995年4月1日,王德涛拉开了向大海宣战的帷幕。奠基那天,朔风阵阵,海浪涛天。上级领导来了,公司干部职工来了,栾家口村及周边村子里的乡亲们也来了。人们自发地聚集到这里,为古港即将重展雄风而激动和兴奋,也为王德涛的冒险捏着一把汗。

然而,王德涛总能出人意料。经过一年半的浴血奋战,投资8000万元的栾家口港横空出世。一个拥有万吨级泊位两个,5000吨、3000吨、1000吨级泊位各一个,5000吨级滚装码头两个,年吞吐量200万吨的现代化港口,就这样神话般展现在人们面前。"港口建设所经历的曲折和辛酸,是刻骨铭心的,所遭遇的困难也是前所未有的。尤其是施工的过程中,我们之间分不出指挥员、战斗员,都一样顶烈日战酷暑,流血流汗,脸上、身上的皮脱了一层又一层。还好,我们都挺过来了!"回想起建港时的情景,王德涛仍是百感交集。顶着重重压力,孤注一掷,需要的是怎样的自信和胆魄?既要运筹帷幄,又要指挥施工,需要的是何等的智慧和毅力?建港的150天,对于王德涛来说洗却了铅华,铸就了辉煌。

"王德涛率领千军万马移山填海的壮举,铸就了一个崭新的栾家口港,也构筑了北沟镇的大交通格局,形成了大流通带来大效益的良好局面。"蓬莱西城临港工业区管理委员会主任于文平告诉我们。港口自运营开始就佳绩频传:1998年试运营期间,装卸货物80万吨;2000年,完成货物吞吐120万吨;1998年,通过山东省交通厅验收;2001年3月,被交通部批准对外开放;同年7月,第一艘外籍轮"海明"号在该港停靠,满载着23000吨"蔚阳山"牌水泥离开栾家口港,驶向大洋彼岸。

栾家口港的成功,是蔚阳集团发展史上一个划时代的里程碑,它开创了乡镇企业建万吨级港口的历史先河,不仅形成了当地经济发展新的增长点,而且带动了蔚阳集团建筑公司、运输公司、机械工程处的发展和壮大,解决了水泥厂运输不畅的困难,提高了市场竞争力。现在,栾家口港还在不断成长、壮大,目前已建成泊位17个,设计年吞吐能力2000万吨。泊位岸线总长度3350米,其中现已投产泊位14个:5万吨级散杂货泊位2个、2万吨级油品泊位1个、1万吨级散杂货泊位2个、5000吨级及以下杂散货泊位7个、

5千吨级货滚泊位2个。

现在栾家口港是蓬莱西城临港工业发展的支撑平台，已被列入国家“一带一路”重要战略布局。

跨越——引领临港工业腾飞

把一个小小水泥厂办成坐拥10亿资产的大型企业集团，把一个渔村小港建成联通世界的万吨级大港，王德涛在渤海湾畔不断书写着民营企业发展的传奇，成为名副其实的当地经济发展领跑者。但是，在成就面前，王德涛没有停下前进的脚步，在大港建成后，他把目光瞄向身后广阔的腹地。在他的心目中，那是一片承载着更多梦想的创业沃土。

这一想法与蓬莱市决策者的思路不谋而合。2000年10月，蓬莱市以栾家口港为基础，成立了蓬莱市西城临港工业区，被正式纳入蓬莱市“一城两翼”发展规划，王德涛也被聘为管理委员会副主任，一副区域经济发展的重担落在肩头。

“对于一个企业来讲，它的发展不是孤立的，它与社会的发展和进步有着千丝万缕的联系。港口的建成，带来的是西城临港工业区的崛起；而工业区的建设，又将带动其基础产业和相关产业的发展，蔚阳集团则是第一个受益者。”王德涛由衷地说。或许，这正是王德涛运筹帷幄、高瞻远瞩的经营思想之所在。从此，王德涛便把自己的精力放在了工业区的建设和发展中，踏上了领跑蓬莱临港工业发展的新征程。有人笑着说，他坐的是总经理的位子，干得却是市长的活。于文平告诉我们：“西城临港工业区的建设，从规划布局到招商引资，每一个角落都留下了王德涛的身影。王德涛的办公桌上，到处堆放着工业区的蓝图和资料，他的日常工作，有80%都是为工业区招商引资。”显然，一种发展境界的超越，使得王德涛跨越了个人和公司发展，与区域发展融为了一体。

在西城临港工业的发展大事记中，我们看到了这样一串闪光的足迹：2001年，为促进临港工业区的长远发展，王德涛投资1000多万元，开通了通港路、迎宾路、西山路等基础工程，同时投资建设了自来水供水系统，解了园区企业投产用水的燃眉之急；2002年，他引进广源发集团公司，投资5亿元，建设2万吨级原油专用码头和年产120万吨的沥青加工厂，项目2003年投产，年销售收入38亿元，利税达2.5亿元；2002年，王德涛在港口内围堰造地260亩，投资1000万元建设工业厂房，租赁给永和重工（蓬莱）有限公司进行钢构大件的生产经营；2003～2004年，投资1.5亿元，填海造地1000亩，建成了一个造船基地和一个3万吨级油品码头；2004年，引进中国国电集团，总投资77.5亿元的发电厂在西城临港工业区落户；2005年10月，引进中柏京鲁公司，投资5亿元建设北方最大的造船基地，同时，为满足园区企业的生产需要，栾家口港扩建万吨级泊位5个，设计年吞吐量600多万吨；2007年2月，烟台星都重工落户蓬莱开发区，为西城临港工业区再添羽翼。

一步一个脚印，每一步都如此铿锵有力。王德涛以勇往直前、不屈不挠的奋斗精神，在市场经济的激流中，引领着西城临港工业区的壮大。短短几年间，一个以栾家口港为依托，以石油化工、电力能源、造船重工、水泥建材为重点产业的临港工业群迅速崛起，其蓬勃的成长势头成为蓬莱市经济发展的新亮点。

王轰

王轰，男，汉族，1953年生，蓬莱刘家沟镇海头村（现烟台市经济技术开发区）人。中国共产党党员，大专文化。蓬莱京鲁渔业有限公司总经理，高级经济师。1998年以来，连续3年被蓬莱市委、市政府授予嘉奖，多次被评为优秀共产党员，被山东省海洋与渔业厅授予水产系统先进工作者称号。2000年，荣获烟台市"五一"劳动奖章；2001年，获得山东省"富民兴鲁"劳动奖章；2003年，被山东省人民政府授予劳动模范称号。

模范事迹

仙海之子大道其行

2012年9月15日，首届中国（南方）国际海产品博览会隆重召开，经各地推荐、专家评选，蓬莱京鲁渔业有限公司的"京鲁远洋"牌系列海产品喜获金奖。该公司展示的畅销产品和最新研制产品有50多个，受到前来观展的餐饮企业及消费者的青睐，也得到展会特邀专家的充分肯定。

2012年9月27日，第十届中国国际农产品交易会盛大开幕，蓬莱京鲁渔业有限公司的"京鲁远洋"鳎目鱼、"京鲁远洋"多宝鱼喜获金奖。当天下午，山东十大渔业品牌推介活动在北京昆仑饭店隆重举行，来自人民大会堂、北京饭店、钓鱼台国宾馆、京深海鲜批发市场、家乐福超市等的百余家国内外大型采购商参会。

京鲁渔业从默默无闻到走出国门扬帆远航，离不开一位成熟稳健的舵手——王轰。

第一篇　白手起家　扬帆起航

英气勃发　纵横四海磨意志

王轰，出生在蓬莱的一个小渔村里，父亲给他取名"王轰"。在繁体字中，三车叠在一起为"轟"，取其三车并驾，大道其行之意。

人如其名，王轰自小就学习刻苦，心怀抱负。虽然15岁被迫辍学回家，但他不甘心虚度年华。思来想去，他选择了村里的渔业大队，常年随船队出海闯荡。纵横四海的18年间，他由一个英气勃发的少年，成长为一名成熟稳健的队长。

提到海上的经历，王轰打开了话匣子。“天气莫测，风浪无常，潮湿闷热常常令人窒息，工作和生活的艰苦超乎想象。”王轰说，“那时候只有一个信念——永不退缩，言出必行。”即使双手磨出了血泡，手背上被海风吹出的道道裂口钻心地疼，他也不曾放弃。他还利用业余时间，刻苦学习航海理论及渔船经营管理等专业知识。

在海上漂泊的捕捞生涯中，每当看到拉上来的一网网沉甸甸、令人眼花缭乱的鱼、虾、螃蟹时，他总是兴奋不已。但他也常常在想，传统的打鱼、卖鱼，不仅经济效益低，而且随着近海渔业资源的逐年减少，“靠海吃海”也不是长久之计，可是新的出路又在哪里？

机遇降临　强势起锚诞“京鲁”

机遇在1985年到来了。那年王轰所在的船队到荣成市龙须岛作业，他偶然发现了龙须岛水产公司冷藏厂，这在过去他闻所未闻。经过一番周折，他终于得以参观这个厂，大大开阔了眼界。

王轰心里盘算着，发展水产品加工业提高附加值，不仅是条致富路，而且能为更多的农民提供就业岗位。于是，他在村里建起水产加工厂。建厂初期，只有40名工人，但他把厂子经营得红红火火。恰逢国家对水产加工行业实行开放政策，并出台了许多相关的扶持政策。王轰认为这是千载难逢的机遇，于是他盘算起更大的生意。

1990年，乡里一家废弃的饲料厂准备整体对外承包，王轰感到机会就在眼前，他主动要求承包，但缺乏资金。正在此时，北京水产有限责任公司来蓬莱投资，正在寻找合作伙伴，经有关单位引荐，双方一拍即合，联手建成颇具规模的冷藏厂，并以两地简称取名“京鲁渔业”。

一无技术，二无根基，一切得从头学起。作为企业的创办人，王轰克服了重重困难，把全部精力都投入企业的建设中。改建厂房，更新、调试设备，招募各类科技人才，他事事亲为，有时一个月也回不了家。仅用了三个多月，王轰和他的团队就完成了原定一年才能完成的工程，受到了合资方的认可。

同年9月，冷藏厂正式投入运营，投资100万元建造的两对180马力的捕捞船也同时下海。此时的京鲁渔业一片沸腾，人们击掌相庆，庆贺迈出了坚实的第一步。之后，京鲁渔业的生产规模逐年扩大，到1993年，公司已拥有大小捕捞船40多艘，成为名副其实的大型捕捞船队。

随着海洋资源的过度开采和掠夺性捕捞，近海渔业资源日益枯竭，渔船捕捞量逐年下降，传统的近海捕捞作业难以为继。一贯善于抢占商机的王轰也开始琢磨，不能坐以待毙，必须主动求变。

初闯世界　失败之中学经验

“外面的世界更精彩，造大船，闯远洋!”睿智果敢的王轰谋划着走出省界，驶出国门。不过首次驶出国门，船队并没有收获惊喜，而是遭遇了滑铁卢。

1993年，王轰率船队第一次到达密克罗尼西亚主钓金枪鱼，不少当年出海的老船员仍然记忆犹新。在海上航行的几个月，大家几乎与世隔绝，带去的一大摞报纸几乎被翻烂。工作环境也非常恶劣：白天的闷热天气使人喘不过气，晚上的惊涛骇浪让人睡不着觉。船队由于缺乏远洋作业经验，不了解渔场分布、鱼市行情，屡屡亏本。

王轰清晰地记得第一次出海，船队在短短几天就捕了上百吨鲳鱼，大家都沉浸在喜悦中，心想一定能卖个好价钱。可上岸后却无人问津，最终以饲料鱼的价格脱手。他一了解才知道，在国内属经济鱼的鲳鱼，在当地人看来却是低值鱼类。类似的挫折他们经历过很多，但他们并不气馁，每次都把教训变为进取的动力。两年坚持下来，他们终于获得了很好的经济效益，并且培养了大批远洋作业人才，为今后的远洋捕捞积累了宝贵的技术和经验。

高瞻远瞩　亲力亲为赢市场

首次出国作战虽然不顺利，但具有里程碑式的意义，它把京鲁渔业的捕捞作业由近海推向了远洋。1996年，王轰带领公司转移阵地，把眼光投向东南亚。公司船队主要在印度尼西亚海区作业，由于有了第一次远洋捕捞的经验，这次出航明显顺利了很多。

公司船队在印尼以捕捞为主，兼营转载等其他业务，海上业务从单一捕捞转化为多元化经营。作为公司董事长，王轰非常重视服务质量，常常亲自忙碌在装船现场。在一次给印度尼西亚材源帝集团转载时，材源帝集团董事长黄双安得知开着叉车装货的是京鲁渔业老总，非常感动。王轰用自身的行动赢得了客户的信任，为公司在印尼海区的发展打下了坚实的基础。

1999年底，在国有渔业公司仍然占据远洋捕捞主力的情况下，王轰再次做出决策，远赴大西洋，到阿根廷附近海域开展捕捞作业。一次次的探索，一次次的成功，都源于王轰对渔业市场发展的精准洞悉。经过 10 余年不断的努力，京鲁渔业的远洋捕捞船队已熟悉了北太平洋、印度洋、南美阿根廷、秘鲁等地的渔场，产量逐年提高，并且积累了非常丰富的实战经验。公司拥有鱿鱼钓船 6 艘，超低温金枪鱼延绳钓船 7 艘，常年在北太平洋、南美阿根廷、秘鲁等地开展远洋捕捞作业。2008 年上半年，鱿鱼钓项目产量达 8000 多吨，金枪钓项目产量达 9000 多吨。远洋渔业的发展，为公司补充了大量的创业资金，同时由于这些鱼类全部来源于万米深海，肉质肥嫩，是绿色无污染的纯天然海产品，为公司带来了高品质的加工原料，打开了更广阔的市场。

第二篇　厚积薄发　行业问鼎

审时度势　水产深加工畅销四方

在短短的几年中，远洋捕捞给京鲁渔业带来了丰厚的效益，但王轰并没有沉醉在喜悦之中。他敏锐地意识到，近年来，随着全球海洋资源逐步衰退，一些产鱼企业，一方面通过调整捕捞结构，开拓新渔场，寻找新资源，另一方面也在加大力度发展水产养殖，以确保人们对海洋绿色食品的需求。因此在整个水产品的产业链中，水产品加工业处于重要一环。谁掌握了雄厚的水产品加工资本和核心加工技术，资源就会流向谁。他认为京鲁渔业必须率先加速发展水产品加工业，这是企业做大做强的必由之路。

2000 年，王轰做出决策，对企业生产模式进行转型，由原来对水产品的简单处理转到精深加工，并将新厂址定在空间更广阔的蓬莱经济技术开发区，这个举措也为今后吸引人才、发展客户提供了极大便利。作为水产加工的二次发展，王轰带领大家以最快的速度在开发区建起了新厂。新厂占地面积 25 万平方米，拥有 18 间水产品加工车间，冷库贮藏能力达 6.8 万吨，能够进行鱿鱼、鲐鱼、鲅鱼、鳕鱼、马哈鱼、金枪鱼、虾蟹贝类等 2000 多种产品的精加工，成为大型水产品加工基地。加工的水产品已获得由国家质量监督检验检疫总局颁发的“无公害农产品标志”证书，主要出口日本、韩国、欧美等国家和地区，并与日本冈食品、八户、三井物产、农水、MAR、神港鱼类、YAMAYA、双日、新东京、SEVEN-ELEVEN、海神叉等大集团建立了长期合作关系，在日本水产界颇有名气。

与此同时，在国家首批申请向巴西出口 F1 水产品的企业中，京鲁渔业的水产品加工厂获得了巴西官方的认可。这意味着水产品将远渡重洋，在南美市场亮相，为出口水产品开辟了更为广阔的空间。借着出口的强劲东风，公司很快形成了年出口创汇总值稳定增长的发展趋势，2007 年实现销售收入 969 亿元，利税 0.75 亿元，出口创汇 8300 万美元，在烟台市水产品行业中独占鳌头。

内外兼销　品牌化战略做活市场

随着国人对海洋食品营养价值的逐渐认可和对健康绿色食品的青睐，京鲁渔业又及时地调整发展策略，把市场目标向国内转移，开始了品牌化之路。加工厂生产的速冻食品、干制水产品、畜禽水产罐头已顺利通过国家质量监督检验检疫总局颁发的 QS 食品生产许可证证书，标志着产品进入国内市场有了“准入证”。2006 年，京鲁渔业将“品牌经营”作为提升食品加工竞争力的重点工作，通过科技创新、产品创新、管理创新，努力将“京鲁远洋”品牌打造成质量水平高、知名度高、市场占有率高、消费者满意的国内外知名品牌。

为提高产品研发水平，公司建立了食品研发中心，开发出了烧烤鲱鱼、鱿鱼仔、鱿鱼柳、海鲜肠、罐头等 20 多个新品种。到目前为止，产品已遍布北京、上海、南京等国内大中城市的近百家大型超市。与肯德基、永和豆浆等大客户进行长期合作，产品销售量日益上升。特别是鱿鱼仔、鱿鱼柳等新产品深受消费者的喜爱，常常供不应求。

2008 年 1 月 7 日，京鲁渔业迎来了山东省伊斯兰教协会副会长兼秘书长张瑞正。经严格的文本资料审查和现场考察，于 1 月 10 日公司顺利拿到了鱿鱼系列产品包括裹粉类、冷冻类、烧烤类、罐头类四大类“清真认证”证书。清真认证的通过，不仅说明公司具有出口东南亚、中东市场的资格，而且证明公司产品质量高、安全水平高、管理和技术工艺先进、竞争实力强大。

相时而动　多业并举开启新篇章

水产行业终究要吃资源饭，但资源是有限的，企业的发展却永远没有终点。2006 年，面对当时的水产加工形势，也怀着对船舶的热爱，王轰又把眼光转到了造船产业上。

俗话说，万事开头难。他奔走各地招募专业人才，选择合适厂址。不知疲倦的王轰经历了一场涅槃式的华丽转身。2006 年 4 月，投资 3.3 亿美元的蓬莱中柏京鲁船业有限公司成立了。公司位于蓬莱市西城临港工业区，总占地面积 84 万平方米，东临国家级渔业码头，西靠国家一级开放口岸蓬莱蔚阳港，可承接客滚船、滚装船、危险化学品船、油船、高速集装箱船、多用途集装箱船、打捞救助船、散货船及 9 万吨级以下特种船舶、高性能船舶的设计、建造与修理等。一期工程建成后，年产 9 万吨级以下船舶 12 艘，年造船能力为 100 万载重吨，年钢材消耗量 12 万吨。2007 年，该项目被列入山东省重点工程项目，中柏京鲁船业成为山东省最大的民营造船厂。

从单一的水产品加工到集团化多产业发展，王轰担负了更多的历史使命和责任。当初之所以选择造船，既是发展大势所趋，也与王轰自己的人生经历有着密不可分的关系。从 1968 年正式成为一名船员，王轰打过鱼，管过船，干过各种脏活累活。“我与大海有缘，对船很有感情，也很执著。”凭着这份偏爱，带着一种追求、一种境界，他以全新的视野开始了新的发展谋划。

至此，从最初的“用船”，到后来的“买船”，再到如今的“造船”，王轰走出了人生的“船缘三部曲”。

得天独厚顺潮流　打造船业帝国

“王轰造船的成功，其实是顺应了大势。”时任蓬莱市招商局局长的王开颜评价说。10 年前，蓬莱只有一家船舶修理厂，船舶工业几乎空白。而从 20 世纪六七十年代起，整个世界船舶制造业的版图经历了“欧洲—日本—韩国—中国”的变化转移。有统计资料显示，2011 年我国造船完工量、新承接船舶订单和手持船舶订单分别占世界船舶市场份额的 23%、42%和 33%。山东半岛的沿海地理位置、气候条件为船舶制造产业的转移提供了独特的自然条件。与日、韩隔海相望的蓬莱，地理、海岸条件优越，承接产业转移的优势得天独厚。为此，蓬莱市提出了建设山东省重要船舶工业基地的目标。

如今，位于蓬莱西城临港工业区的船业公司，到处是热火朝天的场面。万余名员工正在 84 万平方米的工地上挥汗如雨，在他们身后，两个 10 万吨级的船坞已经完工，一座重达 600 吨的塔吊高高立起，一间 1 万余平方米的钢结构厂房即将落成。自 2006 年项目开工以来，公司已接到 15 亿美元的订单，已收到预付款 6 亿美元。为了赶工期，企业边建设边生产，即使这样，京鲁船业公司的订单也已排到 4 年以后。2012 年，京鲁船业手持订单 26 艘、167 万载重吨，主要是系列的巴拿马型散货船。王轰的“船业帝国”日益兴旺。

第三篇　举贤汇智　整装待发

以人为本　注重诚信塑品牌

京鲁渔业在不断发展壮大，王轰也始终不忘自己作为企业家所肩负的企业和社会责任。他始终坚持“以人为本，诚信立业，外向经营”的发展理念和策略，力求达到经济效益与社会效益双丰收。

王轰认为，作为企业，诚信就是要拿出全世界都信得过的产品，永远保证产品的质量。这就要求在公司硬件设施快速发展的同时不断完善质量管理体系。在他的带领下，公司于1998年、2000年分别通过了HACCP认证和ISO9001质量体系认证；2002年，通过欧盟注册；产品获得了由国家质量监督检验检疫总局颁发的“无公害农产品标志证书”；2005年，通过了英国BRC认证；2006年6月，通过了ISO14001环境管理体系和OHSAS18001职业健康安全体系认证；2007年实验室取得“区域性检测中心及国家级CNAS”认可。

严格的质量管理和良好的信誉为公司长远发展打下了良好基础。2006年9月，京鲁远洋牌冷冻调理水产品被评为中国名牌产品；11月，获得中国食品工业质量效益奖；12月，京鲁远洋牌冷冻鱿鱼产品被认定为山东名牌产品，京鲁远洋牌鱿鱼制品被认定为山东民营经济知名品牌产品。

2007年，公司成为山东省食品行业综合实力(食品加工)二十强企业。同年，在中国食品工业协会组织的“食品企业信用等级评价”的评审中，获得了企业信用等级AA级和食品信用等级A级最高级别的殊荣。一时间，国内外订单纷纷而至，产品供不应求。王轰凭借诚信赢得了客户信赖，在客户中树立了良好的口碑，吸引了海内外广大客商，并形成了由老客户介绍新客户的良性发展局面。

2008年，京鲁渔业又一次取得了划时代的突破，赢得了世人的瞩目。京鲁渔业荣登“中国水产加工贸易企业25强排行榜”，位列第二，大大提高了京鲁产品在国内外的知名度。王轰领导的京鲁渔业作为全国310名竞争者中的佼佼者，充分体现出在企业规模、技术水平、科技含量、管理理念、质量要求、信誉程度等方面的领先地位和优势。

真诚待人　心怀感恩地拥护

身为4500多名员工的“带头大哥”，王轰是朴实的，是真诚的。他要求公司必须重视广大员工的衣食住用行等生活保障，推行细节管理，从细节上凝聚真情。为了使员工们能够感受到家庭般的温暖，公司对员工生活社区进行了公寓化管理，为大家提供了干净、整洁、设施齐全的温馨住宿条件。每个宿舍都设有独立卫生间，并配备大衣橱、桌椅、暖气、洗衣机、热水器等生活设施。

一次，王轰到餐厅吃饭，看到一名员工只吃馒头和免费咸菜，不禁问起原因，员工面露难色：“不舍得打菜，我想多寄点儿钱回家。”听到这些，王轰陷入了沉思，这名员工的话也时常在他脑中回响。不久之后他果断决定，由公司承担费用，员工全部免费用餐。经过几年的运行，免费用餐制度日趋完善。公司还出资安装了纯净水供应设备，为4500多名员工免费提供安全健康的饮用水。

当船出海或回港时，员工们常会看见王轰的身影出现在码头。他会嘱托出海的船员带上丰富的生活物资，油、蛋、米、面、肉、蔬菜……能想到的，能带的都要带上。船员们常笑着说："在船上的生活很享受。"为了丰富船员在海上的业余生活，船上棋牌、录像机、书籍杂志等一应俱全。而每当逢年过节，他都要亲自给船上员工打电话，问候大家，还会带上礼品给出海的船员家属拜年。平时公司员工家有喜事，他都会派人带礼物去祝贺，员工生病他也会亲自到医院去探望。

任人唯贤　不拘一格降人才

从昔日无奈辍学到如今的高级经济师，王轰深深懂得人不是生来就拥有一切，而是靠从学习中获得的知识来造就自己。多年的管理也使他认识到，人是企业的根本，未来最成功的企业将是学习能力最强的团体。于是，王轰把建设"学习型"企业作为长远发展目标，致力于培养训练有素的员工队伍。因此，他定期聘请各行业的专家、高等院校的教授、管理顾问等进行授课指导，全方位提升职工素质和中层管理队伍业务水平，为公司的长远发展蓄足了后劲。

多年来，公司沿着校企联合的工作思路，把学校引进企业，让职工在工作的同时能够接受再教育，提高员工整体素质，为企业的发展补充新的活力。

会培养人才，更要会用人才。民营企业由于其发展历程的特殊性，在人员任用方面一直不尽如人意。任人唯贤不唯亲，打破家族式管理正是王轰成功的关键。现如今，公司的中、高层管理人员全部都是外聘的人才。在公司人员配置方面，他坚持公平竞争，实现人才资源的合理分配，不拘一格选拔优秀人才，对外地员工大胆提拔使用，让每位员工都有公平的发展机会。他先后从一线员工中提拔厂长、副厂长、车间主任、班长共计100多人，充实了公司的管理队伍。

王轰的任人唯贤，打造了一个充满活力、团结奋斗的集体，激发了全体员工的工作热情，创造了一个生机勃勃而又温暖和谐的企业环境，开创了企业发展的全新局面。

坚持创新　多项专利铸传奇

在企业的发展壮大中，王轰始终将科技开发和创新放在第一位，不断提高产品科技含量，走产品多元化道路。公司先后聘请山东大学、中国海洋大学、上海水产大学、烟台大学等院校的专家作为企业科技顾问，通过引进先进技术和顶尖设备，实现了实用技术由实验室到企业的转化。公司还成立了科技研发中心，先后投入5000多万元用于科研项目，硕果累累。

截至2012年，公司已申报专利20余项。其中“－60℃工质（氨）金枪鱼储存库研制项目”通过专家组鉴定，该项技术处于国际领先水平，并且填补了国内空白，被列为2007年国家星火计划项目和山东省科技攻关项目。公司自主研发的超高单层节能低温冷藏库项目现已投入使用，其中在库温稳定和节能方面的技术超越了发达国家水平。新技术的开发和运用，提高了产品科技含量和企业竞争力，公司被农业部批准为“国家农产品加工企业技术创新机构”。

科技是第一生产力。引进科技人才，发明、使用最新技术，使京鲁渔业更上一层楼。王轰称，京鲁渔业能经历30多年的市场风雨成功地走到今天，除了靠团队的精诚团结、艰苦奋斗外，最关键的就是依靠科技创新，用科学与智慧再铸辉煌也是他对企业未来发展的希望。

李敏

李敏，男，汉族，1959年12月生，蓬莱登州街道长裕村人。中国共产党党员。1978年8月参加工作，先后在费县人民银行、蓬莱人民银行、蓬莱信托投资公司、中国工商银行蓬莱支行任党委书记、行长等职。先后被总行、省行授予优秀共产党员称号，被蓬莱市委、市政府授予劳动模范称号。2006年，荣获山东省“富民兴鲁”奖章；2008年，被山东省人民政府授予劳动模范称号。

模范事迹

李敏同志开拓进取，勇于奉献，常年坚持下企业、跑政府，深入调查研究，全面了解和掌握蓬莱经济发展动态和企业经营状况，寻求发展思路，把握贷款投向，抓大促重，确保每笔贷款投向合理和投资安全。

李敏任蓬莱市工商银行业务部主任时，已经从事银行工作近30年，在行党委的领导下，积极钻研业务知识，认真贯彻落实蓬莱市委、市政府的工作部署，充分发挥银行优势和职能作用，积极支持蓬莱经济快速发展。多年来，他舍小家、顾大家，带病坚持工作，常年坚持跑企业，全面了解和掌握蓬莱经济发展动态和企业经营状况。跑上级银行，汇报工作，争取政策，争取资金，先后争取信贷资金29.8亿多元，增加贷款投入16.88亿多元，累计经手发放贷款40.79亿多元，为企业办理银行承兑汇票3.59亿多元，办理票据贴现和转贴现贷款3.12亿元。多年来他向市政建设、旅游景点建设、港口码头、房地产，以及国电蓬莱发电厂、巨涛重工、广源发油港等优质项目、优势企业累计发放贷款100多亿元，在烟台市系统内及蓬莱同业中均居第一位。同时，他认真领会和贯彻上级有关政策，找准政府、企业和银行的利益结合点，创造性处置不良资产2.5亿元，为企业创造了宽松的资金环境，为蓬莱市经济发展做出了重大贡献。在他的努力下，该行业务部先后被省行授予首季开门红劳动竞赛对公存款优胜集体、储蓄存款优胜集体、营销贷款先进集体等称号，该行也获得了县（市）支行十强、县（市）支行十五强、山东省消费者满意单位称号，连年被蓬莱市委、市政府授予支持地方经济建设最佳单位称号。

刘荣德

刘荣德，男，汉族，1956 年 10 月生，蓬莱小门家镇得口店村人。中国共产党党员，研究生学历，高级工程师。1982 年，在山东汽车改装厂担任技术员，历任厂办主任、生产科科长、技术科科长、厂长助理、车桥厂厂长等职，后任山东蓬翔汽车有限公司总经理、党委书记。先后获得山东省机械行业优秀企业家、烟台市模范科技工作者、山东省汽车行业治理管理先进个人、一汽集团公司产品开发立大功个人等荣誉称号和山东省"富民兴鲁"劳动奖章。2008 年，被山东省人民政府授予劳动模范称号。

模范事迹

刘荣德同志刻苦钻研新型管理理论，坚持理论联系实际，潜心研究市场变化，积极推进企业改革，及时调整产品结构，为企业在短短几年间出现的跨越式发展及步入良性发展轨道做出了突出贡献。

刘荣德同志开拓创新，大胆改革，锐意进取，勇于拼搏。为了打造企业竞争优势，刘荣德从调整产品结构入手，大力推出高科技含量改装车新产品。翼开式厢式车、自卸半挂车、引进法国专利技术生产的 GUM 重型自卸车等新产品一投放市场，就受到广大用户的欢迎。其中，自卸半挂车和 GUM 重型自卸车被评为 AAAA 级国家新产品。2007 年，改装车年产销量稳定在 5000 辆以上。在不断优化改装车产品结构的同时，先后开发了冲压焊接式驱动桥和液压缸产品。经过精心培育，"一汽·蓬翔"冲焊桥现已成为热门产品，产品型谱扩展到四大系列 100 多个品种，销量连年稳定在 5 万根以上；"一汽·蓝翔"液压缸也以两个系列 80 多个品种的骄人成绩迅速成长为企业的支柱产品，2007 年实现近 1 万根的销量。

刘荣德同志自律律人，廉洁经营，善待职工，回报社会。刘荣德一贯严格要求自己，坚持廉洁勤勉的工作作风，有很强的全局意识和廉洁意识。为了进一步搞好企业的党风廉政建设，他以身作则，带头签订党风廉政责任承诺书，并在具体的工作中严格落实。为了"给职工一个明白，还领导一个清白”，刘荣德一手抓企业的规范化管理，一手抓民主管理，厂务公开，特别强调“以公开促管理”的工作思路。同时，落实职工代表大会五项职权，把权力交付给职工，使企业管理走上了公开化、规范化、制度化的轨道。刘荣德是企业“以人为本”管理理念的忠实践行者。他时刻关心职工的生活，出资50多万元搞生活区亮化工程，修整生活区通道，绿化美化生产生活环境等，这些无不印证了他“群众利益无小事”的承诺。刘荣德认定，企业效益提升，就要回报社会。为支持地方建设，企业出资50万元资助“和平颂”文化艺术盛典；出资20万元为蓬莱市得口店村通上了自来水；为活跃市民文化生活，出资资助“蓬翔”杯书画摄影、棋类等比赛；投资20万元为蓬莱市第一中学建设文苑，改善了教学环境；每年出资10万多元，为城区的中小学教师解决饮水问题。

2003年来，企业连续5年跻身全国机械行业500强，连续4年销售收入与利税总额名列山东省机械工业百强企业前列，被烟台市政府评为经济发展明星企业。同年企业的“蓬翔”商标获评山东省著名商标。生产的“蓬翔”牌改装车、“蓬翔”牌冲焊桥于2005年被评为山东省名牌产品，成为当地唯一一家两种产品同登红榜的企业。2007年，“蓬翔”冲焊桥再上新台阶，获得中国名牌产品称号。

2007年，一汽山东汽车改装厂销售专用车5239辆，同比增长55%，高于行业增幅9.6个百分点；外供车桥60936根，同比增长40%；共中前桥10417根，为2006年的6.2倍；销售液压缸6775支，同比增长97%；实现产品销售收入14.5亿元，同比增长39%，取得了骄人的销售业绩。员工生活质量和收入水平大幅提高，企业继续保持良好的发展态势。

牟伟丽

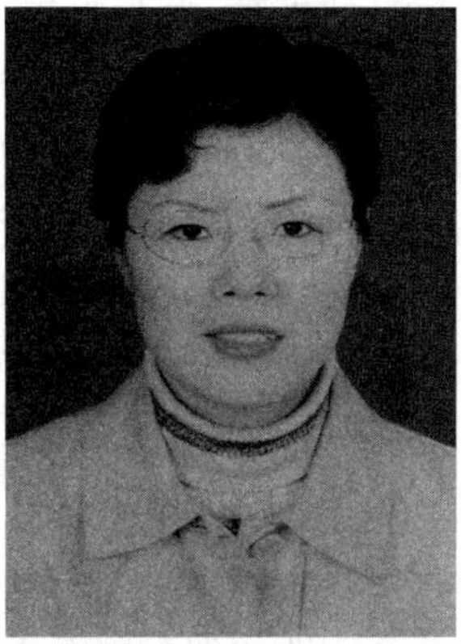

牟伟丽，女，汉族，1974年8月生，山东省威海市文登区人。中国共产党党员，大专学历。1994年8月毕业后任职于烟台海发食品公司，2001年就职于蓬莱京鲁渔业有限公司，现任蓬莱京鲁渔业有限公司生产车间主任。2004年，被烟台市总工会评为巾帼建功能手；2005年，被评为十佳文明家庭先进工作者、烟台市劳动模范；2006年，被评为烟台市"三八"红旗手；2007年，被评为优秀共产党员；2008年，被评为山东省十佳职工建功能手，被授予山东省"富民兴鲁"劳动奖章，被山东省人民政府授予劳动模范称号。

模范事迹

自参加工作以来，牟伟丽积极拥护党的方针政策，坚持以邓小平理论和"三个代表"重要思想为指导，热爱党、热爱祖国，思想端正，行动上同党中央保持高度一致，开拓创新、带头实干，为京鲁渔业的经济发展和出口创汇做出了积极的贡献。

牟伟丽任车间主任以来，积极完成生产任务指标。面对国际国内水产品加工市场的激烈竞争，她爱岗敬业、无私奉献、刻苦钻研新技术，创造性地开展工作，牢记科学发展观，在水产品加工方面积累了丰富的经验。她注重市场调查，不断更新产品，建议领导成立了技术研发攻关小组，任组长。为不断创新水产品加工品种，她带领科技小组深入车间，反复试验，常常工作到深夜。共研发出鱿鱼类等新产品30多种，投放市场后被客户认可12种，其中鱿鱼冷冻水饺被评为山东省名牌产品，研发的烧烤鱿鱼仔、鱿鱼柳、鲱鱼等很受客户欢迎，打开了国内市场。鱿鱼产品投放市场后，供不应求，为企业创经济效益400万元。

牟伟丽虽然是一名女同志，但其工作方法灵活，干起工作有一股拼劲，在车间管理上按照定岗定员和诚信、敬业、挑战、创新的管理理念，把车间管理得有条不紊、井然有序。她注重抓车间培训，结合车间实际和职工岗位分布情况，狠抓节能降耗，邀请经验丰富的技能人员对车间职工进行技能培训。每年举行一次技能练兵和劳动竞赛活动，降低了车间损耗，促进了产品质量的提高，为企业节约资金200万元。车间女职工多，她平易近人、办事公道，时刻把职工的冷暖放在心上，关心她们的生产、生活问题，对怀孕和哺乳期的女职工，按照规定给予特殊照顾，依法维护了女职工的合法权益。2008年4月，一名下岗职工因车祸造成右腿严重骨折，亟须做手术，本不在工伤范围内，牟伟丽积极向领导汇报争取，先后3次到医院看望，资助1.8万元，该职工养病期间工资照发。这位职工含着热泪感动地说："牟主任为我们办实事，帮助我们解决燃眉之急，很受大家欢迎。"

牟伟丽同志舍家立业，一心扑在工作上。为了把车间的工作管理好，她勤奋自学，利用业余时间学习企业管理的有关材料，积极参加公司组织的美国式团队培训。她家离公司很远，孩子小，便把家务和孩子全都撂给婆婆，刚开始家人不理解，她耐心地说服，用真情孝敬公婆，处理好家庭与工作的关系。她视厂为家，从未因家务事耽误工作。2008年10月新接到一个订单，让车间30天内加工一批水产品，在时间短任务重的情况下，老家来电公爹去世，让她立即回家。如果回家，不能按期完成订单，又要受双罚。最后，她毅然选择工作，连公爹去世也没能尽孝。

在公司只要提起牟主任，没有不佩服的，真是"巾帼不让须眉"。她以卓越的管理才能和对工作负责的至诚之心，严格要求自己，以旺盛的精力全身心地投入车间管理工作，从不计较个人得失，严格把好产品质量关，使公司的优质产品吸引了很多的新老客户，赢得了客户对产品质量的信赖，使客户与公司能长期稳定合作，为公司出口创汇发挥了带头作用。由于工作突出，她带领的车间年年被公司评为先进集体。

仲惟明

仲惟明，男，汉族，1953年12月生，烟台市经济技术开发区人。中国共产党党员，高级经济师。1970年3月至1977年3月，在总参通信部一团任文书、书记；1977年4月至1981年3月，在山东冠县酒厂任主管会计；1981年3月至1986年7月，在山东蓬莱酒厂任财务科长、经营副厂长；1986年7月至1992年3月，在蓬莱葡萄酒公司任经营副厂长；1992年3月至1998年12月，在蓬莱酒业集团任总经理、党委书记；1999年，任中粮长城葡萄酒(烟台)有限公司葡萄种植基地主任。多次被蓬莱市委、市政府嘉奖、记三等功，荣获先进工作者、优秀共产党员等称号。2008年，被山东省人民政府授予劳动模范称号。

模范事迹

仲惟明同志自1999年起任中粮长城葡萄酒(烟台)有限公司葡萄种植基地主任，专门负责公司葡萄基地建设。为保障优质酿酒葡萄的生产供应，仲惟明率先按照国际化的行业标准建设了标准化种植和管理的酿酒葡萄基地1万亩，创造性提出了“公司与农民一体化经营，农民按标准化生产”的农业产业化发展模式，被国内葡萄酒酿造专家、国内知名的经济学权威人士称为“中粮模式”，对蓬莱产区葡萄及葡萄酒的发展创造了成功的模式，吸引了众多知名葡萄酒企业纷纷进入，全市葡萄酒生产能力迅猛增长了7倍。仲惟明带领葡萄基地与法国阿海威公司合作建立了国内第一家酿酒葡萄苗木研发中心，引进、培育优质酿酒葡萄品种、品系70个，可年产优质葡萄嫁接苗木200万株，改变了国内使用扦插苗的历史，开创了中国酿酒葡萄苗木的历史新纪元。仲惟明大力推进标准化生产，主持承担了科技部“三万亩优质酿酒葡萄基地标准化生产示范推广”项目，基地建设质量得到了国内30多位著名葡萄酿酒专家的称赞，2001年被认定为山东省绿色食品示范基地，2004年被评为山东省科技特色园区。

葡萄基地的大面积开发，促进了农业产业结构的调整，蓬莱的葡萄种植面积由不足4万亩迅速发展到12万亩，带动了4000多户农民走上了富裕路。不仅农民成为现代化的农业产业工人，而且整村集体搬进了水电暖设施齐全的农民小区。葡萄基地的建设有力地促进了产品质量的提高和企业效益的增长。长城系列葡萄酒先后荣获中国驰名商标、国家质量免检产品和中国名牌称号。公司连年高速发展，综合效益位居国内同业前四名，2003～2007年累计上缴税金5.19亿元，公司先后被授予山东省农业产业化先进龙头企业、农业产业化国家重点龙头企业、全国食品工业优秀龙头食品企业等一系列荣誉称号，仲惟明本人也获得了烟台市"五一"劳动奖章及蓬莱市优秀共产党员、先进工作者等称号。

顾元良

顾元良，男，汉族，1962 年 3 月生，烟台市经济技术开发区人。中国共产党党员，大学文化，高级政工师。1984 年 11 月至 1993 年 4 月，在大柳行乡任团委干事、副书记、书记；1993 年 4 月至 2001 年 1 月，任大柳行镇党委秘书、政法委员；2001 年 1 月至 6 月，任刘家沟镇政府副镇长；2001 年 6 月至 2002 年 12 月，任刘家沟镇政府副镇长、大柳行金矿副矿长（挂职）；2002 年 12 月，任蓬莱市大柳行金矿党支部书记、矿长；2003 年 1 月，任蓬莱市黄金（集团）总公司副总经理兼大柳行金矿党支部书记、矿长；2003 年 3 月，任蓬莱市黄金总公司副总经理兼大柳行金矿党支部书记、矿长；2004 年 10 月，兼任蓬莱市金正建材有限责任公司董事长、总经理；2012 年 9 月 26 日，任山东黄金金创集团有限公司党委委员、副总经理。2004 年 4 月，被山东省总工会授予山东省“富民兴鲁”劳动奖章；2005 年 4 月，被烟台市人民政府授予烟台市劳动模范称号；2005 年 7 月，被中国黄金协会授予全国黄金行业优秀企业家称号；2006 年 2 月，中共蓬莱市委、蓬莱市人民政府给予“嘉奖”奖励；2009 年 3 月，被授予全国黄金行业劳动模范称号。

模范事迹

闪光的不仅仅是金子

采访顾元良同志可不是件容易的事，电话预约了七八次才得以成行。然而当笔者如约来到他的办公室时，他又把我们给“晒干”了。在多次电话催促后，临近中午下班时，他才从 50 里外的庄官金矿急匆匆地赶了回来，其间，他的手机不时响起。在时断时续的访谈中，顾元良一再避谈自己。但无论他对自己如何轻描淡写，笔者还是从大柳行矿区的每一条矿脉中，寻觅出了一个负重奋进、爱岗敬业、勇于开拓、追求卓越的“金色拓荒牛”形象。

临危受命，励精图治。顾元良上任伊始，铁腕治矿，迈出了金色事业中艰难的第一步。

2000年，曾创出诸多辉煌的大柳行金矿，陷入了困境。在人浮于事、管理混乱、资产流失等种种问题的蚕食下，矿山的金子黯然失色，企业亏损严重。面对这个烂摊子，到2001年年底，先后有三任矿长无奈卸任。

2002年1月，蓬莱市委、市政府慧眼识珠，把时任副矿长的顾元良推上了一把手位置。是年，顾元良刚刚步入不惑之年。面对这张沉甸甸的任命书，顾元良没有半点新官上任的喜悦和冲动，感受到的只有事业的艰难和责任的重大。经过几天几夜的“煎熬”，顾元良以昂扬的姿态出现在全体矿工面前，而此时的他，对矿山的治理已经胸有成竹。

面对任人唯亲、人浮于事、干好干坏都一样的企业内部人事制度以及工资管理等弊端，顾元良砍下了第一板斧：打破中层职务一贯制，建立竞争上岗、择优聘用的用人新机制。矿领导班子成员由13职减到7职，中层干部由60多人压缩到40人。按照精干高效原则，重新定岗、定编、定责、定员，清理辞退计划外临时工300余人，实行“末位淘汰制”，先后有20人被解除劳动关系。为激励员工想干事创大业，顾元良建立起长效的经济责任制和百分考核细则，按以岗定薪、按劳计酬的原则，重点向技术要求高、责任重的管理岗位、技术岗位、关键岗位及脏、险、累一线岗位倾斜，拉开工资收入档次，真正做到了“苦干勤干挣大钱，耍滑偷懒瞪眼看”。内部管理混乱，矿石丢失严重是黄金矿业的一大痼疾。对此，顾元良毫不手软，他制定了周密的高品位矿石采掘流程，严格劳动纪律，凡发现有偷盗矿石行为的，不论数量多少，在进行经济处罚的同时，一律予以开除。几年来先后有83人因偷金而被开除，挽回直接经济损失200多万元。人事、工资、管理制度的改革，犹如一股强劲的东风，吹出了企业新面貌，吹出了员工新风采，不到3个月，企业就实现了扭亏为盈。

顾元良砍下的第二板斧是整顿矿山秩序。前几年，不少人视采金业为暴利行业。在巨大经济利益的驱动、诱惑和刺激下，社会上一些利欲熏心的人，把暴富的希望放在大柳行金矿上，或私自乱采滥挖，或非法竖井挖洞，或越界进行蚕食，整个矿山秩序一片混乱。此风不刹，矿无宁日。干过多年乡镇政法委员的顾元良，深知这项工作的艰巨性和危险性。“既然组织上安排我当矿长，我就必须啃下这块硬骨头，哪怕是赔上性命，也在所不辞！”班子会议上，顾元良铿锵有力的一席话坚定了全体成员的信心和决心。在全体班子成员的支持和配合下，顾元良以依法治矿为突破口，联合大柳行镇公安分局，开展了声势浩大的矿山秩序整顿行动。在依法炸毁某一非法矿井时，该矿主组织了五六十名雇工，手拿锤镐，有几个人还抱着炸药包，企图暴力抗法。顾元良挺身而出：“不要命的朝我来！”在法律和正义的震慑下，那伙人只有仓皇而退。就这样，顾元良依法取缔了非法矿井52座。提起这段经历，顾元良至今还情绪激动。

大柳行金矿由于建矿时间长，不少矿井资源差、费用高、资源配置失衡、跑冒滴漏现象比较严重。为此，顾元良经过深入细致地调查研究，又果断地砍下第三板斧：关停燕峰2号井、庄官2号井、源口1号井，年节约资金300万元；淘汰老式球磨机、跳汰机和摇床，加大三级手选毛石力度，使矿石品位由2.28克/吨提高到4.64克/吨；开展“双增双节”活动，杜绝办公用品铺张浪费；做好修旧利废工作，推行车辆竞标，降低维修费用，每年全矿节约200多万元；在全矿推行避峰就谷、就地补偿等节电措施，每月可节约3万多元；为盘活资产，减少投入，降低风险，实现增值保值，对庄官矿区实行授权委托经营，当年融资500万元，既让企业卸去了沉重的包袱，又缓解了资金紧张状况。

“三板斧”砍出了一片新天地。经过一年拼搏，2002年底，大柳行金矿全面走向正轨，当年完成黄金产量26942两，实现利税1360万元，超额完成市总公司下达的年度任务指标。

黄金矿业的特殊性，为顾元良施展才华提供了大有作为的广阔天地。在机遇与挑战并存的竞争中，顾元良统筹兼顾，以超人的气魄和胆识，谱写出金色事业的辉煌篇章。

辉煌之一：安全生产连续5年无重大事故。安全生产是矿山企业的生命线，顾元良大会小会都把安全生产作为第一要务反复强调。同时加强安全生产制度建设，他亲自主持制定规范了各项安全生产规则、章程。强化员工安全生产知识教育培训，每月召开一次安全专题讲座，95名特种作业人员做到持证上岗，为22人办理爆破员操作证，设立专职安全员14人。先后下达隐患整改通知书360份，处理了燕峰3号井、唵口2号280盲竖井、碾子沟3号井等9处安全不合格工程。2003年，顾元良果断投入502万元，进行了大柳行金矿建矿以来规模最大的一次安全生产设施改造，使整个作业点安全系数整体上大大提升。另外，他斥巨资为每个矿井安装了竖井提升闭路电视监视系统，使安全事故发生率显著下降，作业效率大幅度提高。

顾元良深知，制度再好也要靠人来落实。因此，他把安全生产的落脚点放在“腿”上，即矿里实行班子成员包矿制。包括他在内，每个成员每天必须到所负责的矿井跑一圈，他本人每周必须走遍所有矿井，特殊时期几乎一天一遍。2005年7月20日，矿区连日暴雨，顾元良巡查至源口3号井下时，他敏锐地察觉到将有险情发生，便立即命令所有人员马上撤离，并责令安检人员限期加固。两个小时后，车场巷道上几百吨重的块石轰然落下，他和职工们万幸地躲过了一场劫难。正是借着这股拼劲和干劲，大柳行金矿自2003年以来无重大事故发生，创出了黄金行业的最新纪录。

辉煌之二：创建科技创新企业。科技创新是企业发展壮大的支撑点和增长点。顾元良上任以来，牢牢抓住科技进步不放松，努力把矿山打造成一家科技创新企业。矿里有几百万吨废弃的黄金尾矿，细心的顾元良发现其中仍有大量的金银等贵重金属，如果提炼技术上有所突破，定会产生巨大的经济效益。于是，顾元良亲自点兵选将，成立了尾矿回收金银攻关课题组，对每个技术改进的细节，他都亲自参与。经过近一年的刻苦攻关，这一技术取得重大突破。矿里据此新建的尾砂重选厂年回收黄金600两，增收200多万元。2003年，该项目获中国黄金协会科技进步二等奖、山东省科技进步三等奖。该技术在全国推广后，引领了选矿技术的一次革命，其带来的经济效益和社会效益无法估量。针对选矿磨矿矿粒度粗、处理能力偏低的情况，顾元良又把目光瞄准选矿工艺流程的改造。经过与技术人员反复研究论证，实施了“阶段磨选提高单体金回收率的新工艺研究”，选矿日处理量由原来480吨提高到560吨，年增加经济效益280万元。项目荣获中国黄金协会科技进步三等奖、山东省科技进步二等奖。大柳行金矿由此步入全省黄金系统科技创新型企业行列。

辉煌之三：延长黄金产业链。大柳行金矿建矿20多年，企业存有大量的废弃黄金尾矿，以往只能采取覆土植树种草的被动措施来治理。随着生产发展，原有尾矿场已超量存放，企业不得不投资100余万元，征地100多亩建设新场。如何有效解决这个难题？在国内黄金尾砂废弃物处理技术还是空白的情况下，一个奇妙而又大胆的设想在顾元良心中产生：延长黄金产业链，发展地表产业，利用废弃尾砂生产新型建筑材料。没技术，他就成立攻关小组，历时一年多，攻克了尾砂成型及提高强度等技术难题。一种不需任何燃料，而各项指标均优于传统实心粘土砖瓦的新型建筑材料——尾砂混凝土砖瓦试制成功。经过充分的市场考察和论证，在市总公司的大力支持下，2004年10月，大柳行金矿“蓬莱市金正建材有限责任公司”宣告成立，2005年5月建成投产，当年产值达400多万元。2006年初，产品通过山东省新型墙体材料领导小组办公室认证，准予投放市场；2007年5月，项目通过山东省科技厅组织的专家鉴定，并获得专利证书，这表明大柳行金矿的尾砂综合利用达到了国内领先水平。该成果的推广和利用，既破解了环境污染严重、治理费用高的难题，又为企业找到了新的经济增长点。

金子之所以可贵，是它无论何时何地都绝不变色，永远金光闪闪。采金人顾元良，不仅追求事业的辉煌，更追求那璀璨如金的闪光人生。

采访中，笔者了解到一组数字，顾元良担任矿长的7年里，每年春节和中秋节，他都是在矿里与职工一起度过；每年50多个周末、2个黄金周，他没有一次陪过家人。顾元良把一腔热血和真情，无私地献给了自己挚爱的矿山和职工。在领导班子成员心目中，顾元良是位一身正气、严以律己、身先士卒的好班长。矿山秩序整顿，是真正砸当事人“金饭碗”的天字号大事，仅有魄力和决心是不够的，必须经受住巨大诱惑的考验。在诱惑和事业面前，顾元良义无反顾地选择了后者，使矿山秩序整顿达到了预期目的。

大柳行金矿有很多制度，顾元良都自觉严格遵守。其中班子成员查岗制度和下井制度，他也想雷打不动地坚持下去，但作为一把手，经常出现该他查岗下井时，他却因公在外的情况。为此，顾元良想出了一个“妙招”，遇到这种情况，临时指定一名副职代替他，外出回来后，第一时间补上。矿山是特殊行业，每当遇到险情，顾元良总是第一个冲在前面。2002年“五一”黄金周期间，有人违规采井，并打通矿属燕峰4号，进入巷道偷盗矿石。前几年，偷矿石者在被发现后常用自制炸药包进行反抗，死伤人的事情并不罕见。当顾元良接到报告后，他率人迅速赶到，冒着生命危险冲进偷盗现场，截获已装好的矿石30多袋，价值近10万元。平日，顾元良也处处为员工做表率，冬季下雪，每次他都是第一个上班，拿着扫帚出现在矿区；矿里组织植树、修路等义务劳动，每次都有他的身影……

在普通员工心目中，顾元良是一个时刻把员工冷暖挂在心上的好当家人。2002年4月，针对企业劳动强度大，员工体力消耗严重的情况，顾元良特批不论今后企业效益如何，每月都按时给员工发10斤鸡蛋和矿泉水。为解除员工后顾之忧，顾元良给500多名职工办理医疗保险和人身意外伤害保险，缴纳住房公积金，发放住房补贴。2003年，投入45万元购置豪华空调客车，解决了职工上下班乘车难的问题。先后投资300多万元，建起45套面积在80平方米以上的住宅楼，结束了职工住平房的历史。为了留住科技人才，在公司支持下，让招聘的12名科技人员住进城里的“科技楼”。为活跃职工文化生活，矿里每月都举办文体活动。对困难职工和弱势群体，顾元良更是充满无限爱心。几年来，他亲自为150多名职工解决家属、子女就业同题。适合在本矿上班的，给予优先安排；不适合的，则调动自己的社会关系，安排他们到其他单位就业。矿里职工常说的一句话，最能道出大家的心情，“顾矿长为我们什么都想到了，跟着他干，拼死累死也值得！”

但在亲人心目中，顾元良却是一个“不称职”的人，他在矿长这个职位上，愧对自己的家庭，愧对自己的亲人。对父母，顾元良是个极孝顺的好儿子。没到金矿工作前，每个双休日，他必携妻带女回到老家，亲自下厨为二老做几道菜，与老父亲对酌几杯，与老母亲说说心里话。可当了矿长之后，这只能成为他和父母心中美好的回忆，一年当中，他回家的次数屈指可数，而且想在家里吃顿饭都很难。2007年“五一”期间，年近80岁的老母亲因胃贲门狭窄手术不成功，导致了胃功能瘫痪，在烟台住院。作为儿子，顾元良真想一直待在母亲床边，好好尽尽孝心。然而这只能是一种奢望，陪床的事，他全部“推”给了兄弟姐妹，每周他只能利用早上或晚上去烟台看望母亲一两次。对妻子，顾元良更是满心愧疚。妻子原在大柳行粮管所工作，粮管所倒闭后一直待岗，2005年正式办理了下岗手续。她看到丈夫今天为这个职工家属找工作，明天又为那个职工子女找工作，就叫他给自己也找个工作，但他总是一拖再拖。2006年7月，连续3天没有回家的顾元良忽然接到妻子的电话，原来妻子在经受了一天一夜难以忍受的疼痛后，到市医院检查被诊断为胆结石，需住院治疗。当时源口3号井刚刚投产，好多事让他放心不下。顾元良只好在电话里安慰妻子几句，便让司机和司机家属陪同妻子在医院治疗。等矿上一切处理完毕后已是傍晚时分，这时他才急忙赶到医院，而第二天一早又准时赶回矿上。妻子住院7天，他也就陪了这一宿。过年过节本是小孩最高兴的时候，而顾元良的女儿并不开心。每年春节和中秋节的晚上，顾元良几乎都能接到任性的小女儿的电话，“为什么别人家都能团圆，咱家就不能团圆？”2005年，顾元良大女儿考入天津武警医学院，入学报到的日子到了，而他却因公出差回不来。原在乡镇一起工作的老同事得知后，亲自开车把女儿送到学校。男儿有泪不轻弹，交谈中，顾元良几次用手揉着湿润的眼角，动情地说：“不是不想做到两全其美，而是实在无法做到啊！”

是金子，总要闪光；然而，闪光的却不仅仅是金子。采金人顾元良，用一颗金子般的心创造着辉煌的事业，也谱写着自己绚丽多彩的金色人生。

张福安

张福安，男，汉族，1962年9月生，蓬莱北沟镇宋家店村人。中国共产党党员，大学文化，高级政工师。1982年7月至1985年8月，任职于蓬莱市统计局；1985年8月至1987年7月，在蓬莱广播电视大学学习；1987年7月至1995年12月，任蓬莱市纪委干事、副主任、主任；1995年12月至2000年7月，任龙山店镇党委副书记；2000年7月至2001年1月，任遇驾夼镇党委副书记、政协办主任；2001年后任山东黄金金创集团有限公司纪委书记、党委副书记、副总经理、工会主席等职。先后被山东省黄金工业局委员会授予山东省黄金行业优秀企业思想政治工作者、全省黄金系统安全生产先进个人等称号，被中共蓬莱市委授予优秀党务工作者、蓬莱市精神文明建设先进工作者等称号，被中共蓬莱市委、市政府记三等功三次。2009年3月，被授予全国黄金行业劳动模范称号。

模范事迹

张福安同志任蓬莱市黄金总公司党委副书记、副总经理时，协助总经理全面抓工作，主持公司日常事务，负责党务、“两个文明”建设、安全生产、综合治理、生产技术、环境保护、循环经济等工作。多年来，他开拓进取，勇于创新，爱岗敬业，为企业发展和黄金产业的进步做出了贡献。

一、严抓生产安全，关爱职工生命

坚持“以人为本，生命至上”的工作理念，积极推进安全质量标准化创建工作。一是坚持预防为主，突出一个“早”字。根据“关口前移、重心下移”的要求，切实加强安全生产教育，建立健全了三级岗位安全教育培训网络，定期组织全员安全技能培训和专兼职安全员业务培训，共举办各类培训班近百期，职工受教育率达100%。积极开展岗位操作规程教育、新职工入矿（厂）三级教育，坚持不参加考试不予上岗、考试不合格不予上岗。通过培训教育，提高了职工安全意识和安全素质，做到人人上标准岗、干标准活。二是完善管理体系，突出一个“细”字。组织制定了完善的安全生产责任制，细化分解指标，明确了各级各部门的工作和责任。完成了《安全标准化管理制度》等53项制度、15类系统图纸的编制、修订工作，做到安全工作有章可循、有法可依，形成了横到边、纵到底的安全管理体系。三是加强安全检查，突出一个“严”字。宁听千人骂，不听一人哭。工作中他不讲情面，不徇私情，严抓各项规章制度的贯彻落实，将制度落实和安全指标完成情况作为年终考核的重要依据，与职工利益挂钩，实行一票否决。健全了事故隐患排查治理机制，在矿山建立了事故及重大隐患检查台账，对发现的问题实行“定人、定时、定量、定责”，逐项落实整改，确保彻底治理。几年来，组织整治的安全隐患达200多项，有效防范遏制了事故的发生。四是促进硬件升级，突出一个“新”字。在他的大力倡导下，大批的新技术、新工艺、新设备、新材料得到推广，旧设备、旧技术被淘汰和更新，先后升级了井上井下通信系统、提升运输系统、矿井提升机的安全制动系统，推动了安全生产工作的长足进步，杜绝了各类重大事故的发生。多年来，万两死亡率稳定在0.07以下，实现了“从业人员守规章，安全操作无失误，设备设施无隐患，企业管理无漏洞”的局面，企业多次获得省、市级安全生产先进单位称号。

二、严抓综合治理，维护矿区稳定

为维护国家和集体利益，保护国家矿产资源，他坚持“打防并举、标本兼治”的原则，严格开展矿区秩序清理整顿，严厉打击非法开采行为。实行动态巡查制度，定期对辖区内的矿井进行拉网式排查，经常带队深入一线，克服地形复杂、交通不便的困难，冒着严寒，顶着酷暑，钻山沟，翻山岭，踏遍了矿区的各个角落，进行系统摸排调查。针对各矿井不同情况，逐一登记造册，研究制定清理整顿方案，逐井落实清理整顿措施，做到发现一起，查处一起，取缔一起。面对盗矿分子的恐吓从不畏惧，面对盗矿分子的诱惑严厉拒绝。几年来，组织封堵非法矿井17处，填充废弃民采矿井近200处，缴获高品位矿石60余吨，查处不法分子240余名，维护了矿区生产秩序的稳定，提高了矿产资源利用率。加强易燃易爆剧毒危险品的管理，爆破物品实行IC卡领取，井下炸药库全部安装了红外线监控系统。强化危险化学品购买、运输、储存、使用管理。多年来，没有让一支雷管、一克危险化学品流入社会，维护了社会的稳定。加强对外来施工队伍的管理，在矿山建立了暂住人口管理站，定期对外来人口进行法制教育，保证了暂住人口无违法犯罪问题。

严格的管理保障了企业良好的发展环境和社会稳定，蓬莱市黄金总公司连续多年被授予山东省综合治理先进单位称号。

三、严抓环境保护，推进循环发展

积极推广可持续发展理念，在行业内大力推广循环经济，主持编制的《蓬莱市黄金总公司循环经济建设规划》受到了业内专家的一致好评，使公司成为行业中较早开展此项工作的企业之一。主持和参与了一批节能减排新项目的建设，推动了黄金行业循环经济建设的进步。其中，“氰化尾渣综合利用项目”利用氰化尾渣提取铁红和铅，每年可利用尾渣 6 万吨；“尾砂新型建材开发项目”利用尾矿生产新型建材，年可利用尾砂 12 万吨，节约标准煤 1.2 万吨/年，节约土地 300 余亩，可生产高质量建材 5000 多万块；“含氰废水无害化处理项目”利用过氧化氢法处理冶炼含氰废水，年处理氰化废水 12 万立方米，无害化处理率达到 100%；“工业节水项目”调整供水管网，对采选废水进行综合利用，实现了科学管理、节约新水。2007 年，蓬莱市黄金总公司万元工业总产值综合能耗为 0.8 吨标准煤，尾矿处置利用率 63%，冶炼尾渣处置利用率 90%以上，矿区绿地覆盖率 10%，实现了经济效益、生态效益和社会效益的和谐统一。

四、坚持以人为本，营造和谐环境

张福安把“以人为本”的理念贯穿于工作各个方面，积极推进“和谐企业”的建设。作为公司党委副书记，他严格要求自己，以身作则，率先垂范，带头讲政治、树正气，时时处处为党员干部做出榜样，凡是要求领导班子和机关干部做到的，自己首先做到，凡是禁止别人做的，自己坚决不做。在此基础上，严格按照上级关于反腐败斗争重要指示和部署，认真落实党风廉政建设责任制，坚持标本兼治、注重预防的方针，加强反腐倡廉建设。深入推进“阳光工程”，凡涉及大宗材料采购和建设的项目，实行严格的招投标管理制度，2006～2008 年组织招标会 34 次，节约资金 1000 多万元。深化厂务公开制度，设立公开栏，对职工最关心的企业发展状况、住房分配、养老保险、职工福利等问题进行公开，接受职工监督。几年来，公司领导班子未发生一起违法违纪案件，被授予烟台市四好领导班子和廉政文化建设先进企业示范点等荣誉称号。积极探索新形势下做好黄金企业思想政治工作的新思路、新方法，把思想政治建设与党建工作结合起来，不断提高党组织的凝聚力和战斗力，充分发挥党员先锋模范作用，企业多次获得党建示范单位、先进基层党组织称号。创新思想政治工作载体，开展劳动竞赛、岗位练兵和业务培训活动，有效提高了干部职工的业务素质和岗位技能。开展企业文化建设，培育形成了学习文化、执行文化、创新文化的良好氛围，使职工始终保持积极向上的精神状态。在张福安的推动下，公司连续多年被授予省级精神文明单位、山东省先进基层党组织等荣誉称号。

中国特色社会主义新时代
(2012 年 11 月至 2021 年 12 月)

李玉梅

李玉梅,女,汉族,1970 年 12 月生,烟台市经济技术开发区人。1992 年参加工作,大专学历。曾在蓬莱市滤清器厂任技术员、蓬莱市汽车三滤配件厂任技术指导等。2001 年到蓬莱万寿机械有限公司工作,任技术部部长助理、技术部副部长、技术部部长等职。2004～2006 年,连续 3 年被公司评为优秀员工和优秀技术带头人;2010 年,被烟台市总工会授予“五一”劳动奖章,2011 年,被烟台市人民政府评为烟台市劳动模范,2013 年,被山东省人民政府授予劳动模范称号。

模范事迹

2004 年,蓬莱万寿机械有限公司计划设计开发整体式桥壳,李玉梅同志带领公司技术骨干跑遍了全国大江南北,考察了国内 20 多家公司的桥壳产品,回到公司开始紧张辛苦的设计工作,没白没黑地查阅了大量的技术资料,经过 400 多个日日夜夜,经过数百次甚至上千次的失败之后,自重轻、强度高的国家专利产品——整体式汽车驱动桥壳终于研发成功。该产品刚被投入市场,就以其独特的设计、美观的造型、新颖的结构和稳定的质量,得到了广大主机厂的好评。

辛勤的汗水换来丰硕的成果。十几年来,李玉梅同志带领技术部全体人员开发新产品共计 200 余种,先后获得国家发明专利汽车整体式驱动桥壳及其制造方法(专利号:ZL200510067991.6),实用新型专利汽车整体式驱动桥壳(专利号:ZL200420084920.8)、钢管整体式汽车驱动桥壳(专利号:ZL200420004342.2)、强制散热汽车制动鼓(专利号:ZL200420118733.7)。至 2013 年共参与了 20 多项国家专利的研发工作。其中“整体式汽车驱动桥壳”和“强制散热制动鼓”于 2009 年 11 月 15 日通过山东省省级鉴定,该成果填补国内空白，整体技术居国内领先水平。“整体式汽车驱动桥壳”2010 年获山东省科技进步三等奖、蓬莱市科技进步一等奖，2009 年获山东省名牌产品，被列入山东省自主创新成果转化重大专项。“汽车整体式驱动桥壳及其制造方法”专利项目荣获山东省专利奖三等奖。基于李玉梅的特殊贡献，她连续多年被公司评为优秀职工，2010 获烟台市“五一”劳动奖章，2011 年被评为烟台市劳动模范。

李玉梅同志注重发挥团队的整体力量，创造性地开展工作。在具体工作中召开专项会议，认真研究，制定节点和分项目标，对产品、工艺、工装模具、现场协调等各环节明确分工，细化到每一个人身上，加强监督和落实的力度，并根据实际情况合理配置人员。她经常说：“技术是一项不允许出错的工作，这要求技术人员有严谨的工作作风，也要求管理者有严肃规范的管理理念，使本部门员工立足岗位成才，共同完成并超越目标。”李玉梅同志用自己的职业道德和敬业精神影响着身边的人，真正做到了尽职尽责。

王成家

王成家，男，汉族，1964 年 10 月生，蓬莱北沟镇北王绪村人。中国共产党党员，大专学历。1992 年担任北王绪村党支部书记，先后担任蓬莱市人大代表、烟台市人大代表。连续多年荣获优秀党支部书记、烟台市模范共产党员称号，2009 年被评为蓬莱市劳动模范，2010 年被评为山东省优秀复员退伍军人，2011 年被授予烟台市劳动模范，2011 年被评为关心国防建设先进个人，2013 年被山东省人民政府授予劳动模范称号。

模范事迹

蓬莱区北沟镇北王绪村现有 1200 户，3000 多人，党员 101 人。改革开放以来，北王绪村努力加快社会主义新农村建设，干部、群众齐心协力奔小康，村容村貌发生了巨大变化。村民人均收入由 5000 元增加到 4 万元，10 年内翻了三番，成了远近闻名的富裕村。北王绪村的变化，归功于改革开放政策，也归功于村党支部书记王成家。

一、带领群众发展村集体经济，建设社会主义新农村

1991 年，王成家从部队复员回村后，被推选为村委会副主任。当时村中没有任何集体企业，村里外债累累。为了摆脱贫困，他通过多方考察，带领大家在村里办起了村集体冷藏厂，让村里的能人强人走上市场经济的致富路。1992 年，王成家被全村推选为村党支部书记。他利用本村的自然环境，鼓励一部分村民“靠海吃海”，发展海产品养殖、海产品加工产业，同时，带领一部分村民种植葡萄树、樱桃树、无花果树等，发展果树种植业。他还积极组织村民学习养殖和种植的相关知识，亲自跑市场，联系客户。在他的带领下，北王绪村有了很多家庭作坊和成片的果园，几乎家家都有了私家车，户户存款过百万在北王绪村已经不稀奇了。

二、改善村民居住环境，提高生活水平

为改变村容村貌，王成家带领村民找来施工队，挖了排水沟，铺上了水泥路。他下大手笔，利用5年时间，投资近亿元开发了新型的社会主义居民小区，让广大村民住上了楼房，享受着城里人的生活。村里装上了净水器，村民都交上了保险，每年给村民发放生活日用品，根据年龄为60岁以上老人发放1000～1500元不等的福利补贴。村里还投资80多万元办起了幼儿园，新建了小学校舍。

三、热心公益，回馈社会

作为社会大家庭的一份子，王成家书记一直以来将“热心公益，回馈社会”作为自己的价值观，积极承担社会责任。近年来，北王绪村对公益事业，尤其是教育事业的投入已成为回报社会的一个主要内容。多年来支持教育近120万元，为灾区捐款捐物近百万元。

一分耕耘，一分收获。北王绪村富了，村民们也富了，王成家给了村民一份满意的答卷。

王伟成

王伟成，男，汉族，1952 年 10 月生，蓬莱紫荆山街道石岛村人。中国共产党党员。1973～1978 年，在部队服役；1979～1997 年，任石岛村党支部副书记、主任；1997 年，任山东石岛集团有限公司董事长、总经理、党委书记。2002 年，当选为蓬莱十四届政协委员，2004 年，被选为蓬莱十五届人大常委。多次荣获蓬莱市劳动模范、优秀共产党员等称号。2013 年，被山东省人民政府授予劳动模范称号。

模范事迹

石岛，一个坐落在蓬莱城区中心的村庄，尽管坐拥城中宝地，直到 20 世纪 70 年代末，却依然是一个典型的穷村。如今，石岛却是名副其实的“人间仙境”，当之无愧的“烟台市小康村”！在整个石岛社区里，绿树红花，碧草茵茵，环境优美；文化广场、仙阁市场、星级宾馆和长途汽车站等现代化建筑，成为蓬莱市区里一个个壮观的场景，令人流连忘返。石岛的居民富了，真正过上了城里人富庶安逸的生活。

这一切的变化，离不开改革开放好政策，也离不开石岛的好当家人——王伟成。

给石岛插上腾飞的翅膀

20 世纪 80 年代，改革开放的春风吹进了石岛，石岛由此开始起步。特别是 1997 年 10 月以后，在社区党委书记王伟成的带领下，石岛犹如猛虎添翼，迅速进入了高效发展的“快车道”，引起了世人的瞩目。

王伟成，一个思路敏捷、精明干练的汉子，上任社区党委书记后，他更像一个才华横溢的导演，在石岛社区宽广的大舞台上，演出了一幕幕震撼人心的大型话剧：村办企业改制，市场深层开发，强力引进外资，高科技产品占领市场……这一幕幕话剧，给石岛人带来了新思维，更给石岛经济的再度腾飞开辟出一片广阔的新天地！自此以后，石岛社区多次被评为烟台市级文明村。连续5年，石岛社区经济总收入、上缴利税、人均可支配收入等经济指标名列全市前茅。2005年，全社区实现经济总收入2.8亿元，利税3000万元，人均可支配收入5400元。

王伟成的精明，就在于他时刻保持着清醒的头脑，并善于审时度势，确保每项事业永立不败之地；而王伟成的魄力，则在于他坚韧不拔、大刀阔斧的工作作风。在王伟成的人生字典里，“创新、发展”四个字格外耀眼夺目，这是他性格和意志的必然。

1997年10月，王伟成上任伊始，针对石岛经济格局的现状，在严密分析利弊的基础上，果断制定了“抓大放小、先易后难、一企一制、分步实施、便于操作、注重实效”的工作思路，出重拳对石岛集体经济结构进行重大改革，仅用半年多时间，就顺利完成了11家村办企业的改制和2家企业的承包，使原所属企业生产经营迅速步入良性发展轨道，集体经济重新焕发出蓬勃生机。当年，石岛完成总收入16800万元，纯收入1380万元，上缴利税260万元，人均可支配收入达3160元。

至今，王伟成三个具有历史意义的“镜头”，仍定格在石岛人乃至蓬莱人的心里。

镜头一：“仙阁市场”创造神话。仙阁市场坐落于蓬莱城区北部，是蓬莱最大的农副产品交易市场，也是石岛社区的主要收入来源之一。在20世纪90年代中期经济疲软的情况下，连续多年，仙阁市场的成交量每年还不到千万元。为了激活仙阁市场，使其成为石岛社区经济链中的重要一环，王伟成经过考察和论证，先后投入300多万元，对仙阁市场的基础设施进行改造，改造后的仙阁市场软硬件设施得到全面升级，从根本上解决了设施滞后的问题。改造后，仙阁市场年成交量由1998年的不到千万元，剧增到每年过亿元。

镜头二：“华泰”凌空腾飞。蓬莱华泰制药有限公司是石岛集团的龙头企业之一。1995年，被山东省科学技术委员会认定为高新科技企业。1997年，通过了国家医药管理局针剂GMP认证。2000年2月，王伟成根据全国医药行业的发展趋势，决定扩大规模，投资3000多万元进行异地建厂，仅用17个月的时间，便完成了土建工程、空调进化工程、设备考察、安装调试和新产品的研究开发，并获得了国家医药管理局GMP证书。2001年，与深圳北大高科技股份有限公司强强联手，将“蓬莱华泰制药有限公司”更名为“山东北大高科华泰制药有限公司”。通过市场结构调整，进一步完善内部管理机制，“华泰”终于“飞”了起来，2006年公司总收入达4800万元，创利税900万元。

镜头三：开创私营经济收购国有经济先河。集体经济的迅猛发展，使石岛有了雄厚的实力,但以王伟成为首的"两委"班子并未停止前进的脚步,而是富而思进,不断寻求新的经济增长点。2002 年 6 月,石岛集团利用集体积累,买断了原属国营单位的蓬莱宾馆,开创了蓬莱私营经济收购国有经济的先河。在接手蓬莱宾馆后,石岛集团当即投资 300 万元对宾馆进行全面整修改造,更新了所有客房的彩电、空调、桌椅、地毯,刷了新油漆,同时将一楼全部改建成门市房,仅此一项就增加年收入 14 万元。与此同时,对宾馆内部的管理体制也进行了一番脱胎换骨的改革,彻底摒弃国有企业的管理模式。在分配制度上,实行工效挂钩;在管理上,推行层次化;在职能上,对工作进行量化,做到分工明确,职责分明;在人员使用上,实行优化组合,对不适合宾馆工作的人员,一次性买断工龄,批准退职。对主要经营管理人员实行聘任制,聘请了熟悉餐饮业经营的蓬莱老干部局副局长葛锦业担任总经理。改造后的蓬莱宾馆,以崭新的形象出现在市民面前,成了蓬莱城区一流宾馆,2007 年顺利通过国家星级宾馆验收,成为二星级酒店。经过半年的运营,当年就实现了扭亏为盈。

让石岛融入现代城市文明

勤于思索,是王伟成的性格特点之一,更是他成就辉煌事业的根基。在带领社区居民快速发展经济的同时,王伟成深知,全面建设和谐社会既要创造丰厚的物质文明,又要发展与之相适应的精神文明。

让石岛融入现代城市文明,是王伟成深思熟虑的结果,是最理智的选择,也是王伟成心中描绘的一幅蓝图。为此,他不知熬了多少夜!

1998 年,王伟成开始实施心中的蓝图。从改造居住环境入手,利用旧城改造之机,严格按照城区总体规划的要求,先后建起了 4 幢商住楼,所有的石岛居民都搬进了新楼房。先后投资近百万元,将全社区 14000 平方米的路面进行了硬化,铺设地下排水管道 3000 米,更换自来水管道 5800 米,更新了供电线路,增加了卫星加密电视节目。如今的石岛社区呈现出与现代城市文明一致的时尚风貌,优雅的社区自然环境和人文景观,与蓬莱这个国家优秀旅游城市的大环境融为一体,成了石岛人安居乐业的人间天堂。

在改善社区居民居住环境的同时,王伟成更注重打造一支战斗力强的社区服务队伍。在社区服务上,经过十多年的探索和实践,总结出了一套行之有效的服务规章制度,锻炼出一批"能征善战"的社区服务人员。在社区卫生清扫方面,由原来的个人承包、分散清扫,变为现在的统一组织、集体清扫,充分发挥社区清扫队和居民住户的两个积极性,制定卫生清扫责任制,签订责任书,使净化、绿化、美化社区的环境成了社区每一个居民的自觉行为，从而保证了社区的清洁卫生。在居民医疗保健方面，社区卫生室拥有正规医生、全套医疗设备，实行节假日不休息、延长营业时间、上门服务、减低药价等提高服务质量的措施，并公开向社区居民承诺“凡石岛社区的居民看病不收出诊费，买药价格优惠10%”，全方位保证了社区居民的身体健康。社区幼儿园通过技能考核、民意测评等程序，选聘了经验丰富、多才多艺的幼儿教师，从工资待遇等方面调动他们的积极性，并在园内实行规范化管理、特色教育，以此提高幼教质量，获得了家长的一致好评。为更好地培育幼儿、服务社区，2007年上半年，石岛社区与易三实验小学联办，投资40万元对社区幼儿园进行更新改造，购进了配套的大型先进玩具和教学用具。另外，社区的水电维修队，十年来无论严寒酷暑，都能做到随叫随修，确保了整个社区的水、电、有线电视及其他基础设施的运转。

更令人钦佩和羡慕的是，石岛社区在改造居民生活环境、提供优质服务的同时，还制定了一整套便民措施，努力营造温暖、和谐、文明的社区大家庭。从1981年开始，村民的“三提五统”由村委会缴纳，村民享受退休待遇，每人每年免费供应液化气一罐。从1999年开始，社区凡年满60岁的老人，每月免费供应5斤鸡蛋。2001年，又将社区居民的退休金由过去的每人每年最低400元提高到800元，其他按工龄和职务递增。就这样，石岛社区每年用于居民养老保险、医疗救济、社会补助的资金高达百万元。

石岛的明天将会更灿烂

得天独厚的地理位置，敢闯敢拼的领导班子，成就了石岛社区的崛起。但面对日趋激烈的市场竞争，承载着社区广大居民厚望的王伟成，并没有沉醉在已有的成绩里，更没有故步自封。王伟成通过去发达地区的实地考察，他知道自己的思想解放程度还不够，发展的思路尚不够宽，缺少大动作、大手笔的胆略和气度。一路考察，一路思索。考察结束后，王伟成召开社区“两委”专题会议，进一步理顺了石岛社区的经济发展思路，对石岛社区的坐标重新定位，其中最重要的是坚决克服“小进则满，小富则安”的自满情绪，不断解放思想，找准差距，迎难而上，将石岛社区的明天建设得更加美好。

从利用存量土地入手，做好园区建设和招商引资——这是王伟成考察思索后亮出的“第一剑”。石岛社区地处城区，经过20多年的开发建设，目前土地存量已十分有限。为了响应市委、市政府“退二进三”的号召，王伟成充分利用现有的存量土地，在社区内建设了一处5400平方米的标准厂房，“六通一平”配套设施完善，租赁给准备搬迁的企业使用。为了加快招商引资工作步伐，石岛社区采取强有力措施重奖有功人员，规定“凡为社区招商引资成功者，按外部实际投资额的2%予以奖励”，形成了全民招商的社区浓厚氛围。

围绕旅游城市，打造餐饮品牌——这是王伟成亮出的“第二剑”。蓬莱拥有丰富的旅游资源和叫得响的国际品牌，王伟成决心借此打造蓬莱餐饮业品牌，为蓬莱的旅游业锦上添花。继2002年6月买断蓬莱宾馆后，2007年6月，石岛集团又以80万元买断了牡丹园宾馆。王伟成的思路异常清晰：把蓬莱宾馆和牡丹园宾馆作为“试验田”，既固守蓬莱餐饮传统之精华，又要推陈出新，创现代餐饮之品牌，在烟台乃至整个胶东地区叫响餐桌上的“蓬莱阁”！

胸有成竹而又脚踏实地的王伟成，还有“第三剑”“第四剑”……在为石岛社区创造辉煌明天的事业征途上，王伟成将以冲刺者的勇猛姿态，向着自己心中的憧憬，大步挺进！

刘焕昆

刘焕昆，男，汉族，1966年2月生，山东省莱西市人。中国共产党党员，大学本科学历。1983年参加工作。1987年10至1992年12月，在铁道部第三工程局工作；1993年1月至1994年10月，任职于烟台市公路管理局；1994年10月至2008年12月，任职于烟台市芝罘区公路管理局；2008年12月至2010年4月，任职于同三高速公路烟台管理处；2010年5月，就职于烟台市蓬莱公路管理局。先后荣获蓬莱市劳动模范、烟台市劳动模范、烟台市优秀管理工作者、山东省优秀质量管理者等荣誉称号，并连续多年被烟台公路系统，蓬莱市委、市政府给予嘉奖。2013年，被山东省人民政府授予劳动模范称号。

模范事迹

作为班子带头人，刘焕昆同志凝神聚力，带领蓬莱公路各项工作取得新进步，新亮点、新成果不断涌现，形成了蓬勃发展的可喜局面。

畅美仙境:大含细入铸丰碑

在公路工程建设方面，刘焕昆带领蓬莱公路人努力开拓工程市场，实现了市政工程和社会工程市场的零突破，并不断扩大该领域业绩，工程量每年过亿元。先后完成了海阳市海防路工程、蓬莱市海滨东路改建工程、小泰山南路工程等一系列重大工程。他始终坚信质量是工程建设的最佳名片，实行严格的工程管理，坚持向管理要效益、以质量求生存，经常到施工一线检查指挥工作。为提高工程的施工质量，积极带领广大专业技术人员采用新技术、新工艺、新方法，科学指导施工，全力打造“精品工程”，努力树公路品牌形象。在他的严格管理下，完成的每一项工程都成为蓬莱公路的一面旗帜，优异的工程质量广受认可。

从蓬莱城区沿蓬水路、蓬寨路到次中心大辛店镇30分钟，从蓬莱西翼横穿城区到东翼核心区域30分钟。如今在蓬莱，不论从走哪个对角线，都不会超过1个小时。一个四通八达的区域路网让“30分钟快捷道路圈”成为现实,拉开了赶超发展、服务蓝黄的城市框架。

蓬莱公路局以树“精品工程、公路品牌”为目标,严格落实安全责任,加强工程管理,强化成本核算,坚持文明施工,优质高效地完成了海滨东路、小泰山南路、南河路等蓬莱重点工程建设,受到蓬莱市委、市政府的多次表彰。蓬莱公路人先后改造完成蓬莱东出口、西出口、南出口及成龙线、蓬水线、蓬寨线、烟汕线,使蓬莱成为全国首个实现干线公路全部“黑色化”县,在此基础上,积极开拓建设市场,承建蓬莱市重点工程和市政、县乡路改造20多个工程项目,工程总量突破4亿元。深入推行养护、路政一体化管理,坚持科学管理、精细养护、文明执法,通过科学合理安排巡查时间和路线,达到了养护与路政管理的互动双赢。大力提高路域环境综合整治力度,提高公路两侧绿化档次,实现“四季常青、三季有花”的公路绿色长廊。以雨雪为令,坚持实时处治险情,保证干线公路安全畅通。营造“以服务促征收,以微笑促文明”的良好收费环境,设置便民服务站,严格落实绿色通道和重大节假日免收小型客车通行费政策,打造蓬莱东大门文明形象。在建、养、征、管工作中,蓬莱公路局始终贯彻安全生产这一主线,完善安全制度,落实安全措施,强化安全监督,打造出了“畅、安、舒、美”的仙境通衢大道。

德行仙境:大德行广塑文化

刘焕昆同志注重单位文化建设,大力推广优秀传统文化和道德讲堂建设,创建了“仙境通衢”文化创新品牌。

他坚信文化创新是工作发展的动力源泉和智力支撑,带领蓬莱公路人以德锻造立身之本,以德构筑发展之基。始终秉承“以德筑路,与道同行”的行业理念,以丰富多彩的载体搭平台,靠持续不断的活动做支撑,让文化创新内化于心,外化于行,固化于制,在干部职工中普及传统美德、弘扬志愿精神,汇聚小温暖、传播正能量。蓬莱公路局被列为蓬莱市道德讲堂标杆单位。

道德教化贯穿全过程。蓬莱公路局开设了“一大两小”三个道德讲堂,在局机关、收费站设立了“三纵一横”文化长廊,建设了蓬莱公路文化展厅,搭建起了丰富多彩的传播平台,将崇尚道德内化为干部职工的自身追求,外化为干部职工的行为习惯。深入推进公路道德讲堂建设活动,举办优秀传统文化讲座,开展“德在身边”“新24孝”评选活动,创造性地开展“为父母洗脚、为父母查体”活动,唤醒亲情、孝心,引导职工将感恩意识化为自觉行动。同时,积极推进讲堂内容创新和感恩形式创新,在公路道德讲堂增设“献一份爱心"环节，首创公路道德讲堂"5＋1"流程，添加"写给你最爱的人一封信"内容，让远在他乡的儿女用视频对父母寄言感恩。深入挖掘系统内典型事迹，培育德育建设的良好氛围。由于蓬莱公路局道德讲堂开展得扎实有力，他们选送的节目《与妻书》在烟台公路系统"诵经典、爱中华"经典诵读比赛中荣获一等奖和优秀组织奖。

善播仙境：大爱无疆树品牌

蓬莱公路局以"一路有爱"品牌建设为抓手，广泛开展以"三关爱"为主要内容的公益服务活动，成立蓬莱公路局志愿服务队，设立爱心基金，以"十大笑脸"关爱他人、"311"关爱社会行动、"10分善行"关爱自然等活动为载体，积极引导职工将道德善念转变为道德善行。

蓬莱公路局每年结对帮扶10名"春蕾儿童"、7户社会困难家庭，定期进行走访慰问，了解掌握他们的生活、学习等情况，帮助他们走出困境、渡过难关。蓬莱公路局与紫荆山街道敬老院结成长期对子，每个周末组织志愿者活动，逢年过节组织慰问集中供养的老人和孤寡老人，定期组织爱心捐助、无偿献血和义务植树等公益活动。组织参加蓬莱市"情暖万家进基层"和军民共建文艺汇演活动。义务为帮扶的孚庆集村投资20万元，修筑水泥路、打机井、铺设灌溉管道。为潮水镇小雪村投资65万元，铺筑道路13000平方米，建成村活动中心，安装健身休闲设施，为建设美丽乡村添砖加瓦。除在通行费征收窗口、路政大厅和ETC客服中心设立志愿服务岗外，还在收费站挂牌成立了全市首家24小时提供志愿服务的"蓬莱公路志愿者便民服务站"，先后帮助困难群众379人次，获赠锦旗15面、感谢信17封。其中，救助离家出走的四川德阳女孩和走失莱州男孩的事迹，得到了烟台电视台和蓬莱电视台的跟踪报道。

清风仙境：大道至诚促廉政

刘焕昆同志还特别重视廉政建设，认为筑路必先筑人，铸人必先铸魂，以德促廉，以文养廉。蓬莱公路局开展以"四教育、四监督"为主要内容的"仙境清风"系列活动，内外兼修强化约束监督机制，千锤百炼锻造一流公路队伍。"四教育"提升职工内在素质。通过聘请专家授课，邀请纪委、检察院领导举办讲座，观看视频等方式学习法律知识，大力实施思想认识教育，使干部职工知法纪、守法则；通过组织党员干部及家属到军区干休所、蓬莱历史博物馆、革命烈士陵园等地参观学习，引导党员干部坚定理想信念、继承优良传统、牢记宗旨使命，自觉远离腐败。"四监督"强化职工外在约束。一是成立纪检小组，全员签订廉政建设责任书，对各个科室定期进行廉政检查并与年底考核挂钩。二是注重家庭促廉，连续 9 年开展“三八家庭促廉座谈会”，劝导家属吹好枕边风，做好廉内助，加强八小时外监督。三是积极邀请检察院人员“送廉政下工地”“送廉政进机关”，推选三名职工成为首批预防职务犯罪志愿者，共建预防职务犯罪网络。四是扩大监督主体范围，设置公开电话和信箱，接受社会人士监督。

路在脚下延伸，创新永无止境。轨迹，记录的只是蓬莱公路赶超发展的铿锵步伐，未来，蓬莱公路人将以更加饱满的热情，更加扎实的工作，塑造好“仙境通衢”品牌，为服务地方经济发展、加快公路现代化建设做出新的贡献。

李杰锡

李杰锡，男，汉族，1963 年 1 月出生，烟台市经济技术开发区人。中国共产党党员，大学文化，应用研究员。1983 年 8 月至 1989 年 10 月，在烟台市钟表材料厂工作；1989 年 10 月至 1990 年 4 月，在蓬莱市毛纺厂工作；1990 年 4 月至 1993 年 2 月，任蓬莱市黄金工业公司办公室副主任、主任；1993 年 2 月至 1997 年 1 月，任蓬莱市大柳行金矿副矿长；1997 年 1 月至 2004 年 9 月，任蓬莱市黄金冶炼厂厂长、党支部书记；2004 年 9 月至 2014 年 2 月，任蓬莱市黄金总公司副总经理，兼任山东金创金银冶炼有限公司总经理、党支部书记和蓬莱市黄金总公司村里集金矿矿长、党支部书记；2014 年 2 月，任山东黄金金创集团有限公司党委委员、副总经理。2011 年 11 月，被授予"十一五"期间黄金行业劳动模范称号。2014 年 2 月，被人力资源和社会保障部、中国有色金属工业协会、中国黄金协会授予全国黄金行业劳动模范称号。

模范事迹

勇挑创业重担　尽显英雄本色

1993 年底，大柳行金矿建成了黄金氰化冶炼车间，开创了蓬莱市黄金冶炼的先河，打破了蓬莱市不能进行黄金氰化冶炼的历史。1997 年初，蓬莱市委、市政府根据氰化厂运转和蓬莱市黄金工业发展的需要，决定将氰化车间从大柳行金矿分离出来，成立黄金冶炼厂。几经研究，决定让当时担任大柳行金矿的副矿长李杰锡担任厂长。对于想在改革开放的大潮中干出点名堂的李杰锡来说，这无疑是一场严峻的考验和良好的机遇。他被推向了人生的十字路口，面对着艰难的选择。"开弓没有回头箭，既然上了'船'，就应该义无反顾地迎着风浪拔锚启航。"这位 34 岁的年轻人经过慎重思考，不负组织的信任和期望，凭着对黄金事业高度的责任感，怀着满腔热血，知难而进，勇敢地挑起了这副重担，决意"背水一战"，在大柳行这片土地上确立自己人生的坐标，实现人生价值。

创业者从来就没有平坦的大道可行，摆在李杰锡面前的是重重困难：一是基础设施不配套；二是原料供应不足，制约企业的发展；三是生产方面，由于设计、制造和安装等原因，存在着不少先天性的不足和缺陷，严重影响生产和经济技术指标；四是在财务方面，企业全靠负债经营，负债率过高，承受着巨大的还本付息压力；五是职工素质差，责任心不强，技术力量匮乏，设备落后；六是管理粗放，各项制度和监督约束机制不健全。面对这种情况，要在短时间内把一个单纯的生产加工车间建成有一定规模、独立经营的企业，谈何容易。

任务艰巨，时间紧迫，困难重重。艰难困苦吓不倒创业者，一切从零开始。在企业多年的摸爬滚打，使李杰锡认识到，人要有精神，作为企业也要有企业精神。因此，他一走马上任，就提出了要树立“团结实干、诚实向上”的企业精神。他要求全厂干部职工要牢记这种精神，时刻以这种精神鞭策自己。李杰锡身体力行，率先垂范，努力以自己的模范行动去践行这种精神。

为了建设厂子，李杰锡多次北上南下，东奔西跑，到处拜师求艺，揽人才，进设备，搞调查，跑资金。他舍小家为大家，不分白天黑夜，没有星期天、节假日，战严寒，斗酷暑，与干部职工同甘共苦，废寝忘食，日夜奋战在工厂建设第一线。他不知疲倦地搏击、奋进，把自己的全部精力奉献给黄金事业。

他上任后不到两年，便打了几个漂亮的“短、平、快”，增建了4000多平方米的厂房，安装了新设备。先后又多方筹资200多万元，建起了办公大楼，完善了办公设施；建起了职工家属宿舍楼，解除了干部职工的后顾之忧；硬化了厂区主干道，改变了“雨天一身泥，晴天一身土”的局面，建起了冶炼厂建设的大框架。李杰锡以超人的魄力和难以想象的速度，把一个单纯的生产加工车间一跃发展成为独立经营的冶炼企业，发展成为蓬莱市的利税大户。自1997年以来，冶炼厂发生了翻天覆地的变化，5年共完成利润1487万元，利税1646万元，用于捐资助学、扶贫济困、敬老爱幼、修路筑桥、帮扶贫困和弱势群体等社会公益事业的费用达50多万元。企业先后获得了山东省设备管理先进单位、山东省黄金行业思想政治工作优秀企业、烟台市重合同守信用企业、蓬莱市文明单位等荣誉称号，2001年又通过了ISO9001国际质量体系认证，使企业进入健康发展的快车道。

创新管理经营机制　开辟一片新天地

李杰锡认为：“效益是企业的根本，加强企业内部管理是取得效益的重要手段，管理的生命力在于创新，创新又是企业发展的灵魂，如果没有创新意识和创新能力，企业就不能发展。只有敢闯敢试，敢于创新，企业才能闯出新路子，干出新事业。”为了摸准职工的思想脉搏，他一进厂就深入车间搞调查研究，与干部职工谈心、交心，广泛听取各方意见。在掌握第一手材料的基础上，对症下药，大刀阔斧进行改革，创建了一套以提高企业经济实力为目标的现代化科学管理模式和充满活力的新机制。

严明厂纪，治理整顿。为改善和加强企业管理，李杰锡开动脑筋，标新立异。经过全厂170名职工的民主讨论，出台了企业管理规章制度，并狠抓贯彻落实。为严肃厂风厂纪，他在治厂中突出一个“严”字。厂内只要有人违反厂规厂纪，不论亲疏远近，都要严格按规定办事，毫不留情。新工人一进厂，首先请有关人员对他们集中进行规章制度和法制教育，要求职工自觉维护厂规，遵守厂纪，爱厂如家。对治炼、氰化、质检、金精矿库等重要岗位实行高科技电脑监控网络管理与定岗看护、巡逻、检查相结合。针对冶炼车间的生产特点，采取了封闭式、上下班人员进行严格检查等措施，形成了以基础管理工作为重点、目标管理为主线，全面安全管理为核心的管理新机制，彻底清除了各种安全隐患，保证了全厂正常的生产秩序。

建立经济责任制，严格考核和落实。结合本厂实际，李杰锡组织班子人员在学习外地经验的基础上，制定了以主要指标和成本否决为核心的多项指标否决经济责任制。在经济责任制的制定、分解、落实和考核中，严把“三关”。第一关是成本目标的预测关。根据上级主管部门下达的利税指标，结合本厂现有生产能力及各生产环节的工艺情况，以国内同行业先进水平和本厂历史最好水平为依据，对组成成本的各项指标逐项比较，从而确定生产成本的下限。第二关是成本目标的制定、分解关。在成本目标的制定过程中，以往年的实际费用作为参考，结合本年的生产任务，运用成本倒推法推算出本年的成本费用，然后和生产指标捆在一起层层分解到各车间、班组和个人，横到边，竖到底，一级抓一级，层层有责任，把成本效益指标与职工工资直接挂钩，做到“千斤重担人人挑，个个肩上有指标”。第三关是成本目标的考核关。在成本目标的考核中，加强了计量和统计工作，做到每天有统计，月月有考核，严格奖惩，当月兑现。同时，还对行政科室的办公用品、电话费、车辆使用及招待费等管理费用进行定标考核。另外，对领导班子成员进行严格分工，确定领导责任制，生产、原料、质检、财务四大块分别由四位副厂长负责，明确目标和责任，在全厂统一控制下，赋予副职机构设置、人员安排奖罚和工资奖金发放等权力，鼓励他们独立、大胆、创造性地开展工作。

通过加强经济责任制的考核，降低了生产成本和管理费用，增强了干部职工的紧迫感、责任感和事业心，增加了企业的经济效益，使企业呈现出勃勃生机。

改革劳动用工制度，完善激励竞争机制。为了彻底扭转机构臃肿导致人浮于事、推诿扯皮、工作效率低下的现状，李杰锡根据本厂的实际，本着精干高效和权责一致的原则，进行了劳动人事、工资制度改革，并引入竞争机制。在机构方面，大力压缩机关科室和中层干部人数。在工资分配上，将职工报酬与产量、效益挂钩，并向一线脏、苦、累工种倾斜，还突出强调了氰冶生产在企业经营中的重要地位。在用人方面，把充分挖掘每个人的自身潜力，发挥其最大效能，作为企业管理追求的最大目标，做到"不合格不进厂，不达标不上岗，因人而异用特长"。每年要进行一次中层干部竞争上岗和职工内部优化组合，增强了职工的危机感，改变了过去"干好干坏一个样，多干少干没区别"的状况，提高了全厂干部职工的竞争意识，调动了工作积极性。

创新营销机制，不断开拓市场。近年来，由于市场形势的新变化，企业面临着黄金价格下调、资金紧张、对外经营时间短、知名度和市场占有率低、金精矿供应量减少、本地小矿山资源枯竭、金精矿市场竞争日趋激烈等许多困难，这是对李杰锡更严峻的考验和挑战。他没有怨天尤人，而是变被动为主动，不断强化市场营销理念，不等不靠，千方百计克服困难。他亲自带领有关人员，不辞劳苦，东奔西跑，走遍了全国 10 多个省市和地区。经过多年的努力，在巩固老客户的基础上，开发了一批新客户，而且还把企业发展的大好局面推向了社会，扩大了知名度，树立了企业的良好信誉，赢得了广阔的市场。尤其还获得了黄金管理局颁发的原料经营许可证，成为国家黄金冶炼定点企业。在服务措施上，他确定了"以诚信为本"的营销策略，在工作中，始终坚持以客户为上帝，从原料进厂到产品出厂，从检验到运输、结算及其他服务环节上，做到了完善、周到、细致、热情，赢得了客户的信赖，使购销工作呈现出良性循环。市场一活，全盘皆活。由于李杰锡锲而不舍的艰苦努力，使金精矿供应量由往年每月不足 2000 吨增加到每月 2500 吨，有效地保证了生产需求。

重视科技创新　增强市场竞争优势

冶炼厂投产至今，虽已达到日处理金精矿 100 吨的生产能力，但仍然存在技术落后、技术指标较差、工序不相配套、工艺流程控制不稳定等问题，与先进的冶炼企业相比，还有一定的差距。在这种情况下，李杰锡深知，科技是第一生产力，当今市场的竞争，实质上是人才和技术的竞争，是经济实力的抗衡。要在当今竞争日趋激烈的市场中立于不败之地，就必须坚持走科技兴厂之路。因此，他把科技进步作为企业腾飞的翅膀，把着眼点放在技术创新和技术改造上，不断增加科技含量。

广纳人才，夯实企业发展基础。在人才方面，李杰锡坚持走“聚才、育才、惜才”之路。一方面采取内部培训，与大专院校联合，请进来、送出去等方式，对职工进行全面的文化和技能培训。每年都邀请专家到企业讲课，不断提高职工素质，为企业长远发展提供人才资源。另一方面，通过各种方式重金招聘引进人才，让科技人才、技术项目直接与企业接触，强化企业的吸引力，达到“聚才”目的。多年来，先后招聘各类专业人才26名。他还积极创造条件，支持各类人才的工作，虚心听取意见和建议，让科技人才的价值得到尊重和体现。在收入和工资分配上向科技人才倾斜，科研人员与一线工人、管理人员拉开档次；在生活待遇上向科技人才倾斜，积极帮助他们排忧解难，解除后顾之忧，使他们全身心投入工作；在提拔使用上向科技人才倾斜，任人唯贤，不拘一格重用有能力、有作为的人才，让其担任企业有关领导或科技带头人。近年来，通过民主评议、公开答辩，聘任了15名有真才实学的科技人员，让其担任了副厂长、车间主任、科长等领导职务，使其充分发挥自己的才能。

完善科技进步奖励制度，激发创新热情。在反复研究讨论的基础上，李杰锡组织制定了《科技进步奖励条例》和技术创新管理制度，每年都要评选科技进步奖，召开科技表彰大会，对年内做出突出贡献的科技人员予以重奖，为科技创新工作创造了良好的政策环境。

带头科技攻关，取得丰硕成果。多年来，李杰锡针对工艺流程中存在的问题，不断进行技术改造。他多次跑书店、图书馆，翻阅了大量的科技资料，还到高校或行业先进企业请专家进行指导，并组织专业技术人员共同研讨论证，先后对磨矿流程、洗涤流程、浸出流程、金泥冶炼流程等进行了优化改造，理顺了工艺流程，使回收率由原来的93%提高到95%。他根据技术改造完成的项目“氰化金泥预先焙烧预处理·全湿法金属冶炼工艺研究与应用”和“两步沉淀法净化贫液工艺研究与应用”，分别获得国家经济贸易委员会科技进步二等奖、三等奖。为了更好开发和利用回收氰化尾矿的有价金属和材料，他多次跑北京，进行“攀亲联姻”，经过积极努力，终于与清华大学签定了联合进行催化氧化法处理金精矿及氰渣试验研究的技术协议，实现了试验研究及工业试验的新突破，使金的回收率由95%提高到99%，并可获得价格较高的非金副产品。“金精矿及浸渣综合回收与利用”项目已申请了国家专利。这个项目的投产与应用，成为冶炼厂一个新的经济增长点，成为解决环境污染问题，造福子孙后代的千秋之业。

抛洒一片情和爱　卓越品格聚人心

多年来的企业生活使李杰锡体会到，职工对企业的向心力和凝聚力，是企业迅速发展的源泉和动力。他坚持以“情”治厂，心里始终装着职工，把职工当亲人，时刻把职工的冷暖挂在心上，关心职工的疾苦，倾听群众的呼声，诚心诚意为职工办实事、办好事，以崇高的人格和魅力赢得了职工的衷心拥戴。工作中，他一直坚持走访制度，通过走访及时了解职工的思想、生活情况，帮助职工解决实际困难，把组织的温暖及时送到职工的心坎上。同时，他还十分注意丰富职工的业余文化生活，经常组织举办体育运动会、文艺晚会、书画比赛、棋类比赛、演讲比赛等各种有益的文体活动，使广大职工树立正确人生观、价值观。尤其是逢年过节，对不能回家的职工和值班人员，他都给准备丰盛的饭菜，与职工一起过节，使职工充分体验到企业大家庭的温暖和欢乐。冶炼厂处处充满着领导与群众的和谐，民主与纪律的统一，充满着尊重与信任，你我他心心相融。他对职工的尊重、关心、爱护使全体职工知足满意，这又转化为工作上的巨大动力。广大职工关心企业，以厂为家，积极为企业的发展献计出力。

“公生明，廉生威。”李杰锡在职工中有很高的威望，这威望来自他的党性，来自他的无私奉献和一身浩然正气，来自他的人格和魅力。他办事讲原则，在生活上从不搞特殊。他常说：“己不正，焉能正人。”堂堂正正是他的做人准则，父辈的诚实、正直、勤劳就在他的心里扎下了根。多年来，李杰锡为职工办了许多好事，一些职工为了感谢给他送来了各种礼物，或请他吃顿饭表达一下心情，他都耐心说服，婉言谢绝。在金钱面前，在黄金行业面前，他始终保持清醒的头脑，始终不忘自己是一名共产党员，坚持做到请客不到，送礼不要，两袖清风，一身正气，为干部职工树立了良好形象。黄金冶炼厂的迅速崛起，是全厂干部职工拼出来的，是用心血换来的。其中，带头人李杰锡承受了常人难以承受的压力，付出了常人难以付出的代价。厂里不管发生什么事情，出现什么困难，他总是身先士卒，哪里有困难就出现在哪里，哪里有危险就冲锋在哪里，带领大家共渡难关。1996 年 8 月 30 日，那时他还是大柳行金矿副矿长，由于连降暴雨，庄官矿区 1 号井突发险情，井下水位迅速上涨，仅差 10 厘米就要淹没配电盘，矿井面临报废的严峻威胁。李杰锡不顾个人安危，率先跳入井中指挥抢险。在他的感召下，其他工人纷纷跳入水中，他们在井下连续奋战了 20 多个小时，终于筑起了一道坚固的隔离带，矿井保住了，而李杰锡和抢险队员们却累倒了……像这样的事情举不胜举。令工人们最难忘的是他拖着伤残的腿，拄着拐到厂里上班的场面。那是1998年的一天,李杰锡在到蓬莱开会的途中不幸被别人的车撞了,造成右小腿粉碎性骨折,仅住了两个月的院,病情刚有好转,医生要求他再住院观察一段时间,可他不顾医生的劝说,拄着拐杖,拖着未痊愈的腿来到厂里上班,并且还到车间各岗位检查工作。当职工看到这种情景时,都感动地劝他说:“李厂长,为了咱们的厂子和我们职工,你要多注意保重身体啊!”

人非草木,孰能无情。李杰锡不仅是个有魄力的厂长,更是个有情有义,守忠尽孝的男子汉。他孝敬老人,爱妻子,爱孩子。可是自担任厂长以来,他顾不了这个家,强烈的事业心,使他把对家庭的满腔热情压在心底,全身心倾注到企业上。

父母生病住院,他不能在病榻前尽一份孝心。妻子体弱多病,却还要操持家务,照料父母和孩子。有时病重住院,身挂吊针,多么希望丈夫能陪伴在她身边啊!可是她懂得,冶炼厂更需要他,她理解丈夫的事业,她知道男人的真正价值是靠事业靠工作去实现的。而李杰锡也自知愧对妻子,每谈及家庭,他总会十分动情地说:“男人成功的一半是女人。”是的,他不是一个好儿子、好丈夫、好爸爸,他欠了父母、妻子、儿子许许多多。他就是这样,在处理集体与个人、事业与家庭关系的时候,心中的砝码总是无条件地倾向企业、职工、事业这一边。有多少个节假日他不能与亲朋好友相聚,有多少个日夜他不能同亲人共享天伦之乐。他就是这样,热爱自己的企业,热爱自己的岗位,每年将成吨的黄金奉献给祖国,把青春年华奉献给黄金事业,把情和爱奉献给职工。这是一种多么卓越的品德,又是一种多么崇高的情操啊!

多年来,李杰锡犹如一头负重的“老黄牛”,沿着漫长的黄金之路,披荆斩棘,勇往直前,他创造了辉煌的业绩,留下了一串串闪亮的足迹。1997年、1998年,被山东省黄金工业局授予全省黄金系统环境保护先进工作者称号;1999年4月,被山东省黄金工业局记三等功;2000年3月,被山东省黄金工业局、山东省劳动和社会保障厅授予1999年度全省黄金系统安全生产先进工作者称号;2000年9月,被中共烟台市委组织部、烟台市人事局、烟台市科学技术委员会、烟台市财政局联合授予烟台市学科(技术)带头人称号;2000年12月,被中共烟台市委、烟台市人民政府授予烟台市2001～2004年度专业技术拔尖人才称号;2003年6月,被中共蓬莱市委授予优秀共产党员称号;2004年12月,被烟台市总工会授予烟台市“五一”劳动奖章;2004年12月,被烟台市总工会、烟台晚报授予烟台市“许振超”知识型职工称号;2005年4月,被中共蓬莱市委、蓬莱市人民政府授予蓬莱市劳动模范称号;

2008 年1 月，中共蓬莱市委、蓬莱市人民政府给予嘉奖奖励；2008 年 6 月，被中共蓬莱市委授予蓬莱市优秀共产党员称号；2009 年 1 月，中共蓬莱市委、蓬莱市人民政府给予嘉奖奖励；2011 年 11 月，被授予“十一五”期间黄金行业劳动模范称号；2014 年 2 月，被人力资源和社会保障部、中国有色金属工业协会、中国黄金协会授予全国黄金行业劳动模范称号。

周子敬

周子敬，男，汉族，1969 年 5 月生，内蒙古自治区赤峰市人。1998 年 8 月加入中国共产党，大学文化，高级工程师。1994 年 7 月，在蓬莱市黑岚沟金矿参加工作，历任技术员、分矿技术负责人、找矿办公室主任、采矿车间主任等职；2002 年 1 月，任山东金创股份有限公司常务副总经理、总经理。2006 年，获"十五"期间中国黄金行业科技先进工作者荣誉称号；2007 年 5 月 1 日，荣获山东省"富民兴鲁"劳动奖章；2009 年，被授予烟台市安全生产先进个人称号；2011 年，被授予"十一五"期间黄金行业劳动模范称号；2014 年，被人力资源和社会保障部、中国有色金属工业协会、中国黄金协会授予全国黄金行业劳动模范称号。

模范事迹

周子敬同志先后担任地质技术员、分矿生产技术负责人、公司找矿办公室主任、采矿车间主任等职务。一方面，周子敬坚持地质专业理论知识学习，通过多种渠道收集专业书，认真研读，同时向来矿山进行地质科研工作的各地质科研院所和大中专地质院校的老教授、地质专家请教专业方面的理论知识，开阔自己的视野，丰富专业知识，为从事地质找矿工作奠定了理论基础；另一方面，他在黑岚沟金矿各个矿区从事矿山地质技术工作过程中，每天深入生产现场，对井下工程进行认真细致的观察、编录，多方面收集整理第一手地质资料，认真钻研各矿区的地质成矿规律和矿体赋存状态，总结出各矿区的矿体变化规律，合理安排井下坑道和地表钻探工程，建立了该地区金矿找矿模式，有效指导了全矿地质找矿工作。十几年来，为公司新探获黄金地质储量：矿石 400 万吨。先后提交了《蓬莱市黑岚沟金矿区石皮山矿段详查地质报告》《蓬莱市黑岚沟金矿区黑金顶矿段详查地质报告》等多个勘查报告，稳定了公司黄金生产，延长了矿山服务年限。

随着矿山探采工作的进行，地质找矿工作逐步转向矿区的深部和外围，这增加了找矿工作的难度和风险性。为了提高探矿工作的效率和效益，周子敬提出了与国内的大中专地质院校、地质科研部门联合开展矿区地质科研工作思路，真正弄清楚矿区的成矿地质特征和矿化富集规律，对矿区深部及外围的矿体进行定位预测，以提高找矿准确性。公司先后与天津地质研究院、沈阳黄金学院、长春科技大学、中国科学院地球物理研究所等单位完成了“山东蓬莱黑岚沟金矿床的矿床成因及成矿预测”“山东蓬莱黑岚沟金矿床明金成因、赋存规律与定位成矿预测”“蓬莱地区金矿床地质及成矿预测”“蓬莱黑岚沟—齐家沟金矿床成矿模式及矿化富集标志”“蓬莱市黑岚沟金矿床地球物理特征及深部成矿预测”等地质科研项目，大大丰富了蓬莱地区的金矿成矿理论，对该地区乃至周边地区的金矿找矿工作起到了很大指导作用。尤其是与保定地球物理勘查研究院合作开展的“山东蓬莱黑岚沟金矿区深部盲矿体赋存的构造叠加晕模式研究及定位预测”项目研究，在黑岚沟矿区和齐沟矿区深部提供了10多个找矿靶区，预测30多吨的黄金储量，目前已有20多吨储量得到工程验证。

2002年初，周子敬被任命为公司副总经理，分管公司矿山安全技术工作。他充分利用专业技术知识和多年在生产一线的工作经验，严抓管理，狠抓技术革新，和技术人员一样下矿井、查隐患、堵漏洞，及时掌握生产动态和井下资源等情况，及时调整生产布局，使矿山生产走上了持续、稳定的发展道路。2007～2009年，公司共生产黄金183343两，产值104080万元，实现利税42571万元，利润40523万元，为蓬莱经济和社会发展做出了突出贡献。公司各矿山采矿回采率98%以上，贫化率13%以下，选矿回收率97%以上，各项生产技术指标都位于全国黄金矿山前列，处于全国领先水平。

作为主管矿山生产技术的领导者和决策者，面对技术难题和许多诸如采矿、选矿等方面的问题，周子敬虽然在书本里对这些方面理论知识学得不多，但依靠多年在矿山工作的经验，认真学习，不断地摸索，积极思考研究，破解了一道道难题。

他带领有关人员一起，开展了“黑岚沟金矿重选工艺研究”项目，对选矿的重选工艺流程进行了技术改造，使矿石中粒度达到0.1毫米的颗粒金都能够通过摇床选出，使选矿重选回收率提高近10个百分点，仅此一项，每年可为矿山增加效益600多万元。

在管理生产的同时，他还积极进行专业理论方面的研究和探索。2005年，主持完成的“山东蓬莱黑岚沟金矿区深部盲矿体赋存的构造叠加晕模式研究及定位预测”科研项目获2004年度中国黄金协会科学技术进步一等奖。

在安全管理方面，周子敬利用长期以来掌握的有关矿山井下安全生产管理、矿山机械设备管理等方面知识，对国家和地方的矿山安全法律法规都进行了认真地研读，始终坚持矿山生产"安全第一，预防为主"方针。同时，结合本矿的实际情况，完善了矿山各项工种安全生产责任制、操作规程、主要设备的安全性能指标，形成了一整套管理制度和考核机制，开展了全面抓好安全生产管理等各项活动，调动了全体干部职工的积极性和创造性，为矿山的安全生产提供了保障。

周子敬同志献身黄金矿山事业，十年如一日，开拓进取，积极拼搏，刻苦钻研业务技术，取得了骄人的成绩，为矿山的生产发展做出了突出贡献。多次获得公司先进工作者、劳动模范及蓬莱市劳动模范等荣誉称号。

李海锋

李海锋，男，汉族，1961 年生，蓬莱村里集镇古城李家村人。大专学历，现任蓬莱八仙过海旅游有限公司董事长、山东省坤河旅游开发有限公司董事长，山东省政协委员，山东省私营企业协会副会长、烟台市工商业联合会副会长、蓬莱市旅游餐饮业商会会长。李海锋先后荣获中国旅游产业最高荣誉飞马奖、2019 年中国文旅年度风云人物、2016 全国旅游系统劳动模范、2015 年度旅游风云人物、2014 年中国旅游产业影响力十大领军人物、全面建设小康社会先进个人、山东省优秀中国特色社会主义事业建设者、“民企帮村”推进社会主义新农村建设活动先进个人等几十项省级以上荣誉。

模范事迹

从 1984 年蓬莱古城饭店开始，李海锋就踏上了“实干创业”的雄伟征途，经过几十年艰苦奋斗、苦心经营，实现了从无到有，从小到大，从弱到强。1992 年，邓小平同志的南方谈话掀起了第二次改革浪潮，为全国各个行业的发展带来了新的契机。当时蓬莱的高档饭店和宾馆还很少，与迅速发展的旅游业不相适应。李海锋在前期积累资金的基础上，不断扩大自己的经营规模，筹建起集餐饮、住宿、美容美发、健身娱乐等于一体的综合性服务实体——开发宾馆，注册资金 500 万元，从业人员 50 人。1995 年，在对开发宾馆经营管理、积累经验的基础上，他又投资 2000 万元，建起了面积 6000 平方米的锋静园饭店，并以三星级宾馆的标准进行装修，增设了金饰店、书画苑、商务中心等，使其服务功能进一步得到增强。1997 年，他又根据蓬莱市委、市政府《关于加快发展个体私营经济的意见》中“发展个体私营经济与发展旅游业结合起来”的条文精神，以承租的形式对蓬莱阁以东的海水浴场进行开发经营，开设了水上飞机、游艇、帆板、摩托车、水上自行车等旅游项目，丰富了蓬莱的旅游资源。

自 2000 年成功盘活蓬莱八仙过海景区后，企业步入发展快车道。李海锋把文化与旅游融合起来，在发展中坚持“文化传承创新”，创造出“旅游集群”运营模式，铸造中国文化旅游“航母”。

天人合一，宛若天成，是李海锋打造文化旅游的最高原则。在蓬莱滨海湾畔，八仙过海景区宛如一只硕大无比的宝葫芦，横卧在海面上。这里是以八仙文化和道教思想为主题的海上园林，三面环海，一面路连，宛若渤海之滨的一颗璀璨明珠。厚重深远的文化是旅游的出发点和归结点，旅游项目的开发实际上就是对文化的挖掘弘扬。为打磨三仙山风景区，李海锋先后七次北上、八次南下考察。还专门邀请了著名的国学大师季羡林、文怀沙，香港大学饶宗颐，清华大学刘桂生、赵炳时，复旦大学杨正泰，中国工程院院士张锦秋，红学泰斗冯其庸等一大批专家学者为三仙山的建设出谋划策，并从全国调集 2000 多名能工巧匠，经过 3 年的艰苦努力完成了三仙山风景区这一匠心力作。每一项旅游产品都被赋予不同的文化内涵。李海锋在项目规划建设中，邀请中国工程院院士和北京大学、清华大学、复旦大学、天津大学等国内外一流大学的专家学者组成策划团队，从历史、文化、天文、地理、山川、地方文脉等方面全方位研究确定景区的规划设计，做到景区与周边地域融合发展，合理开发永续利用。他先后聘请梁思成再传弟子、清华大学建筑学院博士生导师、建筑历史与文化建筑保护研究所所长王贵祥，莫斯科建筑学院教授、俄罗斯东北联邦大学工程技术学院建筑所所长玛丽安娜等 40 多名国内外顶级专家，成立公司“智库”“外脑”，组建创新研发团队，以旅游创新为先导、以产业创新为主流、以生态和谐绿色环保为目标，搭建最强劲、最前卫的创新研发永续发展平台。多年来，公司景区年接待游客近千万人次，先后荣获国家文化产业示范基地、全国科普教育基地等荣誉。

李海锋并不止步于现有的成绩。2011 年，结合旅游市场形势的变化，确立“转方式，调结构”的企业革新方向，重新调整企业发展方向与工作重心，在山东蓬莱与德州齐河投资近 120 亿元开发“蓬莱旅游休闲服务中心”与“黄河生态文化旅游大观园”项目，其中包括两个超五星级酒店、两个国内一流的游乐园以及水上乐园、齐晏古城、温泉度假中心等多个板块，致力于资源整合与优势互补，积极推动山东省“旅游强省”目标的实现。2011 年，泉城欧乐堡海洋极地世界开业；2011 年，投资打造中国一流游乐园——泉城欧乐堡梦幻世界；2017 年，泉城欧乐堡水上世界开业；2020 年，泉城欧乐堡动物王国开业；齐河温泉度假村已完成主体建设，2022 年 3 月已开始装修。在德州齐河旅游集群中，他正打造最具挑战的项目——齐河博物馆群，20 个博物馆传承优秀传统文化，在黄河之滨树立一座文化丰碑。

完成省内战略布局后，2016 年，李海锋南下开拓省外版图，投资建设福建福州欧乐堡度假区、福建泉州八仙过海度假区、江苏徐州欧乐堡度假区，其中福州欧乐堡海洋世界于2018年10月开业，福州欧乐堡水上乐园于2019年暑期开业，福州欧乐堡海洋科普主题酒店于2020年1月开业，福建省泉州八仙过海欢乐水世界于2020年7月开业，泉州八仙过海水上酒店于2021年1月开业；泉州八仙过海度假区其他项目以及徐州欧乐堡度假区正在建设中。至此，八仙过海旅游集团已发展成为布局全国的旅游“航母”，成为中国旅游业发展的新标杆。

李海峰投身文化旅游业，以传承、弘扬中华民族优秀传统文化为己任，以发展、壮大文化旅游产业为目标，乘全国旅游大发展的东风，充分研究、挖掘地域文化资源，挺起地方文化的脊梁，为新时代打造传世精品工程，探索、归纳出“文化是旅游的灵魂，旅游是文化的土壤”这一著名论断，以文化内涵设计、塑造、营销管理项目，走出了一条靠文化引领旅游发展的新路子，成功打造了国家AAAAA级旅游景区——蓬莱三仙山·八仙过海景区，国家AAAA级景区——蓬莱海洋极地世界、泉城海洋极地世界。在企业发展初具规模的同时，以“八仙过海”品牌战略为核心，完善旅游服务体系，提升企业核心竞争力和市场占有率，建设了五星级标准的三仙山大酒店、三星级酒店蓬莱阁宾馆以及三仙山温泉俱乐部等多项配套服务设施，将八仙过海旅游有限公司发展成为集旅游观光、休闲度假、餐饮娱乐于一体的综合性旅游集团。

李海锋打造的旅游航母，为无数家庭带来了快乐和温馨的幸福时光。创业至今，他始终专注旅游业，不盲目扩张、不跨界，随着全国各地旅游项目的逐渐完成，他想把阵地转回蓬莱，为家乡做点事。

“反哺社会，回报桑梓”是李海锋坚持履行的社会责任。他始终牢记没有改革开放，就没有企业今天的硕果，不忘初心，回报社会，主动承担社会责任，不仅要做旅游战线的先锋，更要做回报社会的先锋。

多年来他积极利用企业聚集的人才、资金、信息、资源等优势反哺社会、帮扶农村。2005～2012年，先后投资1000多万元帮助蓬莱市村里集镇古城李家村，登州街道遇驾沟村、韩家疃村，紫荆山街道拦驾疃村、张赵村脱贫致富，为村民硬化路面、通自来水、资助养殖等。在抹直口社区为渔家乐管理与发展注入科学活力，促进渔家乐旅游模式的长远发展，提升农村社区自主“造血”能力，家庭旅馆由过去的4家发展到现在的90多家，床位增加到1000多个，特色饭店由5家发展到28家，社区旅游年综合收入由100多万元增加到500多万元。

敬老爱幼，李海锋一直走在前列。他承担了沂蒙山区80个贫困儿童一至五年级的全部学习费用，多年来累计资助现金数十万元；1994年以来，每年助残日到聋哑学校捐款捐物,组织聋哑儿童免费游览景区。27年间,他为紫荆山敬老院建浴池,添置锅炉、电视机、影碟机,提供牛奶、棉衣、羽绒服等,每逢老人节和小年,携带礼品陪老人一起过节。每年还赠送驻地部队景区门票近万张,不定期组织驻地官兵免费游览景区;在招聘工作中优先录用退伍、转业军人,利用企业资源优势协助地方政府完成安置工作,重大节假日公司领导携艺术团走访慰问部队官兵,举办"军民鱼水情"联欢晚会。公司先后安排下岗职工、当地剩余劳动力、边远落后地区劳动力1500多名,为全体职工办理"三保"手续。公司成立了党支部、共青团、工会等组织,设立了职工俱乐部,实行免费午餐,为职工过生日,救济困难职工,补贴伤、病、残职工,为退休职工办理退休手续等。他为社会优抚对象免票近2亿元,赢得社会各界广泛赞誉。被中国公益总会评为公益爱心企业,荣获2011山东民营企业公益之星、"三百工程"企业反哺兴村标兵单位,董事长李海锋当选为"民企帮村"推进社会主义新农村建设活动先进个人。

李海锋以"仙"为媒,打造中国文化旅游"航母",领航全国,个人荣获中国旅游产业杰出贡献奖飞马奖、中国旅游系统劳动模范、中国旅游产业影响力十大领军人物等众多荣誉。"航母"起航,李海锋正带领集团,继续乘风破浪驶向更加美好的明天。

付景兵

付景兵，男，汉族，1968 年 2 月生，蓬莱小门家镇岳家圈村人，中国共产党党员。自 2007 年 11 月，先后担任岳家圈村委会主任、党支部书记，蓬莱源翔种植专业合作社理事长和蓬莱小门家冷风库协会副会长。他建立的源翔种植专业合作社，在多年中发展辐射周围 18 个村庄，让农民以土地入股，带领乡亲们实现了共同致富。2018 年，被山东省人民政府授予劳动模范称号。

模范事迹

付景兵是蓬莱源翔种植专业合作社理事长和蓬莱小门家冷风库协会副会长，并任小门家镇岳家圈村党支部书记兼村委会主任。

早在十几年前，付景兵就已经通过经商发家致富，但他不忘生他养他的岳家圈村，把对父老乡亲的满腔挚爱化作动力，热心公益事业，经常以感恩的心回报社会。相继投资 30 万元，为村里建跨河桥一座，购置 0.5 万元的演出器材捐赠给村集体。2007 年，被推选为村党支部书记、村委会主任后，当众宣布自己当干部不拿工资，要掏腰包建设新农村，两年村里不变样自动辞职。

岳家圈村 240 户，670 口人，耕地面积 800 亩。过去村里脏乱差，集体欠外债 80 多万元，是个出了名的后进村。面对这个烂摊子，付景兵迎难而上。2007 年 11 月上任后，个人拿出 30 多万资金并投入自家车辆进行村庄基础设施改造。他首先从村民最急迫解决的村路和用水入手，出资 6 万多元，雇车辆昼夜施工 1 个月，搬运土石 20 万方，把全长 1.2 万米的 6 条山路全部拓宽整修一遍，安装 40 多盏路灯，如今连轿车也能在山上飞驰。村级自来水是很多年前安装的，管道老化，一直瘫痪；村外果园农民浇地，需要拉机器、拉电、拉管子，费时费力。付景兵投入 13 万元，连续奋战 20 多天，带领群众打机井、筑拦河坝，对自来水和小农水进行改造，共铺设管道 1 万多米，现在群众吃上了自来水，农业用水只需拿着工具到地头看管水流就可以了，既节约了水源，工作效率也得到很大提高。2008年秋天，一条1.2万米的进山公路连起了岳家圈村家家户户的果园，当年实现人均增收。在村容村貌不断改善、村民荣誉感不断增强的同时，付景兵还想方设法带领村民增收致富，帮助村民们更新果树苗木以及相关生产设施。付景兵还着手改善村民福利待遇，成立助学基金。用自己的工资奖金6900元带头成立了岳家圈村助学基金，基金来源主要是镇政府发的奖金和社会上的资助，当年考上大学的学生，由村助学基金奖励500～1000元；对家境困难的大学生，助学基金免费资助其到大学毕业，彻底赢得了民心。

2012年，以蓬莱市“美丽乡村”创建为契机，村里决定彻彻底底改变落后的村庄面貌。面对实际困难，付景兵没有退却，带头挨家挨户做思想工作，采取党员干部带头、异地重建安置的办法，引导群众对违章建筑进行拆除，累计拆除违章建筑80多处。在美丽乡村创建过程中，走出了一条靠支部带动、制度促动、群众推动的创建之路。为维护村庄环境，制定了“门前三包”、垃圾清理、村庄维护制度，保证了美丽乡村美得持久、美得长远。一是发动群众，大力开展环境整治。投资100多万元全面开展村庄环境卫生综合整治工程，并对10余处养殖场进行统一拆除搬迁，全力打造“布局合理、管理规范、生活方便、环境整洁”的人居环境。二是加大投入，全面完善基础设施。总投资300万元，重点对村内道路进行硬化、绿化、亮化、美化，建设村民文化活动场所，进一步完善基础设施，方便村民生产生活。在村东黄水河边建设5000平方米的休闲公园一处，配套健身器材，方便村民休闲健身和开展文化演出活动。三是多措并举，倾力发展村庄经济。依托该村良好的生态环境和优美的自然风光，大力开发荒山资源，重点是通过村企共建，引进资金，发展休闲农业、乡村旅游产业，为游客提供采摘、垂钓、农事体验等多种休闲服务，延伸农业产业链条，拓展增收渠道，促进富民强村。

村庄的变化需要好的管理模式和坚强的干部队伍，岳家圈村党支部始终把党员干部队伍建设放在首位，坚持落实“三会一课”制度，付景兵同志坚持每季度上一次党课，带领党员志愿服务队开展“党员活动日”等活动，激发干部干事创业的热情和党员队伍的生机活力。

付景兵积极响应政府中心工作，发挥党支部书记带头作用，带领村“两委”干部走出去，参观学习，开阔视野，将学习的先进方法理念带回，并依托源翔种植专业合作社带领乡亲们共同致富，建设家乡。

一是从源头把控成本。以合作社的名义跟大厂家合作，直接订购农药、化肥等农资产品，越过零售经销商避免层层抽利，实现了把成本压到最低。雇佣大型机械统一给合作社成员耕地，减轻农民负担，缩减了投入成本。广泛使用有机肥，让源翔的水果向有机、无公害靠拢，进一步赢得市场，增加种植户的收入。

二是加强对种植户进行定期的技术培训。合作社每年都聘请专家对果农进行技术指导，从以前的技术、质量不平衡转变成现在的技术、标准、质量统一，现在的苹果跟葡萄在合作社成员中分不出好坏，只有一个标准——源翔标准。付景兵同志常说的一句话是"技术好了，质量就好了，质量好了，价格就上去了。不用去比较别人卖多少钱，批发商的眼睛比咱毒，好果卖好价"。合作社经常带领社员出去考察，哪里有新品种、哪里有好技术他们就到哪里去。合作社成员每次出去考察完都会集中开一个代表会，每一个人都要发言，说说自己的感想、意见，然后统一讨论合作社今后的路子怎么走。2014 年合作社成立以来，共请各类果木专家培训 46 次，平均每月 1 次。参训种植户达到 5200 多人次，推广果树新品种 66 个、新栽培方法 40 多例，实现了果木种植的与时俱进。

三是全面开拓果品销路。为方便果农存储苹果、葡萄，解决销路问题，付景兵同志自筹资金建了一个 1 万吨的冷库，冷库对全体合作社成员开放且收费很低。2016 年，他又将个人冷库并入合作社，为合作社带来了更多的收益。在开拓销路方面，付景兵同志用自己多年在社会上积累的人脉和名声，吸引了一大批苹果、葡萄收购商，帮助合作社成员销售苹果、葡萄。由于注重质量，讲求信誉，源翔合作社水果的走货快、销路广、价格高，帮助种植户解决了卖果难问题。2017 年年初，他又将目光放在了国外市场，经过半年的努力终于拓展了东南亚市场，现在他的目标是拓展高标准的欧洲市场。

四是借助新平台发挥好合作社优势。电商行业的蓬勃发展冲击着传统行业，也为合作社产品走向更大的市场提供了新的契机。付景兵同志虽然对互联网不太了解，但是作为农村能人的他敏锐地发现了电商平台，经过不懈努力将电商引入了合作社，聘请了专业人士负责电商运营。目前电商平台运作良好，年销售果品 500 吨。源翔种植专业合作社在他的带领下目前已有长足发展，年产优质苹果 1.8 万吨，其中 1.2 万吨销售给苹果收购商，3000 吨供应大型商超，3000 吨供应东南亚市场，社员户均年收入增加 2 万余元，同时带动了周边乡村果品的发展。为带领群众精准脱贫共奔小康做出了积极贡献。

如今，岳家圈已经由一个欠债 80 万元的穷村变成了远近闻名的美丽乡村。至于付景兵自己，他认为虽然为村里操心出力还垫上了不少钱，但是心里觉得欣慰。他常说："我虽然当个芝麻大的官，但只要乡亲们能过上好日子，我吃再多苦，受再多累，也是心甘情愿。”

付景兵同志带领村庄先后获得烟台市农村社区建设先进单位、烟台市党员干部现代远程教育示范站点、山东省生态文明村（社区）、省级卫生村、山东省计划生育群众自治示范村居、烟台老年体育先进单位、山东省旅游特色村、国家级美丽乡村示范点等荣誉称号，个人先后获得烟台市带富兴村先锋共产党员、“烟台慈善奖”最具爱心慈善捐赠个人、烟台市劳动模范等荣誉称号。

孙宪法

孙宪法，男，汉族，1971 年 5 月生，蓬莱新港街道大皂孙家人。蓬莱民和生物董事长，研究生学历，生物高级工程师，长期致力于健康养殖工艺、养殖废弃物资源化利用的研究，获得山东省科学技术奖 1 项，申请实用新型专利 3 项。2011 年 12 月，荣获山东省人民政府山东省科技进步奖；2012 年 5 月，荣获山东省总工会"富民兴鲁"劳动奖章；2015 年 7 月，荣获烟台市人民政府烟台市有突出贡献中青年专家称号；2015 年 12 月，荣获山东省肉类协会山东省肉类食品行业食安卫士称号；2016 年 9 月，荣获山东省循环经济促进会、山东广播电视台齐鲁网山东循环经济领军人物称号；2017 年 12 月，荣获山东省总工会山东省推行协商民主强化社会责任优秀个人称号。2018 年，被山东省人民政府授予劳动模范称号。

模范事迹

历练，风雨过后有彩虹

1993 年，22 岁的孙宪法大学毕业，他抵住种种诱惑，毅然从北京回到蓬莱，来到城西赤山脚下父辈创办的农业部山东蓬莱良种肉鸡示范场，开始了自己的人生新征程。

为了得到全面历练，他放弃在科室里坐班，从最基层做起。在养鸡场，从种鸡育雏到育成再到产蛋，每个岗位他都全力以赴。无论在哪里，都低调做人，和职工打成一片，身上没有一点总经理儿子的派头和架子。

当时的养鸡场全是人工操作，出于防疫要求，每班工人必须连续工作两个星期，期间不许走出场区，孙宪法严格遵守，不搞半点特殊。对清理鸡粪、烧锅炉、运饲料等脏活累活，样样干在前面。一段时间后，职工们才知道眼前这位吃苦耐劳的帅小伙是"老板"的儿子。

1995 年，孙宪法被派到新建的冷藏厂担任办公室主任。虽然当上了中层干部，在做好本职工作的同时，他却一有空就往车间跑，自动化生产线的每个工序都有他的身影，切实做到对每一个流程都了如指掌。之后，他又相继分管过供应、销售和生产。1997年企业改制，山东民和牧业有限责任公司成立，冷藏厂改为蓬莱民和食品公司，经过各个岗位锻炼的孙宪法挑起了食品公司经理的重担。

开始独当一面后，孙宪法深感责任重大，在抓好日常管理的同时，紧紧围绕民和公司总体发展目标来审视食品公司的发展方向。他发现，随着公司养殖规模的不断扩大，现有的宰杀能力远远不能满足需要。为此，他多次考察国内外肉鸡市场情况，了解世界最先进的加工设备。通过考察，他了解到国外，尤其是日本肉鸡产品市场前景广阔，虽然质量要求很高，但价格上也极为可观。于是，他果断提出“创优质产品，塑百年品牌”的口号，大力推行品牌战略。围绕打造优质品牌，他积极向总公司建议提高产品质量标准，扩大加工规模，“以一流的设备、一流的员工，生产一流的产品”，总公司经过考察论证，采纳了他的建议，并授权他全面负责这一创优工程。

如鱼得水的孙宪法运用现代企业运作模式，通过内引外联与美国一家公司合资联营，成立了民和子公司——蓬莱民和食品有限公司。为从源头上保证产品质量，公司引进了当时世界最先进的荷兰施托克(STORK)公司肉鸡宰杀设备，每小时可宰杀6000只鸡。其他辅助设备也全是世界最先进的:片冰机是法国的，自动升降门是瑞典的，制冷系统是英国的，就连加工车间的地面都是采用德国的环氧树脂做成。被人称为“设备联合国”，创造了国内行业的典范。

在引进一流设备的同时，孙宪法从长远着想，选送一线工人去响应国家进行对口技术学习和培训，并坚持至今，使国外企业流行的“在使用中维护”的操作理念成为民和员工的自觉行动。高素质的员工队伍有效保证了一流设备的高效运转，当年的生产线至今仍在满负荷运行。

超凡的理念收获着累累硕果。高品质的产品在国外市场一炮打响，先后在日本、斯洛伐克等国家获得产品进入免检，年出口额达500多万美元。民和公司鸡肉产品也以高质量通过了中国绿色食品认证，先后获得中国国际农业博览会名牌产品、中国放心食品品牌、山东省著名商标、山东名牌等荣誉。

品牌战略的首战告捷，孙宪法深深感受到先进理念对于企业管理的重要性。在紧张工作之余，2000年，他又参加了新加坡华夏管理学院EMBA学习，全面提高自己的知识水平和管理水平，三年后取得硕士学位。

2003年非典的肆虐，2004年、2005年禽流感的横行，使整个畜牧行业危机重重，禽类产品出口严重受阻。孙宪法处变不惊，沉着应对。他审时度势，果断地采取两大措施:一是缩减产量，加大库存，密切注意新闻导向，捕捉销售良机，待疫情稍一好转，立即抢占先机，倾力占领市场；二是加大国内市场开发，通过重点培育集团客户，大力推行团体消费等方式，及时将销售重点调整到国内来，迅速在全国 20 多个省市和港澳地区打开市场，并与双汇、龙大、肯德基等 20 多家大型知名食品企业结成紧密合作伙伴。2006 年，产品销售步入正轨，且发展势头越来越好，助推民和一步一个脚印登上全国肉鸡行业第一把交椅，成为全国肉种鸡行业的第一品牌。2008 年 5 月 16 日，民和公司在深圳证券交易所成功上市，成为全国肉种鸡养殖行业首家上市公司。

跨越，必须要敢为天下先

2010 年 3 月 1 日，对孙宪法来说是一个十分值得纪念的日子。这一天，年仅 39 岁的他成为亚洲最大的肉种鸡生产企业的副董事长、总经理。

接过重担的那一刻，孙宪法的眼睛湿润了。令他动情的不是上任的喜悦，而是肩上的责任。他忘不了父辈创业的艰辛，忘不了几千名员工劳碌的身影，忘不了几万家养殖户和几万名股民渴望的眼神。“一定要让民和更加光大！”他暗暗发誓。

血管里流淌着的父辈基因，头脑里积累的新知识、新理念，不时地在孙宪法心中碰撞出一个个火花。而这一个个闪闪发亮的火花，便不时化作民和事业中的一个个辉煌。

在赤山南麓一个人烟稀少的山谷中，有一片占地 1.1 万平方米的崭新厂房，四周的绿荫和鲜花给人一种误入桃花源的感觉。这就是孙宪法担任总经理后新上的第一个大项目——民和股份有限公司第三孵化厂。

“作为上市公司，民和在今后的发展中必须要敢为天下先。”孙宪法细细地给我们解说着，“这些设备来自比利时，是目前世界上最先进的彼得森孵化设备，整个项目投资 8000 万元，年可孵化鸡苗 1.2 亿只。利用这些设备，种蛋从放入孵化器开始直到出雏，全程 21 天都由计算机控制。”进入室内，同行的人个个惊讶不已。这边，一盘盘种蛋被送进传送带，那头，一只只毛茸茸叽叽喳喳叫个不停的小鸡苗从传送带上不断传来，在自动计数装置的控制下，鸡苗按每盒 102 只的数量直接装入纸盒里。整个流水线，只在两头各有五六名工人。

正是在“敢为天下先”理念指引下，孙宪法带领民和人朝着引领行业未来发展的新方向阔步前行。

为进一步巩固公司在国内肉种鸡行业的领军地位，带动国内民族畜牧行业实现新的跨越发展，经过一年多的深思熟虑，2011 年，民和新帅孙宪法大笔一挥，利用中国资本市场广阔的融资平台，募集到资金84亿元，着重描绘三幅宏伟蓝图，全面实现新的跨越。

蓝图一：投入5.4亿元，扩大商品鸡养殖建设项目，再造一个民和生态园。重点在南部山区新征荒山土地3000亩，新建容纳16个养殖区的民和第二生态园，设备全部采用全球最先进的全自动化意大利层叠式肉鸡笼养系统。项目建成后，年出栏商品肉鸡由现在的2000万只提升到6000万只，销售收入达9.7亿元，利润总额1.1亿元。

蓝图二：投入1.8亿元，扩大商品鸡屠宰加工项目，进一步提升抗风险能力。在现有每小时6000只屠宰能力的基础上，从荷兰梅恩公司再引进一条全球最新、每小时1.2万只屠宰能力的肉鸡屠宰加工生产线，争取年生产鸡腿肉23400吨，鸡胸肉21060吨，鸡翅7300吨，其他副产品28740吨。项目投产后，增加年销售收入9亿元，利润总额6249万元。

蓝图三：投入资金9500万元，新上沼气提纯压缩项目，引领畜牧行业"循环经济""低碳经济"新潮流。2008年，民和公司根据国家生态环境战略，积极探索中国畜牧行业走向生态文明生产的新路子，投入8000万元建成了全国规模最大、现代化程度最高、运行机制最先进的"粪污处理大型沼气发电"工程。这是全国农业领域第一个清洁发展机制(CDM)项目。在此基础上，孙宪法审时度势，面对行业新的形势发展需求，积极筹划新上以沼气代替汽油用作车用燃料的沼气提纯压缩项目，积极探索沼气能源开发利用新途径，为行业树立起低碳经济的标杆，真正做到功在当代，利在千秋，造福人类。项目建成后，日处理鸡粪700吨，提纯后年生产生物燃气1098.9万立方米，沼液44.6万吨，减排温室气体26.6万吨，年均收入5293万元，税后平均利润1392万元。

民和股份作为亚洲最大肉鸡养殖企业，其旗下设有种鸡场、孵化厂、饲料厂、生物科技公司等37家生产单位。作为新生代少壮派企业家，孙宪法十分注重运用世界先进的管理模式来加强对企业的管理。

ERP信息管理系统，是北京青花瓷软件公司开发的一种将企业财务、物流、人力等现有资源全面整合，进行一体化管理的管理信息系统。孙宪法及时将这一系统引了进来，做到了对每个鸡舍有多少只鸡，每个岗位有多少人在岗，财务收入的每一笔账单等等都能实现及时更新和传输，为企业管理层合理调配企业资源、优化生产流程、提高企业核心竞争力等提供了便捷的管理平台，使企业生产管理更上一层楼，为企业高效运作提供了强有力的保障。

5S管理模式，是源于日本的最先进国际管理方法。视产品质量如生命的孙宪法，当了解到运用这种管理方法对保证食品行业产品质量方面特有成效时，毫不犹豫，立即在公司全面推行，为公司实施的品牌战略又增加了一道防线。

超乎想象的大手笔，尽善尽美的信息管理系统，犹如巨大的助推器，推动着民和股份在新一轮经济腾飞中一路领先，实现着新的跨越！

大爱，一枝一叶总关情

厚德载物，爱是根本。一个只爱自己不爱别人的人是不会成就一番事业的。

在民和，孙宪法的爱心是有口皆碑的。在民和企业文化手册里，有一栏总经理宣言，其中有一句是"我们不再使用谁给谁'打工'，谁给谁'干活'这样的称谓，尽快改变并摈弃与此有关的狭隘的消极的心态和观念。我们上上下下都是民和大业的同事和亲密伙伴，让我们用爱作笔，同书民和一家亲"。

孙宪法是这样说的，更是这样做的。还在食品公司工作时，每逢"三八""六一""七一"等节日，他都组织有关员工进行欢庆。就连"八一"建军节也有题目，没当过兵的他，把当过兵的企业职工组织在一起聚会庆祝。食品公司对卫生清洁要求十分严格，以往都是下班后，操作工将自己工作范围内的卫生机具打扫完后才能离开。公司女职工多，下班后人人急于回家，卫生打扫难免不彻底。孙宪法发现后没有将责任归咎到职工身上，而是从制度上找原因。于是，一支专业的清洁队成立了，别人下班他们上班，既减轻了操作工人的负担，又使卫生有了保障。

对遇到特殊困难的员工出手相助，对于孙宪法来讲更是数不胜数。民和从诞生的那天起，就用一个个大大的爱字书写着一个个辉煌。所创建的"公司＋经销商＋农户"经营模式，为广大农民开辟了新的致富途径。孙宪法上任后，进一步对这一模式进行了完善，重点加大了对经销商的奖励。目前，在山东、江苏、辽宁等省份的经销商已扩展到5000余家。同时，孙宪法积极开辟这一模式在其他省份开花的新途径，在黑龙江宝泉岭农垦区与四家公司合资投入50亿元，建设肉鸡养殖、屠宰一条龙企业，年可宰杀肉鸡2.5亿只，将民和之爱洒向了广袤的林海雪原。

有句流传了千百年的俗话：同行是冤家。然而，70后的孙宪法却把它变成了"同行是伙伴"。孙宪法用心中的爱编织着世界肉鸡强国的梦想。他深知，要实现这一目标，必须将国内各强手集合在一起，走强强联合之路。于是他以宽容和开放的胸怀对待同行，也以自己的人格魅力赢得同行的信赖和拥戴。2011 年 12 月，民和股份携手益生股份等多家国内行业巨头，在安徽合作建设年育 18 万套祖代鸡的养殖场。通过这次强强联合，民和股份不仅得以进入祖代鸡养殖领域，而且产业链更趋完善，更为重要的是向世人昭示:中国的民族肉鸡养殖行业已抱成一团，拉开了向世界畜牧强国进军的序幕。

赤山脚下，是民和的发祥地，这里的一草一木都见证了民和创业的艰辛和业绩的辉煌，更沐浴着民和大爱的雨露。绵延起伏的几十里山峦散落着十几个生活环境极差的小村庄。公司投入 200 多万元，为他们修路架桥，改水通电，改善村容村貌，并通过吸纳就业、提供养殖技术等使广大村民脱贫致富。饮水思源，孙宪法上任后更是发扬光大，周围村里有事，他全力以赴。仅今年就为李庄硬化道路 600 米，为西沟捐助资金 5 万元，为宗家沟打井投入 10 万元，并为大辛店镇东扬头村新农村建设捐赠 10 万元。

孙宪法更注重公益社会事业，与市残联共同创建“扶持残疾人就业基地”，接纳安排残疾人就业 50 多名。作为烟台市慈善总会副会长单位，积极参与慈善事业，各种捐助近百万元。每年出资 10 万元建立“助学专项基金”，资助贫困学生完成学业，到目前已资助近百人。就在前不久，又出资 10 万元，资助“蓬莱新农村建设摄影大奖赛”。

辛勤的耕耘赢得社会各界的一片赞誉，孙宪法也先后荣获烟台市、蓬莱市劳动模范、“五一”劳动奖章、烟台市优秀青年企业家，烟台市政协“双为一优”先进个人、中国白羽肉鸡行业十佳企业家等荣誉，2012 年 1 月又被选为烟台市人大代表。面对眼前的一切，孙宪法依然保持着一颗平常心，始终保持着强烈的使命感、责任感和紧迫感。百忙之中的他，于 2012 年 2 月又参加了香港长江集团创办的长江商学院上海班的学习。因为他知道，只有厚积，才能蓄势待发。

周鹏辉

周鹏辉，男，汉族，1987 年 3 月生，河南省周口市沈丘县人。中国共产党党员。2011 年 7 月毕业于西北农林科技大学葡萄与葡萄酒工程专业，工学学士，现就职于中粮长城葡萄酒（烟台）有限公司，历任公司技术员、研发主管等。2018 年，被山东省人民政府授予劳动模范称号。

模范事迹

周鹏辉同志主要从事新产品开发和葡萄酒酿造过程中关键工艺技术的科学研究等工作，在新型产品开发、葡萄酒发酵与酿造生产、葡萄酒关键共性技术研究等方面积累了较丰富的实践经验。作为公司技术骨干，在日常工作中充分发挥先锋模范作用，带领团队完成了多项技术难题攻关研究。

一、工作实绩

在葡萄酒感官品鉴方面，周鹏辉表现优异，连续两次在山东省第三届、第四届葡萄酒品酒职业技能竞赛中荣获一等奖（分别为第三名、第一名），在全国第三届葡萄酒品酒技能竞赛中荣获二等奖（第八名），被授予齐鲁首席技师、全国酿酒行业技术能手、中央企业技术能手、山东省轻工行业首席技师、山东省葡萄酒行业技术能手、中粮集团技术能手等荣誉称号。

在新产品研发方面，周鹏辉立足蓬莱海岸葡萄酒产区特色，结合适栽酿酒葡萄品种质量特征与风土条件，精确定向选择制定单品种酿造技术，系统参与研究了烟台产区海岸特性葡萄酒酿造技术，探索出国内领先的葡萄酒酿造全过程溶解氧精细化管控技术、联合抑制中途终止酒精发酵技术、新型罐式起泡酒酿造技术等关键核心技术，开发出产区特有的小白玫瑰起泡葡萄酒、小芒森甜白葡萄酒及长城海岸葡园、天赋葡园等系列新酒质、新酒种、新产品，产品在包括布鲁塞尔国际葡萄酒及烈酒评酒会和品醇客国际品评赛等葡萄酒界顶级国内外葡萄酒品评大赛中屡获大奖，取得 9 金 11 银的成绩，产品品质达到国内领先水平。在研发过程中形成的技术成果填补了国内空白，陆续发表研究论文6篇，获得1项国家发明专利（一种陈酿型甜白葡萄酒及其酿造工艺）。不仅丰富了国产葡萄酒产品类型，增强了市场竞争力，而且为烟台产区打造优质特色酒品生产基地奠定了良好基础。

在技术创新方面，他根据生产中遇到的问题，积极钻研，大胆创新，在红葡萄酒装瓶后的色素稳定、葡萄酒生产全过程中溶解氧的控制与管理、葡萄酒货架期的延长与软木塞类型的关系、不同陈放方式对葡萄酒品质的影响、葡萄酒的稳定性处理与判定等方面进行技术攻关，为解决葡萄酒生产过程中关键性、共性重大技术难题发挥了重要作用，对葡萄酒酿造中科学管控溶解氧、合理使用封装材料、适度延长产品质量周期等方面具有很强的实践指导意义。先后发表相关的学术论文8篇，获得1项国家发明专利（一种葡萄酒生产中全程溶解氧控制工艺）。为提升工作效率，通过对起泡葡萄酒发酵、橡木桶日常管理等生产操作进行研究，自主研发了“起泡葡萄酒压力发酵罐加料装置”（实用新型专利：ZL201620905709.0）和“可移动橡木桶用压力添酒装置”（实用新型专利：ZL201620905722.6）。

二、社会效益与经济效益

在科研平台建设方面，周鹏辉参与组建了山东省葡萄酒示范工程技术研究中心和山东省企业技术中心等省级科研平台；积极利用科研平台，针对国内葡萄酒行业现存的共性、关键性技术难题，积极开展课题攻关，在新型罐式发酵起泡酒酿造技术、葡萄酒生产全过程溶解氧管控技术、酿酒葡萄无农残栽培技术等项目研究上取得多项突破性技术成果，其中“一种新型葡萄低醇低泡葡萄酒的研制开发”项目获山东省轻工业科学进步三等奖，“烟台产区海岸葡园系列白葡萄酒的开发研究”项目获中国酒业协会科学技术进步二等奖，“烟台产区海岸特性葡萄酒综合酿造技术开发与应用”项目获烟台市科学技术进步一等奖，“长城海岸葡萄酒风土特性及酿造技术研究”项目获中粮集团科技进步二等奖。作为核心研发人员，周鹏辉主动承担山东省自主创新重大专项（项目编号：2013CXB90201），结合葡萄酒行业特点，在国内率先开发了具有国内领先水平且极具示范推广价值的“葡萄酒全产业链质量安全信息化管控系统”，实现了葡萄栽培、葡萄酒生产、食品安全管控、产品质量追溯于一体的全过程信息化管控，成为国内葡萄酒行业首家“全产业链数字化工厂”。有力提升了烟台产区在国内外葡萄酒行业中的影响力，对推动国产葡萄酒行业顺利迈入“互联网＋”时代具有重大意义。

在提质增效方面，他立足产区海岸葡萄酒特色资源，主导研发出一系列具有国内领先水平的海岸葡萄酒酿造工艺技术体系和产区独特风格质量的新酒种、新产品40余款，建立“生态条件＋适栽品种＋栽培调控＋精准酿造”为核心的葡萄酒产品研发模式，多项技术成果国内领先，累计实现经济效益1500万元。

三、突出事迹

作为研发核心力量，2014年周鹏辉开始带领团队连续奋战22个月，历经500余次实验，自主研发的涵盖酵母三级裂殖扩培、联合抑制中途终止酒精发酵、低温等压稳定处理等一整套新型罐式起泡酒规模化酿造技术，填补了国内技术空白，解决了国产起泡酒基本处于生产空白的行业现状，技术成果“烟台产区特色起泡酒新型罐式酿造技术研发与应用”获2016年度中国酒业协会科学技术进步三等奖（证书号：CN-ZJKJJ-JB-GR201630801）1项、2017年蓬莱市科技进步一等奖1项，授权国家发明专利（专利号：ZL201610698506.3）1项，在《中外葡萄与葡萄酒》《酿酒科技》等国内核心期刊上发表学术论文3篇，产品一经上市就受到广大消费者和专家高度评价，充分展示出烟台产区特色葡萄资源，先后荣获“一带一路”国际葡萄酒大赛、RVF中国优秀葡萄酒挑战赛、2017年上海国际葡萄酒品评赛等3项大赛金奖。

在传技带徒方面，周鹏辉作为技术骨干，积极培养更年轻的技术人才，团队人员中先后3人次获山东省葡萄酒行业技术能手、全国酿酒行业技术能手、全国技术能手。所在团队在2011～2017年连续7年荣获中粮长城葡萄酒（烟台）有限公司阳光班组称号，2011年、2013年荣获中粮集团阳光班组称号，2014～2015年，连续2年荣获中国食品研发成果奖。

李进

李进，男，汉族，1979年12月生，江苏省盐城市大丰人，中国共产党党员。高级工程师，国家一级酿酒师，国家一级品酒师，中国酒业协会、中国食品工业协会葡萄酒国家评委及中国葡萄酒技术委员会委员。2005年7月，从江南大学硕士研究生毕业，后就职于中粮长城葡萄酒（蓬莱）有限公司，历任公司技术部经理、技术总监等职，现担任总酿酒师。曾荣获中国酒业工匠之星、中国葡萄酒行业年度杰出酿酒师、北京市高级职业技术能手、山东省齐鲁首席技师、山东省技术能手、山东省轻工行业首席技师及技能大师、烟台市突出贡献技师、蓬莱市十大杰出青年、中粮集团技能大师等荣誉称号。2019年9月，被人力资源和社会保障部、国务院国有资产监督管理委员会授予中央企业劳动模范称号。

模范事迹

李进同志长期从事葡萄酒生产技术管理和科技创新工作，负责公司生产管理、技术创新、质量管控、科研攻关及科技平台建设等工作。作为企业技术带头人，先后牵头组织国家、省、市等各级科研项目10余项，获科技成果奖11项，授权发明专利10项、实用新型专利10项，发表论文20余篇，主持编制备案企业标准6项。

一、科学组织科技项目攻关，为行业技术进步做出重要贡献

作为技术带头人，李进牵头组织山东省自主创新重大专项“酿酒葡萄与葡萄酒产业信息服务系统建设与应用示范”项目建设，历经三年研发，在行业内率先建成了以“精准栽培＋定向酿造＋质量保障＋溯源营销”为核心技术的葡萄酒全产业链信息化管控系统，经中国工程院院士倪光南教授、国家葡萄产业技术体系首席科学家段长青教授及中国标准化研究院等7位专家评审认定达到行业领先水平。项目成果已成为我国食品行业、酿酒行业应

用信息技术实现产业转型升级和管理提升的示范窗口，是2017年国务院“双安双创”成果展的推介成果，李进参与编写国家标准《葡萄酒生产追溯实施指南》1项，获得中国食品工业协会科学技术进步一等奖及中国轻工业联合会、中国酒业协会、中国质量协会技术成果奖4项，授权发明专利2项、软件著作权1项。

同时，为了从源头上解决我国葡萄酒产业发展难题，实现酿酒葡萄种植的品种特色化、良种区域化、栽培科学化发展，李进牵头开展了国家科技富民强县行动计划“酿酒葡萄标准化种植及产业化开发”、国家农业综合开发“酿酒葡萄无病毒嫁接苗木生产技术示范推广”等项目研究，培育了马瑟兰、小味儿多、小芒森等十多个适合国内产区生态条件的酿酒葡萄品种，建立了酿酒葡萄标准化种植技术体系，并被推广至山东、宁夏、新疆、河北等国内葡萄酒主产区，为我国葡萄酒产业发展及产区特色优质原料生产提供了重要的技术支持。

二、积极开展新产品、新工艺研究，多项技术成果达到行业领先水平

为增强产区葡萄酒典型风味和品质优势，立足产区风土条件，李进积极开展产区特色品种特性研究，建立了以马瑟兰、小味儿多、霞多丽、小芒森等特色品种典型风味酿造工艺技术体系，其中“烟台产区海岸特性葡萄酒综合酿造技术与应用”项目成果获得烟台市科学技术进步一等奖，“长城海岸葡萄酒风土特性及酿造关键技术研究”项目成果获得中粮集团科学技术进步二等奖，“烟台产区海岸葡园系列白葡萄酒的开发研究”项目成果获得中国酒业协会科学技术进步二等奖。

为丰富公司产品酒种类型，李进同志全面加强技术创新，建立了干型酒、起泡酒、甜型酒、白兰地的多酒种生产技术体系，研究解决了葡萄原料发酵工艺区域化、葡萄酒酿造过程易氧化、终止发酵工艺保糖难以及酒质冷冻周期长、能耗大、难稳定等技术难题，其中果香柔顺型干红葡萄酒酿造工艺、陈酿型甜白葡萄酒酿造工艺、葡萄酒生产全程溶解氧控制工艺、加强型葡萄酒生产工艺等技术成果获得发明专利6项。同时，在新酒种系统性工艺创新上，根据中国葡萄酒消费年轻化升级和起泡酒市场需求大幅增长趋势，针对国内起泡酒市场处于国产空白、依赖进口情况，历经3年攻关，研发了具有国际先进水平和自主知识产权的“罐式起泡酒酿造生产技术”，实现了国产起泡酒规模化生产的技术突破，获科技成果奖2项、产品质量金奖12项，授权发明专利2项。

在新产品开发上，他重点围绕产区特色品种进行品质风格创新定位，其中以“马瑟兰”品种开发了极具中国风味特色的长城五星、长城海岸、长城玖等系列产品，近几年在“布鲁塞尔”“品醇客”等国际葡萄酒大赛上获奖32项，尤其是长城五星马瑟兰/西拉干红、长城海岸赤霞珠/马瑟兰干红分别获得品醇客世界葡萄酒大奖赛金奖和布鲁塞尔国际葡萄酒大赛金奖，这为中国酿酒师树立了“深耕产区风土，坚定风味创新”的成功技术案例，也为中国葡萄酒行业在葡萄品种和酒种创新方面发挥了重要的市场引领作用。

三、全面提升企业科技创新能力，精心培养年轻技术团队

在科研平台建设上，李进牵头组建了山东省技术创新中心、山东省葡萄酒工程技术研究中心、中国轻工业酿酒葡萄与葡萄酒工程技术研究中心和国家认可实验室等科技平台，争取科研项目资金2124万元，公司葡萄栽培、葡萄酒酿造工艺、信息化技术应用、起泡酒生产等科研成果处于行业领先水平。

在技术团队建设上，他培养了一支充满凝聚力、富有工作热情、敢于面对挑战的优秀研发技术团队，团队连续10年荣获“中粮长城葡萄酒(蓬莱)有限公司阳光班组”称号，两次荣获“中粮集团阳光班组”称号，被授予“山东省创新型班组”“中粮集团创新创效工作室”“烟台市技师工作站”称号。

在年轻人培养上，李进同志注重言传身教，担负起年轻人专业成长进步的“总教头”，充分发挥自身在葡萄酒酿造、品鉴、研发等方面的专业能力和经验积累，鼓励年轻人要有精益求精的专业态度和勇于创新的职业精神，要在工作中“找师傅”，在技术上“找标杆”，要坚持“多学、多想、多干”，正是这种专业精神的影响和言传身教的培养，成功打造了一大批“懂专业、肯实干、精创新”的技术团队，其中培养的2名技术骨干分别获得山东省和全国技能竞赛第一名，团队17人次获得全国技术能手、山东省技术能手、中央企业技术能手等荣誉。

省(部)级先进工作者

孙培仁

孙培仁(1932～2003),男,汉族,1932年生,蓬莱新港街道许马村人。初中文化,中国共产党党员。1948年,在蓬莱北沟邮电营业处参加工作,历任县邮电局局长、县工商局局长等职。1956年,被山东省人民委员会授予先进生产者称号。

先进事迹

从事邮递工作期间,孙培仁从没休过星期天,一心扑在工作上,日平均步行35公里,背邮件30斤,并常年如一日坚持登门为烈军属服务,受到了广大人民群众的好评。为达到平信到户,他创造了4种投递方法,经邮电部领导带队实地考察后,这4种方法在全国进行了推广。因工作突出,1956年,孙培仁被山东省人民委员会授予先进生产者称号。

万凤英

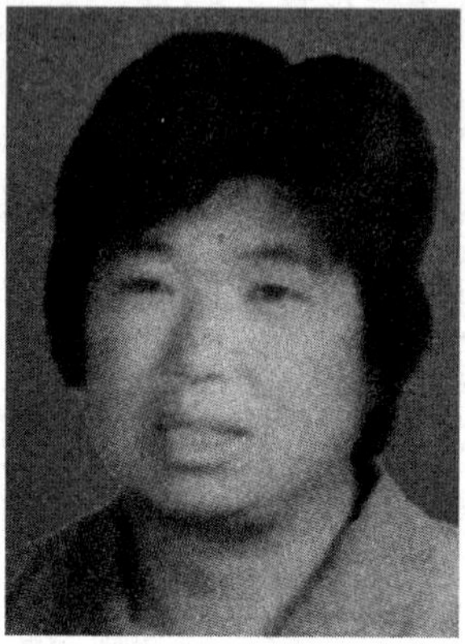

万凤英，女，汉族，蓬莱北沟镇上寺夼村人。中国共产党党员，先后在蓬莱县寺夼邮电所、长岛县废旧物资回收公司工作。1956年，被评为邮电系统先进工作者，并被山东省人民委员会授予劳动模范称号。

先进事迹

蓬莱第一个女邮递员万凤英

万凤英，出身贫苦农民家庭，家中兄弟姐妹9人，加上父母和大伯共12口人，生活极端贫困。8岁时，因生活所迫随母外出讨饭，曾被地主恶狗咬伤了脚。解放后，万凤英积极参加互助组、合作社，并担任初级社副社长，日子逐渐好转起来。

1956年2月，为适应农业合作化发展的需要，蓬莱县邮电局决定在寺夼乡发展一名农业社邮递员，负责寺夼乡9个自然村的投递任务。消息传到寺夼乡，乡领导是既高兴又犯愁，高兴的是邮政网深入到农村，给农民带来了便利，犯愁的是寺夼乡地处偏僻，村庄分散，条件艰苦，投递员的工资(8元/月)太低，谁能去干？经过调查，上寺夼初级社社长余声提到了万凤英。他说这姑娘热爱新社会，工作大胆泼辣，干邮递员能行。但不少人却表示怀疑，觉得多年来只见过男人跑邮差，女人不是干这活的料。最后，邮局决定先试用三个月。

万凤英是个倔强的姑娘，她认准的事，哪怕有天大的困难也敢去闯。母亲和好心的邻居都劝她不要干这犯傻的事，可她坚决要干。“三八”妇女节那天，她上班了。上班后遇到的第一个难题是识字太少。她没上过一天学，只在识字班上认了几个字，邮件上的大部分字都不认识。第二难题是没有自行车。20多斤重的邮包必须肩背步行。每天要去9个村庄，走48公里山路，过2条河，翻1座山，越5道岭，还要过12条大沟，这对一个姑娘来说，困难确实不小。可万凤英不在乎，她先攻克识字关，拜所有识字人为师，解决最棘手的分村分户信名难题，挨村挨户上门投递。再抓紧练习字，边请教认字，边用树枝在地上写字。晚上在被窝里在肚皮上用手指默写。几个月下来，全乡9个村的姓氏大致都能读、写下来。步行投递确实辛苦，刚上班不久，双脚便起了一串串水泡，肩膀也磨破了皮，但她还是咬紧牙关坚持着。她觉得工作虽然苦点累点，但还是比旧社会好得多。她经常鼓励自己，一定要为新中国的姐妹们争气，任何时候也不能泄气。投递路上第三大难题是雨雪天气。好几次她顶风冒雪，步步踩雪坑，艰难前行。每当行至荒山僻岭处，她都是头皮发麻，心发跳，但仍然壮着胆子一步一步往前挪。

春天，风沙漫天，她被刮得像泥人；夏天，她被大雨淋成落汤鸡；冬天，下大雪，她又像个雪人。为了方便，她在雪天行路，常常穿用猪皮做成的绑带，乡亲们既心痛又风趣地说："这姑娘穿着'小猪'送信。"

万凤英因工作突出，3个月试用期后转为正式工。1956年底被调到蓬莱城关干投递员。她以吃苦耐劳的精神赢得了群众的赞扬和领导的信任。有一次局里半夜来了份电报，是北沟镇下朱潘村的。王贵恒局长安排万凤英连夜投送。她骑上自行车往返60多里，直到后半夜两点才回到邮局。1956年，万凤英被评为邮电系统先进工作者，出席了山东省先进工作者代表会议。开会期间，万凤英受到原省长赵健民和原省邮电管理局局长聂鑫军同志的接见。

1960年，万凤英作为随军家属被调至长岛县商业系统工作。任废旧物资回收公司经理期间，她解放思想，勇于开拓，艰苦创业，忘我劳动，年年超额完成利税指标，被省、地、县供销社多次授予先进工作者、文明职工称号，被烟台市、县妇联、总工会授予女企业家、"三八"红旗手称号，被县委、县政府授予劳动模范等称号。1991年，万凤英出席全国再生资源先进工作者代表会议，做了典型发言，被商业部授予全国再生资源先进工作者称号，在人民大会堂受到原国务院副总理陈慕华同志的接见。

陈锡玉

陈锡玉(1922～1993),男,汉族,蓬莱村里集镇王庄村人。中国共产党党员,初小文化。1950年9月至1969年2月,在村里集采购站任经理;1969年2月至1972年4月,工作于王庄供销社;1972年4月至1973年6月,在蓬莱蔬菜果品公司任职,直至退休。1958年,被山东省人民委员会授予先进工作者称号。

先进事迹

陈锡玉参加采购工作以来,刻苦钻研业务技术,带领采购站一班人,克服重重困难,全心全意为人民服务,出色地完成了各项任务,被农民誉为"供销社为农民服务的贴心人"。

1956年在开展小土产废品收购运动中,他大力宣传,深入农村,调查群众出售废品的积极性,并采取购销结合的方法进行小型物资交流。

他发动农民学生为国家搜集工业原料,搜集储存废品、土产品,解决农业社及社员的资金困难,支援国家建设。

本区生产大量花椒,他带领员工深入农村加强技术指导,签订产销合同,帮助农民晒好花椒,检查规格质量,协助包装,增加收入。农民群众高兴地说:"今年花椒生产既省劳力,又多卖钱,多亏了供销社的指导。"

他帮助农业社制定副业生产规划,具体协助农业社安排副业生产,使采购工作按时完成,受到农民欢迎。

隋松普

隋松普，男，汉族，1956年4月生，山东招远市道头镇人。1975年9月毕业于莱阳医专医疗专业，中专文化。1986年7月，加入中国共产党。1997年3月至2007年4月，任蓬莱市人民医院副院长、外科副主任医师。先后被授予烟台市劳动模范、优秀共产党员等称号。2003年，再次荣获烟台市“2.22”海难海上抢险救助先进个人和防治“非典”优秀共产党员。1998年，被山东省人民政府授予先进工作者称号。

先进事迹

一个对工作极端负责的人

从医30多年来，隋松普孜孜求索，精益求精，以精湛的医术、高尚的医德和神圣的使命感，使数以万计的患者得以康复。他先后实施各类大小手术近万例，没发生一例医疗事故，赢得了广大伤病员和职工的信任，被誉为“蓬莱一把刀”。

“医生的职责是救死扶伤，最大限度地为患者解除病痛，哪怕病人只有1%的希望，医生也要做100%的努力。”这便是隋松普行医的信条，他常常以此勉励自己和他的同事。

长期以来，他看到古老的直肠癌根治术是采用人工肛门术腹部排便，这导致病人生活不便，精神有负担，而且病人术后恢复较慢，经济负担过重，就查资料翻档案，潜心研究改进手术方案。为了尽快找到方法，他上街头买来猪肠子，一分一寸地比量，后来猪肠买不到了，他干脆将纸剪成人肠状，以纸代肠研究。整整七天七夜，他满脑的肠子，光废纸就剪了两大筐。功夫不负有心人，他终于发明创造了直肠角会阴部人工肛门术。1989年7月14日，第一例手术取得了成功。开展此项手术，将直肠癌根治术术后恢复期由一个月缩短到半个月，既减少了病人痛苦，又大大减轻了经济负担。

他医风严谨科学，先后成功地开展了左经路二尖瓣扩分术、膀胱全切膀胱再生术、门静脉高压症肠腔分流术等10余项新手术，填补了医院手术项目的空白。1997 年 9 月，他主持完成的“低位直肠癌根治结肠双角原位人工肛门术”通过鉴定达到国内领先水平，具有很高的推广价值，并荣获烟台市科技进步二等奖。该课题不仅避免了病人手术盆腔感染，而且使此类病人的平均住院日较旧的手术方法缩短了 10.5 天，大大减轻了病人的经济负担和思想负担。他撰写的《30 例胃食管肠管瘘的防治》等 20 多篇论文在国内专业刊物发表。

一个对病人满腔热忱的人

一个真正的医务工作者，心里要时刻装着病人，“急病人之所急，想病人之所想”，这是隋松普的座右铭。

隋松普常说：“作为一个医生，不单单要会临床治疗，更要学会身体与心理的综合疗法。”他是这样说，也是这样做的。病人一入院，他一边检查病人病情，一边观察病人的情绪变化，分析病人的心理状态，彻底全面了解病人，然后将病人的病情、发病原因、疾病转归以及术前术后所能预料的各种情况都如实地介绍给病人，把工作做到病人的心里去，从根本上解决病人的思想负担，建立良好的医患关系，最大限度地使病人配合治疗。他常常这样要求自己，尽管不能做到打不还手，但起码不能与病人争吵。他甚至连打不还手也做到了。1994 年 6 月 13 日深夜 2 点，本市一酗酒闹事造成手外伤的公子哥李某入院，正值隋主任值班。他耐心地为伤者检查病情，做消毒处理，而李某因不懂医疗程序，误以为隋主任有意拖延，对他破口大骂，挥拳就打，隋主任一边细心地检查治疗，一边小心地躲避着李某的拳脚，耐心地开导他，一个小小的手外伤缝合竟耗费了 3 个小时。等天亮后，李某酒醒得知自己的失礼，立即找到隋主任作道歉：“隋主任，我从来没见到过像你这样好的医生，我不是人，你无论如何得原谅我！”隋主任不愠不恼，温和地说：“我不怪你，只是劝你少喝酒！”

隋松普对所有患者都一视同仁，始终保持着一种冷静、严肃、认真的态度。从来都是以病处患，而不以人为患，被人们公认为全院最有能力又最善于开展工作的人。

一个高尚纯粹的人

隋松普是一个普通的医生，他时常告诫自己：“是党和人民培养了自己，知识只能作为为人民服务的本领，而绝不能作为向党和人民讨价还价的本钱。”

1990 年 10 月的一天，本市北沟镇一位 6 岁男孩患隐睾症住进外一科。

患儿家长王某为了能早日做好手术，带着200元钱来到隋主任的家，还没等他把话说完，隋主任一改往日病床前的温和，“啪”地把钱摔到地上，厉声说：“我最烦别人用钱来买我，你的孩子我们已经早按程序做好了安排，你如果还把我当医生，请收回你的钱!”王某悻悻地走了。第二天患儿顺利地进行了手术，王某逢人就讲：“隋主任是个绝对的正人君子!”

1993年4月，北沟镇栾家口高某患肺癌需手术切除，术前，患者家属将一盒启封的“黑猫”烟塞进了隋主任衣兜里，他当时急于手术也没在意，七天后他换衣服一开烟盒，10张50元的票子整齐地塞在烟盒内。他冥思苦想之后，找到了高某把钱还给了他。高某感激地说：“我们找人打个家具付工钱还得管饭，这钱权当我请你吃顿饭。”隋大夫说：“你愿意和我交朋友，就请收回去!”

1994年12月17日中午，做了一上午手术的隋松普刚下手术台，南王街道北王村王义东见义勇为被刺成血胸急需手术。隋主任二话没说，饿着肚子重返手术台，等到手术完成已是下午5点，隋松普晕倒在了手术台边。事后，患者家属将隋主任拉到一边，刚要掏出一搭百元票子答谢，就被隋主任一把拒了回去。他说：“你要再给我，我就交到医院，你愿意吗?”那人只好收了回去。

隋松普做过多少手术不得而知，拒收多少“红包”就更难说清了。隋松普是一个纯粹的人，一个纯粹的只剩下病人和工作的人，他是一个全天候的大夫。

按规定，科主任可以不值夜班，而他却始终如一坚持值班，即使节假日、公休日，他也不离开他的病人，在他的生活里几乎找不出其他业余爱好，他的眼里只有病人。隋松普是一名合格的共产党员，是一个称职的好大夫。

自1987年以来，他连年被评为市、局优秀共产党员、先进工作者。1992年被评为蓬莱天使杯优秀工作者，1993年又被授予蓬莱十佳文明市民称号，1994年被选为烟台市第八届党代表，1995年被授予蓬莱市劳动模范，连续三届被评为蓬莱市卫生系统“白求恩”杯竞赛最佳医务工作者，1998年被山东省人民政府授予劳动模范称号。

李志英

李志英，女，汉族，1963 年 11 月生，蓬莱登州街道东关村人。大学本科学历，中学高级教师，历任蓬莱区第二实验小学校长、蓬莱区郝斌中学教师、副校长、校长等职。2011 年 3 月，被山东省总工会授予女职工建功立业标兵称号；2011 年 4 月，荣获山东省总工会“富民兴鲁”劳动奖章；2016 年 11 月，荣获山东省妇女联合会“三八”红旗手称号。2018 年，被山东省人民政府授予先进工作者称号。

先进事迹

一片丹心勤珍重　满腔热忱育桃李

任职期间，李志英从不懈怠，带领自己团队以邓小平理论、“三个代表”重要思想和习近平新时代中国特色社会主义思想为指导，贯彻落实科学发展观，坚持立德树人办学目标，为每一个孩子享有公平而有质量的教育孜孜以求，真抓实干，加强学校管理，注重师德师风建设，强化安全和德育工作，提高学生核心素养，全面提高教育质量，努力把学校打造成“办学理念先进，教育质量一流，学校特色鲜明”的示范点。

一、加强党风廉政学习，筑牢抗腐拒腐防线

李志英同志深入学习党中央有关文件精神，学习榜样事迹，让自己在思想上不放松对世界观、人生观、价值观的改造，正确行使手中的权力，在大事上做到泾渭分明，在小节上从严把握，自重、自省、自励，做到清清白白从政，踏踏实实干事，堂堂正正做人。规范办学行为，严格财经纪律，层层把关，通过会计审核、中层领导把关、校长审查审批的形式避免中间环节，提高学校管理透明度，提高依法治校的意识和能力。

二、重视学校安全工作，促进安全意识提升

为保证全体师生的人身安全，她坚持推行安全教育常态化活动。利用国旗下讲话、班主任工作例会、主题班会，宣讲安全工作的重要性，邀请交警一中队、派出所干警来校演讲，结成对子，每天上下学协助做好学生路队的管理；定期举行防暴恐、防踩踏、消防等安全演练，让学生掌握各种逃生技能；邀请东关派出所警官为学校法制辅导员，定期举办法制教育报告会，提高师生的法制意识；完善各种安全制度，安装监控设施，加大校园巡视力度，注重物防、人防、技防建设力度，杜绝一切安全隐患的发生。先后承办了烟台市安全教育现场会，学校的安全工作得到了安全部等各级领导的高度赞扬。

三、完成三项创建工作，调整规范办学行为

2013 年，李志英被调任郝斌中学期间，正值“三项创建”活动开展。她和学校领导一班人在论证、考察、调研、探究的基础上，借“三项创建”的东风，打造阳光教育品牌。按照“三项创建”的标准，完善学校各项规章制度，多方筹措资金，整合学校资源，调整办公布局，合理分配有限的空间，建立健全各种专用教室，购置专用教室需要的各种仪器设备，满足教育教学需要，保证投入顺畅使用。经过努力，学校顺利通过各种检查，办学条件显著提升，得到了专家和领导的认可。

四、全面实施教学研究，提升教师专业素养

为提升教师业务素质，李志英每年都分批派遣教师到北京、天津、上海、济南、烟台、威海、莱州、龙口等全国各地参观学习，提升教师教研改革意识，树立先进教育教学理念，改变陈旧的教学方式；在校内通过课堂教学大比武、师徒结对、青蓝工程、公开课、亮相课、示范课，发挥骨干教师的力量，促进青年教师的成长；学科领导积极参与每周一次的教研活动和每周半天的集体备课，学校教学研究由规定走向了自觉。李志英任职期间，学校的教育教学成绩始终走在全市的最前列，中考成绩连年攀升，取得了良好的社会声誉和市民的广泛赞誉。

五、加强师德师风建设，强化师德师风水平

李志英定期召开师德师风教育专题会议，组织教师认真学习上级的各种师德材料和法律法规，让教师知法、懂法。举行师德师风个人经验交流报

告会和青年教师师德演讲比赛，签订师德承诺书，修订考勤制度，强化工作纪律，对个别纪律松散、敬业心不强的老师进行诫勉谈话。教育教师要依法执教，不踩红线，规范教师的言行，组织教师集体宣誓，以“学高为师，身正示范”的师德标准规范言行，做合格的人民教师。

六、参与创新拓展项目，熔铸团队合作精神

为全面提升教师的专业素养，形成和谐向上的团队氛围，李志英组织全体教师参加“熔铸团队，超越自我”的拓展训练。通过组队、起队名、定队训、写队歌以及“人体多米诺”游戏让老师们体验到团队合作的重要性和必要性。而“信任背摔”“巧拼七巧板”“过电网”“鼓动人心”等拓展项目，更是让教师们体验到了在合作中竞争的乐趣，在竞争中合作的重要性。让“相信自我，挑战自我，超越自我，成功自我”的目标及“信在团队，建在团队，成在团队，赢在团队”的理念深入每一位教师的心中。李志英还多次组织教师开展趣味运动会、包饺子比赛、基本功大赛、读书演讲等活动，通过活动老师们心往一处想，劲往一处使，敬业精神不断提高，向心力不断增强。

七、重视家长委员会，提升家校合作力度

李志英重视家长委员会在学校管理中的作用，分级建立家长委员会，让家长参与到学校建设与管理中来，促进学生健康成长，定期举行家长委员会会议，让家长做报告，请“五老”进课堂，举办为期一个周的“家长开放日”活动，邀请家长参观学校的专用教室，走进班级，深入课堂，观摩大课间，指导学校的教育教学工作。召开校级家长委员会工作会议，围绕学校的德育教育、学生早到、安全工作以及课业负担等展开讨论，并将他们的建议运用到学校管理中，促进学校各项工作的开展。先后开展100天“父母贵”学习教育和“幸福家”活动，提升家长对家庭教育的重视程度，为孩子的健康成长助力。

八、别样开学毕业典礼，身体力行树立标杆

每年6月，李志英都会为毕业生举办以“放飞梦想，扬帆起航”为主题的毕业典礼，送给毕业生临别话语，鼓励毕业生养成终生学习的习惯，树立必胜信心，勇敢迎接人生的风雨，特设“签名留念”环节，深深感染了在场的每一个人。为培养学生意志品质，规范学生行为，每年9月开学，她都会组织学生开展为期一星期的军训活动。在五天的军训中，学生经受了风雨的洗礼

和烈日的考验，精神状态、意志品质、组织纪律、身体体能有了明显的进步。2013年，李志英带领初一新生进行了25公里的“阳光下成长”远足行走活动，李志英始终走在队伍的最前列，并在山顶举行了开学典礼。别样的开学典礼、李志英的身体力行感动了到场的每一位家长和社会人士。

九、创新综合实践模式，促进活动常态开展

李志英重视综合实践活动对学生实践能力的提升，以综合实践活动课程为突破口，坚持综合实践活动常态化开展，结合资源优势、实践优势、师资优势、基地优势，开发“葡萄与葡萄酒酿造”“蓬莱面食文化”“种植与无土栽培”等实践课程，投资20多万元建设了3个技术教室，葡萄酒酿造、包饺子、包馄饨、包粽子等课程开展得有声有色，吸引着外国友人慕名来参观。投资100多万元创建蓬莱市第一家学校科技活动中心，为学生创新学习搭设平台；创建学校创客中心，与中莘教育集团联手，开发3D打印、无人机、航模课程。李志英带着学校的经验做法多次在各级会议上发言，学校的经验在全市得到推广，学生的创意作品在国家省市级比赛中获奖。

十、丰富多彩主题活动，提高学生核心素养

每年春季的校园之春文艺汇演都安排在三仙山大剧院，从节目的选择、音乐的录制到视频的拍摄剪辑、服装道具的设计李志英都亲自把关，节目效果非常震撼，辛勤的汗水换来丰硕的成果，其中多项节目获得了一等奖，特别是融情景剧、舞蹈、合唱于一体的师生节目《阳光校园·魅力郝斌》在全市中小学文艺汇演中拔得头筹。学校严格实施“阳光体育”活动计划，根据学生的年龄特点、身体素质，精心选择大课间活动内容，学校的经验得到专家领导的赞扬与肯定，先后成功举办了烟台市中小学和蓬莱区“每天一小时校园体育活动”现场观摩会。

十一、打造阳光教育品牌，构建八大文化体系

品牌是一个学校健康发展的动力，校园文化是一所学校持续前进的内在推动力，郝斌中学在李志英的倡议下，经过层层论证，最终决定在全校推进阳光教育品牌的打造。从阳光的“温暖、透明、公正”寓意和特质出发，表达学校“构建阳光校园，塑造阳光教师，培育阳光少年”的办学目标。学校以人为本，以现代教育理念为指导，全方面打造八大校园文化体系：阳光党建体系、阳光管理体系、阳光德育体系、阳光教师队伍体系、阳光学生体系、阳

光科研体系、阳光课堂体系、阳光校园文化体系。

几年来，李志英所在的学校由于先进的办学思想，优美的育人环境，团结务实的领导班子，德才兼备的师资队伍，执著的教育追求，高效优质的现代管理，带来了丰厚的办学成果。郝斌中学被评为山东省规范化学校、山东省校本研究先进单位、烟台市教育教学先进单位、烟台市安全示范校、烟台市教学示范学校，连续 3 年被评为蓬莱市和谐文明学校等。

附　录

附录一

全国劳动模范名单(1957～2021)

1957 年

崔德立　　　李华田

1958 年

陈连海　　　聂振君

1989 年

门玉琦(女)

2000 年

穆范敏

2005 年

战　生

全国先进工作者名单(1956～2021)

1956 年

崔栋基

1959 年

徐培彩　　　聂振军

1960 年

刘秀云(女)　宋士和　　　马玉敏

2015 年

王晓楠

附录二

省（部）级劳动模范名单（1951～2021）

1951 年

谢兆岩

1952 年

杨树范　　夏仁全　　孙德纯　　何庆云（女）

1953 年

衣学士

1962 年

姚士昌　　孙潘芝　　郑志真

1963 年

苗生太　　李春常

1982 年

陶振生　　陈克祥

1986 年

刘玉章　张宜鼎　张子远　周裕久

1989 年

魏明深　丁宝贤

1990 年

司继双　陈　亮

1991 年

蔡志敏

1992 年

孙希民　刘禄远

1994 年

战　生

1995 年

迟祥坤　李玉璞　顾建寿

1998 年

穆范敏　纪遵义　刘长庭

2003 年

陈云昌　梁　平　曲德家　王德涛　王　轰

2008 年

李　敏　刘荣德　牟伟丽（女）　仲惟明

2009 年

顾元良　　张福安

2013 年

李玉梅(女)　王成家　　王伟成　　刘焕昆

2014 年

李杰锡　　周子敬

2016 年

李海峰

2018 年

付景兵　　孙宪法　　周鹏辉

2019 年

李　进

省(部)级先进工作者名单(1949～2021)

1956 年

万凤英(女)　孙培仁

1958 年

陈锡玉

1960 年

谢淑芳(女)　叶鸿俊

1988 年

郑焕盛　　　张启政

1989 年

罗世玉

1990 年

王世林

1996 年

孙长友

1998 年

隋松普

2018 年

李志英（女）

附录三

烟台市劳动模范名单（1982～2021）

1982 年

张志远	高青山	孙成兴	王文化	吴道俊
王有文	李振军	姜德俭	赵开基	白元富
梁通寿	刘民功			

1985 年

王海义	刘玉章	张宜鼎		

1988 年

周复茂	马珠铭	刘丰义	门洪江	郭大初
魏明深	丁宝贤			

1990 年

徐绍廉	李兆旭	孙培欣	初乃玉	迟祥坤
邹安家	仵延桐	迟人太	王登敏	许化明
王海绪	吕顺兴	张家连	李玉璞	谢在经
王明福				

1993 年				
战　生	白兆庆	吕忠涛	穆范敏	张玉昆
顾建寿	杨增海	潘广翠(女)	张爱华(女)	

1996 年				
姜作群	梁　平	王德涛	隋松普	申成岗
刘玉任	周茂琦	宁文海	刘长庭	
曲爱兰(女)	李修年	张正杰	杨仁鸽	白春敬

1999 年				
唐瑞业	赵康庆	赵治国	刘玉清	迟文平
崔大怀	杜景红(女)	曲德家	范月兴	谭大禹
荆永浩	凌丽华(女)	张天良		

2002 年				
曲丕杰	王同太	郭锡德	陈书明	杨东山
吕志玉	韩余海	杜景章	于伊春	
张春梅(女)	吴长座	王大发	卫兆艳(女)	
李艳丽(女)				

2005 年				
魏　波	任宜平	赵义利	马超芳(女)	杨东洲
刘荣德	李红旗	马玉斌	牟伟丽(女)	顾元良

2008 年				
王伟成	彭德杰	秦鹏里	马　静(女)	杨洪浩
于建宏(女)	孙树伦	周广珍	殷家福	李　靖

2011 年				
郭晓梅(女)	孙宪法	王丽娟(女)	马继业	李杰锡
施颖健	王成家	刘焕昆	李玉梅(女)	

2014 年

浦声波	邹　民	张竹业	刘玉年	
曲　扬(女)	林安文	周少海	付景兵	王廷鸿

2019 年

郑晓东	赵吉江	王远东	于　涛	周中军
郭永利	邵学东	衣绍伟(女)	程　军	李　军
林庆伟	赵　震(女)	齐团结	梁锦新	王志忠
朱锦祥	马守煜	张启元	付玉山	
战　岚(女)	张建荣	余　坤	王　栋	

附录四

蓬莱区劳动模范名单(1986～2021)

1986 年				
张运祥	吕　英	丁文建	王树强	王学新
耿广珠(女)	迟志美(女)	许淑亭(女)	何顺玲(女)	齐善志
孙运珠	阎胜开	丁乐芬(女)	陈友权	陈玉俭
王高山	姜爱华(女)	梁延义	原硕波	吴长余
沙金明	王维业	郝虹飞(女)	单秀伦(女)	谢德兵
赵康庆	姜岱福	姜玉芳(女)	罗永华(女)	陈富林
李进友	梁文祥	阎世光	李心权	赵春铁
包洪德	刘全忠	潘广翠(女)	隋风怀	赵殿甲
赵景聚	吕宗涛	姜玉华(女)	谭大禹	张春福
王永展	张立国	马淑惠	巩会山	
申承兰(女)	杨长胜	王室萍(女)	巩学仁	姜作义
祝汇泉	付学安	王　斌	钟世良	申成岗
王进祥	冯玉香(女)	于树才	代维熟	于云游
赵培相	迟文学	王忠玲(女)	吴长美	刘绪贤
李启恒	刘振昌	吕静波(女)	郭玉敏	
张玉花(女)	刘兰芝(女)	赵惠梅(女)	张忠亮	
卞玉香(女)	李建邦	高文义	张忠福	宫文乐
陈传乐	姜成任	吴春英(女)	聂爱明(女)	王德才
陈家有	董秀成	张善芝	姜发成	贺再津

孙建邦	张昭琏	丁培琪	马贵跃	周复茂
刘丰义	马珠铭	秦天金		

1989 年

曲福志	张佳籍	刘禄远	王维敏	
代建宁(女)	尚作勤	张艳玲(女)	姜文利	
李　杰(女)	张孝基	田永军	史会卿	
黄翠琴(女)	刘贤忠	栾洪皋	王忠伦	王玉江
曲龙振	彭德华	陈书和	葛洪声	张敬明
张启友	刘桂温	孙毓纯	刘嘉武	

1995 年

于仕华	刘文菊(女)	杨喜润	于启升	刘汉祥
杨淑卿(女)	于启龙	刘学懋	杨蓬绪	门延松
刘玉任	杨仁鸽	马耀龙	刘建华(女)	杨成璞
王守长	刘长庭	连玉芝(女)	王学义	刘洪玉
吴民高	王明发	刘天策	邹本跃	王　栋
许明亮	邹宗国	王宪乐	孙积海	汪文基
王菊连(女)	孙运连	沙桂莲(女)	王　霁	
孙　靖(女)	宋玉成	王福成	孙树祺	宋世东
王德涛	纪遵义	迟同科	方淑美(女)	杜拯民
迟人会	白春敬	李修年	迟玉玲(女)	宁文海
李成海	张绍粮	宁炳吉	李汝铸	张治广
曲爱兰(女)	李晓林	张天良	吕金美(女)	
李永军(女)	张忠圃	刘元显	李文强	张金凯
张惠秋(女)	施公时	葛仁国	张友谊	姜孝义
葛锦业	陆远华	姜世谭	葛庭积	陈友广
姜恒祥	谢心达	陈金铜	姜　萍(女)	裴世军
苗福林	姜作群	薛春莲(女)	范月兴	宫玉进
凌丽华(女)	范忠勇	聂振龙	高清芳	周茂琦
徐乐业	高　玲(女)	周家全	徐德志	姜作亿
赵琳益	栾光华(女)	戴长师	郑宏瑜	
栾玉凤(女)	张正杰	居书会	郭锡德	张平堂

赵治国	唐瑞业	沈恺门	赵九东	崔大怀
杨开春	赵志乐	崔德洲	王维胜	赵树理
崔福社	刘玉清	柳玉琪	梁　平	孙序林
隋松普				

1999 年

穆成鹏	李福全	王爱华(女)	杨玉盛	
杜景红(女)	曲德家	张建军	张秀兰(女)	蔡少鹏
王玉江	张世欣	孙彤军	张树扬	曲丕杰
刘天一	赵风仙	王达生	张崇军	张启元
郑焕盛	孙卜康	邹德喜	杜景章	邢思泉
王远斌	王茂林	姜仁社	王同太	梁守成
韩文秀	张建国	于伊春	徐亮堂	姜乃刚
荆永浩	刘　军	于渤海	朱秋风(女)	周立弟
许乐斌	方玉英(女)	陈书明	王允祥	汤传明
常宪琨	王朝力	迟文平	徐爱国	聂振亭
邹增平	刘志佳	张春梅(女)	赵明远	姜悦文
吕志玉	李凤玉(女)	宋玉香(女)	韩余海	
于桂红(女)	王玉仙(女)			

2002 年

刘丽丽(女)	崔　巍	范吉伟	李中宇	徐永文
谢在超	梁旭江	苗铜生	刘忠顺	曲韶勃
张　华	葛连弟	隋化庆	王永新	徐培湖
王厚燕(女)	姜作任	孙永利	汤仁华(女)	刘志科
骆建丽(女)	哈恒东	盖文举	朱仁德	王增柏
迟振东	郑增义	汤人溱	姜同敬	曲　岩
刘玉斋	王兆群	吴长裕	罗耀康	姜　海
陆国胜	王莲君(女)	聂洪春	章蓬生	包大武
马天福	张亲善	柳淑华(女)	邢超英(女)	苗福钧
杨东洲	李红旗	马继业	任宜平	赵凤亭
马超芳(女)	刘荣德	陈云昌	赵义利	孙宪法
盛孝亮	魏波	刘嘉琳(女)	张洪亮	

2004 年

吴长洲

2005 年

迟大忠	徐洪雁	刘　虹（女）	王志强	马玉文
宋同广	陈荣福	宁学贤	刘吉兴	孙培君
程秉杰	曲树蓁	孙传武	刘壮业	葛金亭
高建国	吕洪军	凌可新	张蓬晖	任曙强
孙佩卿（女）	王丽雯（女）	李杰锡	陈九健	李广益
穆范杰	王焕益	吴高志	金　辉	张立善
刘恩超	仲崇沪	林贵禄	台本芹（女）	
袁冬梅（女）	李东诗	孙培臣	张有武	刘卫国
刘聚庆	仲际堂	赵久军	聂洪顺	傅玉山
石学冬	纪义发	王兆平	于建宏（女）	
腾建英（女）	王殿平	孙天日	杨洪浩	王伟成
王德波	仲惟楠	张力（女）	孙宪秋（女）	纪义发
王成家	李敏（女）			

2008 年

丁　清（女）	黄继星	王丽娟（女）	门成梅（女）	高德奎
赵荫龙	霍常东	杨仍阁	贺建国	宋士通
李　克	宋荣立	张爱华（女）	王开颜	
周思锦（女）	郭贤风（女）	秦立娟（女）	王相燕	李延聪
孙传威	邱兆福	胡吉明	宋立民	朱锦祥
刘恒宁	王吉波	赵　震（女）	初铭革	蒋　亮
姚小军	王建德	陈玉玲（女）	李建波	邹本浩
王金贵	王国胜	李俊荣（女）	邵学东	周茂企
王贵胜	丁锋庆	刘大任	王艳芬（女）	骆福利
张竹业	张家荣（女）	孙长奎	刘绍静	孟庆敏
周　强	王全福	吴敏捷	杨东坡	金福生
于云浪	杨　杰	王殿志	郭晓梅（女）	曲家胜
于维春				

2011 年

于建新	曲章范	周少海	马宜斌	朱锦福
林庆伟	王　栋	闫中来	苗仁高	王　强
吴　青(女)	姜天广	王廷鸿	宋乐平	
姜淑岩(女)	王学东	张洁(女)	柳成文	王春岭
张大文	柳春明	王家祥	张元光	胡志超
宁积强	张天栋	赵先念	刘　杰	张建荣
赵吉江	刘东涛	张润峰	原辉(女)	刘乐忠
李　明	耿海玲(女)	刘安健(女)	李元忠	郭永利
刘艳风(女)	李心钊	高明录	刘基水	李传义
梁晓琳	刘敬广	杨兴仁	黄烨林	
刘颖鑫(女)	杨延学	慕光禄	吕俊杰	杨利军
慕照荣(女)	孙传强	肖云海	蔡尚勇	孙浩斌
周子敬	魏勋通			

2014 年

于贵纯	孙可军	沙命勇	马晓东	孙玉山
迟力夫	王光武	孙秀雯(女)	迟立宗	王同贤
孙益平	陈勇军	王成伟	孙德刚	周有武
王红军(女)	曲宏竹	孟祥东	王法坤	曲绍明
姜荣涛	王焕文	朱晓艳(女)	姜福明	丛林峰
张红(女)	战　军	冯元士	张树龙	秦　汉
包福乐	李文忠	袁东先	任　恒	李永祥
贾建平	刘光祥	李伟勋	梁锦新	刘光盛
李旭栋	黄良军	刘纪亮	李宪斌	葛元职
刘现荣	李祥政	傅维旭	刘俊浩	
李菊萍(女)	谢彩芹(女)	刘荣波	杨正安	蔡德贞
刘毅令	杨治伟	潘忠意	孙　科	杨积庭
薛增田				

2019 年

褚建伟	吴　强	高永旭	张秀娟(女)

卢　艳(女)	陈景仁	宋正英(女)	张　强	宋世明
盛立军	王崇开	王　平	王晓云(女)	林天晨
刘书第	高志波	杜建君	高文志	李　韦
张善生	姚宣源	许　伟	任文斌	宋承涛
崔喜荣(女)	刘艳华(女)	曲道兴	沙秀敏	张润波
姜述亭	周玉智	姜连启	张　华	汪仁健
张宏铭	王有辉	姜传进	王　允(女)	
李佳珊(女)	史燕青	刘亚军	孙志强	王建伟
黄传连	朱洪英(女)	林均飞	宁艳丽(女)	刘国栋
秦军华(女)	刘玉川	刘文川	王扬柱	赵文玉
吕秉华	杜　爽(女)	张杰平	杨洪亮	李　锋
葛晓霞(女)	张广林	王维东	祝伟业	
李玉华(女)	许信群	孙爱春(女)	杨福军	
李晓波(女)	韩　博	宋丽丽(女)	迟德华	高春光
王建东	胡　辉	周福波	纪宝鑫	景作军
范永杰(女)	邢思宁	方升基	王　涛	许　腾
郝玉永	张淑杰(女)	姜作桓	巩进林	谢德美
王　刚	于永孝	张建利	王要善	迟林滨
卢长征	王　鹏	孙成玉	刘　静(女)	
王玉梅(女)	王丽敏(女)	张家本	王殿业	杜宜龙

后 记

《新中国蓬莱劳动模范风采录》编撰工作于2021年2月初正式启动，在广泛查找档案、搜集资料、调查研究的基础上，2022年5月下旬形成初稿。之后，几经征求意见、斟酌修改，完成定稿并正式付梓出版，是全区广大干部群众学习劳模事迹、弘扬劳模精神、传承劳模文化的代表之作。

本书编撰工作是在烟台市蓬莱区档案馆的主持和区总工会的鼎力相助下开展的，由区档案馆副研究馆员王秀红、馆员陈莹分工撰写而成，王秀红统稿定稿。全书内容分为两部分：第一部分是史述编，概述新中国劳模事业的发展历程、劳模评选制度的嬗变、劳模精神内涵的演进以及党和国家领导人对劳模的关心关怀；第二部分是人物编，按照国家级和省（部）级两个层次、以编年体例详细叙述蓬莱劳动模范的生平及事迹，这是本书的主体。

本书以习近平新时代中国特色社会主义思想为指导，坚持历史唯物主义的基本原理，本着对人民负责、对历史负责的态度，以原始档案资料为依据，实事求是、客观公正地记述新中国蓬莱劳动模范的感人事迹和崇高精神。本书所选素材主要来自区档案馆馆藏档案资料，合计800余卷、件（册）。需要说明的是，部分劳动模范的事迹无从查找，本着尊重历史事实的原则，我们根据档案资料整理了这些劳动模范的生产经验或讲话报告，旨在通过原始档案资料还原历史的本来面貌，让读者透过档案资料中的文字感受劳动模范当年创业的艰辛和奉献精神。

本书在编撰过程中得到中共烟台市蓬莱区委办公室、中共烟台市蓬莱区委党校、中共烟台市蓬莱区委党史研究室、政协烟台市蓬莱区委员会文史资料委员会、山东金创股份有限公司等单位的大力支持。区档案馆馆长刘来广同志对著作编撰非常重视，亲自解决编写出版中遇到的问题。区档案馆研究馆员董奕同志从著作结构到内容，均提出指导意见。范厚广、刘运娇、李蓬文、尤忠超等同志，对本书修改提出宝贵建议。在此，一并表示诚挚的感谢！

由于本书内容时间跨度较长，档案资料保存不全，搜集、查阅难度较大，加之编者知识水平有限，疏漏和欠妥在所难免，敬请广大读者批评指正。

编　者

2022年10月